Kijken naar voetbal

Ruud Gullit

Kijken naar voetbal

Ambo|Anthos
Amsterdam

FSC
www.fsc.org
MIX
Papier van
verantwoorde herkomst
FSC® C014496

Tegelijkertijd verschenen bij uitgeverij Viking te Londen,
onder de titel *How To Watch Football*.

ISBN 978 90 263 3604 1

Omslagontwerp Studio Jan de Boer

Verspreiding voor België:
Veen Bosch & Keuning uitgevers nv, Antwerpen

Inhoud

Voorwoord

Elke voetballer heeft zijn eigen stijl. Voor analisten geldt hetzelfde. Je hebt analisten die provoceren, je hebt analisten die schreeuwen en je hebt analisten die iedereen te vriend willen houden. In televisieprogramma's zie je vaak een mix om een compleet plaatje te krijgen voor de kijker.

Wanneer ik mag aanschuiven als analist, kijk ik meer als trainer naar een wedstrijd dan als speler. Een fan kijkt meer als toeschouwer. Het is het verschil tussen een wedstrijdkijker en een balkijker.

Zelf kijk ik als eerste hoe een ploeg is neergezet door de trainer. Dan zie je vaak direct wat de intenties van een elftal zijn en waar ze de tegenstander pijn willen doen. Vervolgens kijk je of ze de spelopdracht kunnen uitvoeren en hoe de tegenstander hierop anticipeert. Aan het spelbeeld valt af te lezen wie wie domineert en wie voordeel haalt uit de gekozen elftalsamenstelling en tactiek. Je bent dan enige minuten onderweg in de wedstrijd en hebt nauwelijks een bal gezien.

De rest van de wedstrijd let ik vooral op details en zoek naar de oorzaak van fouten. De fout zelf kunnen we allemaal zien, maar waar komt die vandaan? Waar en waarom gaat het fout met een ploeg? Het is vaak zo dat de fout niet ligt bij degene die hem maakt, maar bij zaken die daarvoor zijn misgegaan. Dat zijn dingen die niet iedere televisiekijker ziet. Daar ligt de meerwaarde van de analist: iets duiden wat niet opvalt, maar wel belangrijk is voor het verloop van de wedstrijd. Tevens leg ik uit hoe zo'n fout voorkomen had kunnen worden. Dat probeer ik te signaleren zonder dat ik een zondebok zoek om aan de schandpaal te nagelen. Ik ben kritisch, onderbouw mijn opmerkingen en blijf netjes en respectvol. Ik hoef met mijn uitlatingen niet te scoren in de media.

Ik benader het voetbal positief, omdat ik ook schatplichtig ben aan het voetbal. Die sport heeft mij alles gegeven wat ik heb. Hoewel ik geen vervuiler ben van mijn eigen nest, probeer ik wel zo objectief mogelijk te analyseren. Ben ik eerlijk, dan moet ik zeggen dat het me niet lukt om voormalige ploeggenoten als onder meer Frank Rijkaard, Carlo Ancelotti en Marco van Basten objectief te benaderen. Ik ben altijd positief naar die jongens, benader ze mild en steun ze zelfs.

Mijn voorliefde voor technisch, verzorgd, aanvallend voetbal is bekend, maar dat moet wel een middel zijn om te winnen. Het is geweldig als ploegen vol op de aanval spelen. Toch zie je dat het niet altijd loont en daarom wonnen de favorieten FC Barcelona en Borussia Dortmund vorig seizoen niet de Champions League en Europa League. Beide clubs misten net de slimmigheid van de zogenoemde 'broodvoetballer' voor wie winnen boven alles gaat. Zelfs als het betekent dat je je eigen identiteit moet verloochenen als de situatie daarom vraagt.

Ik geniet van FC Barcelona, maar tegelijkertijd haat ik het als tegenstanders zich gedwee bij de suprematie van Messi & co neerleggen. Binnen de spelregels moet je alles doen om ook van FC Barcelona te winnen.

Daarom heb ik genoten van Atlético Madrid in de kwartfinales van de Champions League van het seizoen 2015-2016. Waarom moet Atlético meevoetballen met FC Barcelona en zich naar de slachtbank laten leiden? Omdat de neutrale toeschouwer dat wil?

Voetballend valt niet te winnen, dus moet je naast voetbaltalent met andere wapens komen, zoals tactiek, mentale en fysieke kracht, om het verschil te maken. Alles draait om winnen.

De ploeg van Diego Simeone paste zich daarom op veel vlakken aan om de halve finale van de Champions League te halen en uiteindelijk lukte het Atlético met 'mooi, mannelijk voetbal' om het onverslaanbaar geachte FC Barcelona te verschalken.

Tegelijkertijd genoot ik van Manchester City in diezelfde kwartfinales. In tegenstelling tot Atlético zocht het elftal van Manuel Pellegrini niet de verdediging, maar juist de aanval om het sterkere Paris Saint-Germain met Zlatan Ibrahimović uit te schakelen.

Liverpool van Jürgen Klopp pakte het noodgedwongen nog weer anders aan om het betere Borussia Dortmund te verslaan in de kwartfinales van de Europa League. Na tweemaal op een schier hopeloze achterstand (0-2 & 1-3) te zijn gekomen, gingen op Anfield Road alle remmen los en speelde Liverpool alles-of-nietsvoetbal zonder enige concessie. Vol op de aanval, met een tomeloze energie en gedreven door een geweldige wedstrijdmentaliteit werd nota bene een Duits clubelftal diep in blessuretijd verslagen met 4-3.

Zonder de prestatie van Liverpool tekort te doen; Borussia Dortmund stond ook toe dat de Engelsen zo tekeer konden gaan. Door niet te beslissen met meer doelpunten of te frustreren door het tempo te drukken maar juist mee te gaan in de open strijd, vergat het de wedstrijd in het slot te gooien. Ik zag geen kleine overtredingen van Duitse kant, geen tijdrekken, geen trucs bij de cornervlag om te vertragen of theater met doorrollende spelers. Je ziet het niet graag, maar het draait wel om de halve finale van de Europa League, en dan is veel geoorloofd. Meegaan in een Engelse strijd tegen een Engelse tegenstander is vragen om grote moeilijkheden, en in dit geval resulteerde het in een nederlaag en dus uitschakeling.

Ik vind het interessant om te zien hoe ploegen maximaal naar hun mogelijkheden spelen. Atlético Madrid is daar het schoolvoorbeeld van. Niet de beste spelers, maar wel spelers die dieper kunnen gaan dan anderen en die meer speldiscipline aan de dag leggen dan anderen.

Speelt Atlético Madrid tegen een mindere ploeg, die zich op zijn beurt aanpast aan Atlético, dan krijgt het team het moeilijk om het spel te maken. Reageren op het spel van een tegenstander is altijd makkelijker. In de achtste finales van de Champions League stond Atlético Madrid op het punt door de knieën te gaan. PSV had de Madrilenen bijna liggen, maar ging uiteindelijk kopjeonder in de strafschoppenserie. Terwijl PSV zich aanpaste, moest Atlético het spel maken, en daar had de ploeg grote problemen mee.

Als ik Atlético Madrid-FC Barcelona analyseer, kijk ik direct of Barcelona een antwoord heeft op het gestuurde voetbal van Atlético. Nee dus, omdat ze niet voluit aan de bak gingen en niet dezelfde opofferingsgezindheid konden leveren als de tegenstander. De aanvallers van FC Barcelona bleven dribbelen, terwijl je dat in de kleine ruimte juist niet moet doen. Het leidt tot onnodig balverlies. Je moet de bal juist zo lang mogelijk in de ploeg houden met één of twee keer raken om zo het tempo hoog te houden. Wachten totdat je ruimte krijgt en die vervolgens benutten. Zo ontwijk je ook tackles en overtredingen, maar het viel me tegen dat dergelijk gogme ontbrak bij zo'n grote ploeg als FC Barcelona met zulke wereldsterren. Plan A is weergaloos, maar als dat niet werkt, is er geen plan B. Nu ja, de lange stopper Gerard Piqué met zijn kopkracht naar de spits dirigeren was in feite plan B. Een noodgreep waar niet op was geoefend, want de medespelers van Piqué zochten hem nauwelijks met een lange, hoge bal van de zijkant of van achteruit. Het was voor mij de ontmaskering van FC Barcelona.

Tactiek is het inspelen op de specifieke kwaliteiten van degene die de doorslag geeft voor zowel je eigen ploeg als de tegenstander. Paris Saint-Germain dacht bij Manchester City met een 3-5-2-systeem de afwezigheid van enkele middenvelders te kunnen camoufleren en toch voor ondersteuning richting Zlatan te zorgen. Trainer Laurent Blanc ontregelde zijn hele elftal met deze tactische keuze. Ik denk dat niemand van PSG ooit in zo'n formatie had gespeeld. De posities en de taken per positie veranderden en daarmee vielen ook de automatismen weg. Manchester City, dat continu druk zette op de drie verdedigers, profiteerde zo optimaal.

Niet gewend aan de formatie 3-5-2 lukte het PSG niet om diepte in het spel te krijgen. Manchester City speelde in de eigen formatie 4-2-3-1 en wachtte geduldig op wat komen ging. Paris Saint-Germain kwam bijna niet vooruit. De oplossing was een van de drie verdedigers naar voren te schuiven om de opbouw te verzorgen. Dat kon omdat City met één echte spits speelde, Sergio Agüero, en dan heb je aan twee Franse verdedigers voldoende. Maar dit gebeurde niet en het gevolg was dat Zlatan als beste speler continu op een eiland stond aan Franse kant. Alleen bij twee vrije trappen werd hij gevaarlijk, maar PSG kon uitschakeling door Manchester City niet voorkomen.

Je ziet aan Atlético, Manchester City en Liverpool dat meerdere wegen naar Rome leiden. Soms ligt de oplossing niet in techniek, tactiek of strategie, maar bij ordinair je stinkende best doen. Voetbalpuristen vinden dat niets, maar het is de enige manier om die ene belangrijke wedstrijd te winnen als je niet absoluut de beste bent.

De weg naar de top

Uiteindelijk draait bij voetbal alles om winnen. Zo speel je, zo train je, zo coach je, zo kijk je. Maar zo begint het niet. Het begint met de bal.

De bal is heilig als je als klein jochie met voetbal bezig bent. Een totaal andere beleving dan later als profvoetballer, trainer-coach of analist. Supporters en liefhebbers beleven voetbal nog steeds zoals een klein mannetje. Ze kijken naar de bal. Daarin zit de ongecompliceerde schoonheid van het spel. Zoals ik een fantastische tijd had op de pleintjes in Amsterdam, waar we van 's ochtends vroeg tot 's avonds laat bezig waren. Zo lang, dat mijn moeder me naar binnen moest sleuren als het donker werd. Zo heeft het voetbal mij gegrepen als klein ventje. Die bal greep mij.

Junior bij Meerboys, DWS en Jong Oranje

Als achtjarige stond ik op het pleintje in onze wijk met een bal te pielen, zonder enig benul van wat er om me heen gebeurde. Je gaat je bekwamen met de bal, acties maken, trucjes doen, anderen proberen de loef af te steken. In die kleine ruimtes op straat was ik niet de uitblinker. Ik was nogal groot voor mijn leeftijd, met lange benen. Voor mij werd het gemakkelijker op een echt veld, waar genoeg ruimte was om met grote passen iedereen voorbij te lopen. Dat was bij Meerboys, onder de rook van het Ajax-stadion. Drie jaar later verhuisde ik van de Jordaan naar Amsterdam-West en ging ik spelen bij DWS, in die tijd een roemruchte kleine profclub, maar tegenwoordig een amateurclub.

De trainer zette me in de achterhoede. Ik kreeg de bal van de keeper en begon te lopen, net zo lang tot ik het doel van de tegenstander zag opdoemen. Met van die grote passen. Het was een tactiek zonder dat ik besefte dat het een tactiek was. Alleen bleek die tactiek beperkt houdbaar. Op het hoogste profniveau kun je op een dergelijke onorthodoxe wijze niet spelen. Het mocht de naam voetballen niet eens dragen. Maar met mijn grote passen viel ik wel op bij scouts. Ik liep me op die manier in allerlei vertegenwoordigende elftallen, van het Amsterdams jeugdelftal tot het Nederlands jeugdelftal, en overal bleef ik maar mensen voorbijlopen. Vanuit de achterhoede. Zonder enig idee te hebben over veldbezetting, zonder oog voor medespelers, zelfs tegenstanders zag ik niet staan: ik liep eraan voorbij.

In het Amsterdams jeugdelftal werd ik voor het eerst geconfronteerd met spelers van Ajax, als jochie van een klein clubje als DWS. Die Ajacieden liepen allemaal parmantig rond. Ze konden best goed voetballen, maar waren vaak toch iets te zelfverzekerd, hautain zelfs. Met mijn sterke fysiek en grote stappen hield ik me staande. Vrij eenvoudig zelfs. Als ik meeging in het korte, technische combinatiespel van de geselecteerde Ajacieden, zou ik altijd het onderspit delven, maar op mijn fysieke spel en loopvermogen hadden zij geen antwoord. Het kostte me weinig moeite om overeind te blijven tussen jongens die veel meer met een bal konden dan ik. Het ging zo gemakkelijk dat ik als twaalfjarige voor het eerst dacht: hé, ik kan toch ook wel een beetje voetballen. Daarvóór was die gedachte nooit in me opgekomen, maar doordat ik me kon instellen op die nieuwe speelstijl, kwamen mijn eigen kwaliteiten aan de oppervlakte.

Bijna als vanzelf volgde in 1978 het Nederlands jeugdelftal. Minder vanzelfsprekend was het voor mij om op dit niveau aan te haken. Hier werd meer van me verwacht dan fysieke kracht en hardlopen. Ik kwam er opnieuw achter dat ik een betere voetballer moest worden, qua techniek en in de kleine ruimte beter.

Tot mijn verbazing stelden de trainers bij de bondselftallen me niet automatisch op in de achterhoede. Zij zagen me meer als middenvelder en aanvaller. Op die posities kon ik echter moeilijk mijn energie kwijt. Van centrale verdediger bij DWS naar middenvelder bij het Nederlands jeugdelftal was nogal een verandering. Als middenvelder kwamen de situaties in het veld me onbekend voor. Tactisch had ik de posities op het middenveld niet onder de knie en ik wist nauwelijks wat ik moest doen. Maar ik was groot en sterk en ik dacht: als ik nu gewoon begin te lopen en lopen, dan worden de tegenstanders vanzelf gek van mij. Die tactiek werkte en ik handhaafde me op het middenveld. Ik hield het gemakkelijk hele wedstrijden vol, zo groot en sterk was ik in vergelijking met mijn leeftijdsgenoten.

Nederland stond destijds bekend om zijn technisch verzorgde combinatievoetbal. Ik was een buitenbeentje. Niet voor niets begon ik in het eerste jaar bij het nationale jeugdelftal, met spelers van twaalf tot veertien jaar, op de reservebank. Ik mocht wel altijd invallen. In dat elftal speelde ook Erwin Koeman, de oudere broer van Ronald Koeman en tegenwoordig assistent van zijn broer bij Southampton. Erwin was een technisch begaafde middenvelder met een mooi linkerbeen. Samen zouden we in 1988 Europees kampioen worden.

In de achtereenvolgende Nederlandse jeugdelftallen werd ik van hot naar her geslingerd. Ik speelde op veel verschillende posities, vaak als invaller. Het maakt in de manier van spelen nogal wat uit of je vlak voor tijd moet invallen bij een achterstand of bij een voorsprong. Ik moest me continu aanpassen aan al die verschillende wedstrijdmomenten, terwijl ik ook nog allerlei posities op het veld kreeg toebedeeld. Als jonge speler baalde ik daar weleens van, maar als profspeler is het mijn grote kracht geworden.

Als vaste waarde in het Nederlands jeugdteam sloeg ik een leeftijdscategorie over. Als jochie van veertien jaar kwam ik ineens in een elftal bij zestien-, zeventien- en achttienjarigen. Opnieuw moest ik me aanpassen. Als broekie liet ik desondanks niet over me heen lopen. Letterlijk vanwege mijn fysiek, maar ook figuurlijk niet. Op die leeftijd moest ik me voetballend bewijzen en tevens een plaats in de hiërarchie van het team veroveren. Ik had altijd een weerwoord. Als jongen uit Amsterdam – de grote stad waar je op straat ook je plaats moet bevechten – kostte me dat nauwelijks moeite.

Mijn eerste profclub: Haarlem

In 1979 haalde eredivisieclub Haarlem mij op bij DWS en verdiende ik mijn eerste profcontract. Als laatste man, centrale verdediger. Voor het eerst kwam ik met heuse broodvoetballers in aanraking. Een compleet andere wereld dan een wedstrijdje spelen met vrienden of leeftijdsgenoten. Het ging er hard aan toe. De trainer, Barry Hughes, een Welshman die was opgegroeid als speler bij West Bromwich Albion, had lucht gekregen van de interesse die Ajax in mij had. Hij postte een nacht lang voor onze deur om me een contract te laten tekenen.

Hughes ontfermde zich in die tijd over mij. Hij zette mij als zeventienjarige centraal in de verdediging; de John Terry van Haarlem was ik. In het veld deed ik maar wat. Ik speelde puur op intuïtie. Hughes vond het geweldig als ik met die lange passen het veld overstak. Hij was van de Engelse school, meer van het motiveren en minder van de tactiek. Hughes maakte je gek, hij zorgde ervoor dat het hele team de tegenstander wilde opvreten. Soms kom ik hem nog tegen en dan vertelt hij aan iedereen de mooiste verhalen over die tijd. 'Kwam er een lange bal van de tegenstander, ving Ruud hem op met zijn borst in zijn eigen strafschopgebied. Hij controleerde de bal, een doodzonde natuurlijk zo dicht bij je eigen doel, maar Ruud kon het. En dan begon hij te lopen en lopen en lopen totdat hij voor het doel van de tegenstander stond, om de bal dan snoeihard de kruising in te jagen.' Hughes brengt het alsof ik zoiets bewust deed. In werkelijkheid heb ik het zo nooit beleefd. Vaak deed ik maar wat en omdat het regelmatig goed ging, bleef ik het herhalen. Mijn medespelers vonden het prima zolang er maar gewonnen werd, want dat betekende extra premie en dus extra beleg op brood.

In mijn tweede seizoen bij Haarlem kwam Hans van Doorneveld als trainer. Hij zette me vanuit het niets in de spits. Precies de enige positie waar ik nog nooit had gespeeld. Door mijn snelheid en kracht wist ik me deze positie snel eigen te maken. Ik scoorde heel veel goals. Onbewust kon ik behendig met veranderde omstandigheden omgaan. Ook achteraf heb ik daar geen verklaring voor.

Indertijd stond ik vaak met oudere spelers in het veld. Sommigen waren wel tweemaal zo oud als ik. Die vonden zo'n broekie wel mooi, zo'n bijdehand mannetje dat zijn mondje durfde te roeren. De oudjes hielpen mij altijd.

Oranje & Feyenoord

Op mijn achttiende, als tweedejaarsprof, kwam ik voor het eerst bij de selectie voor het Nederlands elftal. Een enorme stap qua niveau. Die spelers waren ouder, ervarener, bezaten meer levenswijsheid, speelden bij grote clubs die Europees aan de weg timmerden. Daar viel ik als groentje van een kleine club als Haarlem middenin.

Toenmalig recordinternational Ruud Krol en zijn Ajax-maatje Tscheu La Ling waren de grote jongens en deelden de lakens uit bij Oranje. Ling ging mij meteen uitproberen, zoals dat gebeurt in voetbalselecties. Ik was als Amsterdammer niet op mijn mondje gevallen en gaf hem gelijk lik op stuk. Ik zou een net pak krijgen bij mijn eerste interland. Ik was samen met Frank Rijkaard en ik kwam op mijn gympen aan in de kleedkamer. Toen er geen schoenen bij het pak bleken te zitten, trok ik die gympen eronder aan. Krol en Ling namen me in de maling, maar ik danste lachend weg, mijn tijd ver vooruit.

Direct werd ik geaccepteerd. Ling en Krol waren slim; ze zagen dat ik kwaliteit had en dachten: we nemen hem erbij, want die is echt veel te bijdehand. Niet te kraken. Zo krijg je langzamerhand de wetten van het topvoetbal onder de knie. Ik begon het door te krijgen.

In het Nederlands elftal stond ik als aanvaller opgesteld, net als bij Haarlem. Ik hield me redelijk staande, zonder een echte grote teamspeler te zijn. Zodoende maakte ik logischerwijze snel een transfer van Haarlem naar Feyenoord, m'n eerste echte topclub.

In Rotterdam ging het vrijblijvende eraf. Presteren werd steeds belangrijker. Ik raakte het stempel 'talent' kwijt en werd een vaste waarde. Toch was m'n eerste seizoen bij Feyenoord als twintigjarige, 1982, een aanloopjaar. Ik speelde voornamelijk aan de rechterkant, soms als rechtermiddenvelder en soms als rechtsbuiten in het 4-3-3-systeem.

Cruijff

Het tweede seizoen kwam de legendarische Johan Cruijff van zijn club Ajax uit Amsterdam naar aartsrivaal Feyenoord in Rotterdam. Niet trainer Thijs Libregts, maar speler Cruijff bepaalde de tactiek en de opstelling. Voor mij zag hij in zijn ideale Feyenoord-elftal een plaatsje als pure rechtsbuiten. Zo iemand moest het veld breed houden, acties maken en met voorzetten komen. Met het krijt van de zijlijn aan je schoenen, zoals ze dat noemden. Voor mij opnieuw een hele aanpassing, want ik was als aanvaller veel meer vrijheden gewend, maar Cruijffs wil was wet.

We hadden een goede linksbuiten aan Pierre Vermeulen. Hij kon iemand passeren, gaf een mooie voorzet en scoorde regelmatig. Een prachtige voetballer aan de bal, maar hij kon de gevraagde arbeid niet opbrengen en verdween uit het elftal. Later speelde hij nog voor Paris Saint-Germain. Vermeulen moest wijken en Cruijff wilde verdediger Stanley Brard op die positie hebben. Als verdediger op linksbuiten moest Brard slechts de organisatie in de gaten houden als we balverlies leden. In balbezit deed hij nauwelijks mee; maar verloren we de bal, dan moest Brard het vuile werk voor Cruijff opknappen. Zodoende kon Johan uitrusten voor het moment dat we weer in balbezit zouden komen.

Johan Cruijff zette mensen neer en was altijd aan het praten. Op en buiten het veld. Johan had goede ideeën, ook over mijn positie als rechtsbuiten en de samenwerking met de rechtermiddenvelder André Hoekstra. Hoekstra was een loopwonder, die bleef gaan en dook iedere keer voor het doel op bij voorzetten. Hij scoorde veel, terwijl buitenstaanders dachten dat hij niet goed genoeg kon voetballen voor de top. Maar in de door Cruijff uitgestippelde tactiek kwam Hoekstra optimaal tot zijn recht. Cruijff heeft mij tactisch bewust gemaakt door zijn manier van coachen en praten over voetbal. Hij liet zien dat er meer is dan alleen je eigen positie.

Met Cruijff als speler sloten we het seizoen 1983-1984 bij Feyenoord af met de landstitel en de nationale beker. Na afloop van dat seizoen heeft Cruijff mij de ogen geopend over mijn persoonlijke rol in het voetbal, in de clubs en elftallen waarin ik zou komen te spelen. Dit gebeurde tijdens een elftaltrip. Na het seizoen stapten we toevallig samen in de lift en we raakten aan de praat. Urenlang hebben we daarna in onze hotelkamer gezeten en heeft hij me voorbereid op de rest van mijn carrière.

'Ruud, als je nu getransfereerd wordt naar een andere club, dan wordt er veel meer van je verwacht. Je komt binnen als iemand, als een grote voetballer van wie persoonlijkheid wordt verwacht. Van een spits als Ruud Geels – doelpuntenmachine bij Feyenoord, Ajax, PSV, Anderlecht, Club Brugge – vindt niemand het erg als hij een transfer maakt, zolang hij zijn goaltjes scoort. Maar jij, jij gaat een lading shit over je heen krijgen als je straks van club verandert. Net zo'n lading als ik over me heen kreeg toen ik in 1973 van Ajax naar FC Barcelona vertrok. Ze zullen je voor alles uitmaken – voor zakkenvuller, voor verrader – en ze zullen je uitschelden. Alleen maar omdat je meer kwaliteiten hebt dan de gemiddelde speler.'

Volgens Cruijff kon ik dat probleem maar op één manier tackelen: door de anderen zó neer te zetten dat het hele team beter presteert. Als groentje van tweeëntwintig jaar begreep ik Cruijffs woorden aanvankelijk nauwelijks. Ik had tot die tijd niet door hoe het werkte. Hoe wijs zijn lessen waren, bleek een seizoen later. Ik maakte de transfer van Feyenoord naar PSV, wat voor nogal wat beroering zorgde, net als later de stap van PSV naar AC Milan. Beide transfers werden me niet in dank afgenomen en de kwalificatie 'geldwolf' was nog de vleiendste.

Lang heb ik over Cruijffs woorden nagedacht, de betekenis ervan trachten te doorgronden, omdat het een compleet tegengestelde manier van denken voor mij was. Doordat ik bij iedere club en bij ieder team en door iedere trainer anders werd ingezet, steeds op een andere positie moest spelen en me eigenlijk continu diende aan te passen, was ik tot dan toe alleen met mezelf bezig geweest.

Van Feyenoord naar PSV

Eenmaal bij PSV aangekomen, begreep ik Cruijffs woorden direct. PSV wilde geen kampioen worden, nee, PSV móést kampioen worden; geen enkele andere optie werd gedoogd. En de verantwoordelijkheid voor die missie werd bij mij neergelegd. Dat werd al duidelijk bij mijn presentatie. Ik moest maar met die druk om zien te gaan.

Gelukkig staat PSV te boek als een rustige, gemoedelijke club, en dat gaf me de kans om snel mijn stempel te drukken, hoewel ik me soms te geforceerd liet gelden. Ik legde mezelf veel extra druk op en voelde de zware verantwoordelijkheid van een kampioenschap. Ik wilde zó graag winnen, kampioen worden, aan de verwachtingen voldoen, dat ik me werkelijk overal mee bemoeide.

Zo liet ik zelfs het tenue van PSV aanpassen. PSV speelde met een rood shirt, zwarte broek en rode kousen. Het zag er in mijn ogen niet uit: zo deprimerend, zo donker, het straalde zo weinig kracht en frisheid uit. We zijn toen overgestapt op een tenue met een rood shirt, witte broek en witte kousen. Dat gaf een krachtig signaal naar onszelf en de tegenstanders. We voelden ons groter en sterker.

Ik bemoeide me ook met het team en overtuigde spelers ervan dat ze beter moesten samenspelen, dat ze het écht samen moesten doen. Een voorbeeld: rechtsachter Eric Gerets kon het bloed van rechtsbuiten René van der Gijp wel drinken. Van der Gijp maakte altijd gekkigheid, een leuke jongen en goede speler, maar die moest je wel een beetje in bedwang houden. Gerets was heel serieus, zette alles opzij voor het voetbal en kon geen begrip opbrengen voor de 'practical jokes' van Van der Gijp. Gerets moest het hebben van zijn werkethos, hij gaf nooit op, terwijl René soms parasiteerde op zijn talent.

René zorgde voor controverse, terwijl Gerets de aanvoerder was van het nationale elftal van België. Ik had ze allebei nodig om met PSV kampioen te worden en ben los van de trainer met die twee spelers aan de slag gegaan om het maximale eruit te halen. Hoewel hun persoonlijkheden sterk verschilden, sloten hun voetbalkwaliteiten heel goed op elkaar aan, want Gerets kon de steken die Van der Gijp defensief liet vallen opvangen, en andersom maakte René ruimte als Eric opstoomde langs de lijn en gaf hij de bal perfect op maat zodat Eric een mooie voorzet kon geven.

Uitgerekend tegen Cruijffs Ajax vielen de puzzelstukjes in elkaar. Cruijff was net trainer geworden en Ajax beleefde onder hem een droomstart met het aaneenrijgen van grote overwinningen. The sky was the limit. Ajax kon niet kapot, won toernooien, alles.

Wij kwamen als PSV naar Amsterdam om geslacht te worden. We kwakkelden in de competitie en bij de bookmakers deden overwinningen van 4-0 en 5-0 voor Ajax het goed. Van oudsher bezat Ajax ook de gunfactor, terwijl PSV destijds nog werd gezien als het bedrijfselftal van multinational Philips. Het motiveerde mij enorm dat we door iedereen al waren afgeschreven nog voordat we in het Olympisch Stadion arriveerden.

Uiteindelijk bleken wij, zo kort na de start van de competitie, met PSV als team veel verder, veel volwassener. We wonnen met 4-2. Ik scoorde tweemaal. Heerlijk, een heerlijke wedstrijd, die ik heel bewust speelde met oog voor het team. Het gaf me de bevestiging dat ik in mijn ontwikkeling als voetballer op de goede weg zat. De lessen bij Feyenoord van Johan Cruijff begonnen bij me in te dalen.

Het was niet alleen mijn proactiviteit die het verschil maakte, maar ook de ruimte die ik kreeg van trainer Hans Kraay senior binnen de spelersgroep om mijn stempel te drukken. Ik pakte die ruimte omdat ik verantwoordelijkheidsbesef kreeg. Iedereen keek naar mij. Ik zou worden geslacht als het fout zou lopen bij PSV en we geen kampioen zouden worden. Prima, maar dan wel op mijn manier. Die grip op de tactiek van het elftal voelde goed.

Alle hoeken van het veld

Ik begon aan het seizoen als laatste man en scoorde vijftien goals. De laatste tien duels kwam ik in de spits terecht en de laatste vijf wedstrijden scoorde ik tien goals. Ik bleef niet in mijn comfortzone hangen, terwijl dat ongetwijfeld meer houvast zou hebben geboden. Ik maakte me ondergeschikt aan het belang van het team. Dat proces van aanpassen loopt als een rode draad door mijn carrière. In Nederland en later ook in Italië, Engeland en bij het Nederlands elftal.

Lukt het je op het hoogste niveau om je snel aan te passen aan verschillende posities en systemen, dan ontwikkel je je snel als speler. Ik was 4-3-3 gewend bij Haarlem en Feyenoord – Cruijff was daar heel rigide in – en schakelde bij PSV over naar 4-4-2. Als centrale verdediger schoof ik door naar het middenveld en was niet bang om van daaruit op te stomen naar de spitspositie. Willy van de Kerkhof, international van Oranje en basisspeler in de finale op het WK 1978 in Argentinië, nam dan mijn positie direct over. Hij zorgde zo voor de balans op het middenveld en in het hele elftal.

Kwam ik bij Oranje, dan ging ik terug naar 4-3-3. Die tactische omschakelingen maken je rijp. Het voordeel is dat je weet wat er in het hoofd van je directe tegenstander omgaat. Als verdediger wist ik hoe een spits dacht en als spits wist ik hoe een verdediger dacht.

Naar Italië

Toen we met PSV het Gamper-toernooi in Barcelona speelden, stond ik laatste man tegen AC Milan. Ik maakte blijkbaar zoveel indruk dat na afloop de Italiaanse technisch manager Ariedo Braida me opzocht in de kleedkamer. '*Next season. You, play Milan? You play Milan?*' Ik voelde me vanzelfsprekend vereerd. 'Sì, sì,' zei ik, en gedurende de maanden erop hadden we regelmatig contact, totdat Braida en president Silvio Berlusconi zich officieel voor mij bij PSV meldden. Trainer Hans Kraay sr. wilde me niet laten gaan, maar het bestuur van PSV koos voor de transfersom van 7,5 miljoen euro, een recordbedrag indertijd. Bij Milan vroegen ze me wat ik van Marco van Basten vond, met wie ik samenspeelde bij het Nederlands elftal. Enkele weken later haalde de club Marco weg bij Ajax.

Bij AC Milan – ik kreeg zoals Cruijff voorspelde heel Nederland over me heen – zette trainer Arrigo Sacchi me rechtsbuiten. In een 4-3-3. Pietro Paolo Virdis stond in de spits en de eveneens aangetrokken Marco van Basten speelde vanaf de linkerkant. Onze successen met Milan behaalden we met 4-4-2, maar die puzzel viel bij toeval in elkaar, zoals wel vaker gebeurt bij grote elftallen.

De Milan-puzzel

Marco van Basten, een van onze beste spelers, raakte geblesseerd aan zijn enkel in de wedstrijd tegen Fiorentina. De week erna moesten we naar Milans 'angstgegner' Verona. Zonder Marco. Met Virdis en mij in de spits hebben we Verona afgeslacht. Sacchi is vanaf dat moment blijven vasthouden aan een bezetting voorin met Virdis en mij in een 4-4-2-systeem. Van Basten bleef uiteindelijk bijna een compleet seizoen afwezig vanwege zijn enkel.

Van rechtsbuiten in 4-3-3 naar spits in 4-4-2 vereist een omschakeling in denken en doen van zowel het team als van de individuele speler. Wij pakten het bij AC Milan razendsnel op. Het nieuwe systeem paste ons als een Italiaans maatpak. Individueel kon ik die nieuwe rol fysiek vrij eenvoudig aan, hoewel ik meer strijd moest leveren: het gevecht aangaan met de centrale verdediging van de tegenstanders.

Aan het einde van het seizoen kwam Marco terug tegen Napoli, destijds de kampioen van Italië, dat met Diego Maradona en Gianfranco Zola twee geweldige spelers had. Van Basten nam als invaller de plaats in van Virdis en scoorde ook nog. Zo stonden wij als Nederlanders samen in de spits. In het veld kon ik het blindelings vinden met spits Van Basten, rechtsachter Tassotti en middenvelder Rijkaard. Dat trio liep in mijn nabijheid rond en met hen vormde ik driehoekjes. We waren zo goed op elkaar ingespeeld dat er bijna niet tegen te verdedigen viel, hoe goed de tegenstanders zich er ook op instelden.

Uiteindelijk belandde ik bij AC Milan op de rechtshalfpositie. Weer moest ik mezelf aanpassen. Voordeel voor mij als 'loper' was dat ik aan de buitenkant veel ruimte had om mijn ding te doen. In de kleine ruimte kon ik mijn kwaliteiten nog steeds maar moeilijk tentoonspreiden. Met de ruimte op rechts wist ik wel raad. Hoewel alle teams defensief speelden tegen AC Milan, creëerden we ruimte door de tegenstander te lokken. Veroverden we de bal, dan zochten we razendsnel de diepte aan de buitenkant op en gaf ik voor op de inkomende Van Basten of Virdis.

Trainen op de voorzet

Mijn voorzet was een getrainde voorzet. Die had ik niet van nature. Bij Feyenoord heb ik veel op die voorzet getraind, vooral omdat het een belangrijk wapen was in het 4-3-3-systeem. Met Feyenoord speelden we voornamelijk op de helft van de tegenstander, en daar was weinig ruimte, dus je moest vaak een voorzet geven zonder dat je je tegenstander had gepasseerd.

Zo'n voorzet, een kromme bal voor het uitgestoken been van de verdediger langs, noemen de Duitsers een *Bananenflanke*. Manfred Kaltz van HSV stond bekend als specialist. Samen met Peter Houtman – een geweldige kopsterke spits – hebben we uren en uren geoefend op voorzetten geven en afronden. Houtman voor het scoren, ik voor de voorzet. Altijd op volle snelheid, op de volle honderd procent, waar je anders vaak maar op zestig procent traint.

Mijn motoriek zorgde voor een extra probleem. Van nature maak ik heel grote stappen. Met die wetenschap in mijn achterhoofd was het belangrijk dat ik goed uitkwam met mijn passen. Even een dribbelpasje tussendoor kon niet. In de beperkte ruimte zorgde mijn specifieke motoriek voor een extra probleem. Ik kon niet corrigeren met een tussenstapje, zoals kleine spelers dat kunnen. Timing is dan alles.

Heb je alleen met jezelf te maken, dan gaat het wel. Maar er loopt ook een tegenstander voor je neus. En wat te denken van de spits, die jij moet bedienen met je voorzet. Wat doet hij? Hoe beweegt hij? Welke paal kiest hij? Daarom oefende ik altijd met onze vaste spits Peter Houtman, om zo automatisme te kweken.

Bij die training ging het erom hoe ik de bal het beste kon raken, met welk gedeelte van mijn voet. Om de bal zó voor te geven dat hij niet te strak voor het doel kwam, maar ook niet te hoog. Ik koos ervoor om de bal half met de binnenkant van mijn voet te nemen, zodat ik hem eigenlijk liftte. Bovendien moest ik leren de bal de juiste snelheid mee te geven. Raak je hem hard, voluit, dan vliegt de bal over alles en iedereen heen. Raak je hem te zacht, dan verlies je al snel de controle over je voorzet. Het luistert heel nauw, maar door te trainen, maak je snel vorderingen.

Na verloop van tijd legde ik de voorzet blindelings neer bij Houtman, op zijn stropdas bij wijze van spreken. En op volle snelheid. Ik hoefde niet eens meer op te kijken waar Houtman of andere ploeggenoten zich bevonden. Ik stelde mijn blik in als een soort breedbeeld: vanuit mijn ooghoeken zag ik de verschillende kleuren sokken van spelers die zich in het strafschopgebied bevonden, en dan wist ik wie ik moest aanspelen. Bij het geven van een voorzet moet je er wel rekening mee houden dat je medespeler in voorwaartse beweging is. Je zorgt dat de bal iets voor hem komt, zodat hij er zó met zijn hoofd tegenaan kan lopen.

De loopacties van de spits

Bij de voorzet anticipeer je ook altijd op de vooractie van je ploeggenoot. Over zo'n vooractie praat je van tevoren uitgebreid met je spits. Dat moeten automatismen zijn. Maakt je spits bijvoorbeeld een vooractie naar de eerste paal, dan geef je de voorzet bij de tweede paal, en andersom. Je moet ook van elkaar weten wat je doet, omdat je bij een voorzet eerste paal de bal iets anders moet raken dan bij een voorzet tweede paal. De eerste mag iets strakker en lager en bij de tweede paal moet de bal voldoende vaart hebben en iets hoger worden gegeven. Vaak staan er twee lange centrumverdedigers in de weg, waar de bal nog overheen moet.

Vooracties zijn noodzakelijk voor een spits om los te komen van zijn persoonlijke verdediger. Sta je stil of loop je zonder voorbeweging naar de eerste paal, dan ben je heel gemakkelijk te verdedigen. De verdediger hoeft dan alleen maar mee te lopen met de spits of tegen hem aan te lopen om hem uit te schakelen. Komt de voorzet niet goed aan in zo'n geval, dan is het altijd de schuld van de spits en niet van de speler die de voorzet geeft. Immers, je moet als spits de verdediger juist verrassen, op het verkeerde been zetten, maar zonder je medespeler te verrassen. Uiteindelijk hoef je niets meer af te spreken en gaat het vanzelf.

Messi en Ronaldo scoren vaak, en vrijwel altijd na een loopactie. Die twee zijn bij balbezit van hun medespelers altijd in beweging. Puur om de tegenstander te verrassen. Voordat ze in scoringspositie komen, hebben ze met legio kleine voorbewegingen hun directe tegenstanders al afgeschud. Zulke topspelers moeten namelijk vaak niet één, maar twee of drie verdedigers van zich afschudden om vrij in het strafschopgebied te komen. Als je dat weet, heb je ook een antwoord op de eeuwige vraag van televisiecommentatoren: 'Hoe kunnen ze Messi (of Ronaldo) nu zo vrij laten staan?' Dan weet je: het is hun eigen verdienste.

Fantastisch ook om te zien dat Messi en Ronaldo die voorbewegingen ook maken aan de bal, als ze in volle snelheid op hun tegenstander af dribbelen. Met heel kleine lichaamsbewegingen zetten ze hun tegenstander op het verkeerde been, terwijl ze zelf volledig in balans blijven. Dat geeft dit soort wereldtoppers extra tijd en ruimte om de bal net nog dat beslissende tikkie te geven langs de tegenstander, of om gericht op doel te schieten.

Tegenstanders weten dat het moment komt, en toch vliegen ze vaak de verkeerde kant op. De verklaring daarvoor is simpel: loop je achteruit, dan heb je veel minder controle over je lichaam en kun je je evenwicht verliezen bij de kleinste beweging van het lichaam. Loop je vooruit, dan heb je veel meer controle over je lichaam, en als je aan de bal bent, bepaal jij de snelheid van de actie.

In de spits bij AC Milan was Marco van Basten een kei in het maken van vooracties. Als medespeler moet je daarop anticiperen. Ik wist als rechtsbuiten bij Milan vaak al waar de aanval zou eindigen als Paolo Maldini in zijn linkerverdedigingszone bezig was uit te verdedigen. In plaats van Van Basten als spits was ik dan het eindpunt of vice versa. Ik had liever Marco als eindpunt, want dan wist ik zeker dat die bal erin ging.

Natuurlijk was het niet de bedoeling dat wij al bij voorbaat bij dat eindpunt gingen staan; we moesten er juist stap voor stap naartoe bewegen. Paolo Maldini of middenvelder Carlo Ancelotti speelde Van Basten aan in de spits en die legde hem terug op middenvelder Demetrio Albertini. Ik rende met een verdediger in mijn nek in de voorbeweging naar Albertini toe, om vervolgens in de diepte weg te sprinten. Albertini hoefde de bal alleen maar in de ruimte te geven en ik was al weg.

Omschakeling bij balverlies

Voer je op bovenstaande manier een aanval uit, dan lijkt het of je zonder tegenstander speelt. Het is een theoretische aanval, een ideaalplaatje dat je probeert uit te voeren. In je achterhoofd hou je in de praktijk continu rekening met balverlies bij een van de tussenstations.

Als speler wist je precies wat je moest doen, wat je taak was als onderweg tijdens zo'n aanval Ancelotti, Van Basten of Albertini de bal zou kwijtraken. Bij AC Milan werd bij dergelijke patroonaanvallen iedere minuut gehamerd op die omschakeling van balbezit naar balverlies. Het is puur een kwestie van organisatie van je elftal om tegendoelpunten te voorkomen. (Bij de omschakeling van balverlies naar balbezit draait het minder om organisatie, maar is er juist meer ruimte voor intuïtie.)

Regel 1: in de opbouw nooit balverlies lijden in het centrum

Toch zie je het vaak gebeuren, zelfs op het hoogste niveau: driehoekjes tussen twee centrale verdedigers en de keeper. Onverantwoord als je wedstrijden wilt winnen, omdat het te veel risico met zich meebrengt. In Nederland is het echter een nauwelijks uit te bannen ziekte. In andere landen zie je teams in zo'n situatie de bal blind weg kegelen.

Zelfs FC Barcelona maakt zich regelmatig schuldig aan opbouw door het centrum. Tegen Celta de Vigo werd ze dat vorig seizoen noodlottig. Gerard Piqué nam veel te veel tijd, verloor de bal, en Celta maakte 1-0. Als zelfs FC Barcelona het niet kan, moeten middelmatige teams er helemaal niet aan beginnen. Wat je wel moet doen als iedereen wordt vastgezet? Gewoon de bal via de keeper naar de spitsen sturen en daar het duel aangaan om de bal te veroveren. Je kunt nu eenmaal niet altijd van achteruit opbouwen.

Regel 2: laat je tegenstander nooit aanvallen door het centrum
Dit begint bij de spitsen. Die moeten de tegenstander al dwingen om via de flanken aan te vallen, want daar heb je de meeste kans om een speler op te sluiten en de bal terug te veroveren. Centraal op het middenveld ben je juist kwetsbaar en kun je gemakkelijk uitgespeeld worden, omdat de aanvallende partij de keus heeft naar links of rechts uit te wijken of zelfs direct naar voren. Hier speelt de hand van de trainer een belangrijke rol. Vanuit welk systeem ook, hij moet hier een oplossing voor zoeken.

Bij AC Milan waren die twee verdedigende regels ons uitgangspunt. Tijdens mijn eerste seizoen (1987-1988) is dat erin geslepen en gefinetuned, en in mijn tweede jaar wonnen we de Champions League en speelden we geweldig. Geen enkele tegenstander had een antwoord. Het seizoen erop had iedere tegenstander ons spel geanalyseerd en pasten de ploegen zich volledig aan ons aan. Dan wordt het moeilijker en moet je je als team doorontwikkelen.

Vaak gebeurt dat aan de hand van doorselecteren: spelers verdwijnen en andere spelers met specifieke kwaliteiten verschijnen, zodat je tegenstanders kunt blijven verrassen. Dit is een bijzonder lastig proces. Psychologisch is het heel moeilijk voor de clubleiding en de trainer om in een winnend team te snijden. Daarom is het zelfs voor topclubs als Bayern München, FC Barcelona en Real Madrid nagenoeg onmogelijk om tweemaal achtereen de Champions League te winnen.

Dat lukt alleen als de analyse en de aanpassing voldoende zijn doorontwikkeld en de spelers de scherpte, honger en gretigheid kunnen vasthouden om twee seizoenen op rij alles te winnen. Bijvoorbeeld vanwege de uitzonderlijke individuele kwaliteiten van een stel heren in de aanval zoals Messi, Neymar en Suárez of Ronaldo en Bale.

Europees kampioen in 1988

Alvorens we met het Nederlands elftal op het Europees kampioenschap 1988 in Duitsland verschenen, hadden we nogal wat teleurstellingen te verwerken gehad. In 1983 werden we voor het EK 1984 in Frankrijk uitgeschakeld op doelsaldo door Spanje, dat met 12-1 won van Malta, en twee jaar later ging het WK in Mexico aan onze neus voorbij door een doelpunt van de Belg Georges Grün vlak voor het einde van de beslissingswedstrijd tegen België.

Wij begonnen met Oranje als groentjes aan het EK in Duitsland, maar de ploeg zat wel vol ervaring. Ajax won een jaar eerder de Europacup II, PSV had vlak voor het EK de Champions League gewonnen en Marco van Basten en ik waren kampioen van Italië geworden met AC Milan.

Opvallend genoeg verloren we onze beste wedstrijd, het openingsduel tegen Rusland, met 1-0. Ondanks de openingsnederlaag hadden we geluk in de laatste poulewedstrijd tegen Ierland met het beslissende doelpunt van Wim Kieft, gescoord vanuit buitenspel en met een heel onorthodoxe kopbal.

Voor Nederland was de halve finale tegen Duitsland de finale. Het hele land had veertien jaar eerder voor de televisie zitten huilen omdat Oranje in de WK-finale 1974 werd verslagen door Duitsland. Wij moesten dat rechtzetten.

Er ontspon zich een gek verloop van de wedstrijd met een terechte penalty voor Duitsland, terwijl onze strafschop een cadeautje was van de Roemeense scheidsrechter Ioan Igna. In Duitsland tegen Duitsland, in een halve finale van het EK een cadeautje krijgen, dan kunnen er rare dingen gebeuren. Ronald Koeman benutte de penalty en wij kregen daar als team zo'n boost van dat Van Basten snel daarna de winnende goal maakte.

Voor ons was het toernooi geslaagd, de revanche was een feit en ik mocht een groot feest organiseren in Hamburg. We waren door het dolle heen en een dag later vertrokken we voor de finale naar München en bezochten we met de hele groep een concert van Whitney Houston. Ondenkbaar nu. Pas bij de tactische bespreking van bondscoach Rinus Michels kwam de focus op de EK-finale te liggen: 'Jullie hebben een geweldige prestatie geleverd, maar nu we toch hier in München zijn, laten we die finale winnen. Dan hebben we het echt goed gedaan.'

Meer is er eigenlijk niet gezegd, en het moest gewoon zo zijn dat wij wonnen hoewel de Russen sterker waren. Ik kan er geen enkele plausibele verklaring voor geven, maar het voelde zo. Onze doelman Hans van Breukelen stopte zelfs een penalty. Een prachtige symmetrie: in de openingswedstrijd waren wij sterker en won Rusland; in de finale was Rusland sterker en wonnen wij. Het werd 2-0 door doelpunten van Van Basten en mijzelf.

Mijn eigen rol op het EK was bescheiden, terwijl ik aanvoerder was. Naar gelang waar we de tegenstander het meeste pijn konden doen, speelde ik afwisselend als tweede spits of van de linkerkant of rechterkant in een 4-4-2. Ik voelde me heel moe, kapot na het lange, intensieve eerste seizoen bij AC Milan. Mentaal en fysiek zat ik er na de ontlading van de landstitel in Italië helemaal doorheen.

Ik kwam vermoeid aan bij Oranje en kon lang niet brengen wat ik bracht bij AC Milan. Hoe graag ik ook wilde. Van Michels mocht ik zelfs de vrije trappen niet meer nemen, maar gelukkig hervond Van Basten zich op dat EK na veel blessureleed en een reserverol tijdens de openingswedstrijd tegen Rusland. Marco was fris en ik heb gewoon alle ballen aan hem gegeven.

Ik zette mijn ego opzij en werkte keihard voor de ploeg en voor het resultaat. In de finale kreeg ik mijn vorm terug en als beloning daarvoor mocht ik van bondscoach Michels de vrije trappen weer nemen. Het resulteerde indirect in de openingsgoal tegen Rusland. Mijn vrije trap werd tot corner verwerkt en daaruit scoorde ik 1-0 met mijn hoofd. Later maakte Van Basten met die volley een wereldgoal, die synoniem werd voor het kampioenschap. Het Franse blad *L'Équipe* noemde mijn openingsgoal later 'het vergeten doelpunt'.

Eindelijk won het Nederlands elftal in 1988 een hoofdprijs na de verloren WK-finales in 1974 en 1978. Later haalden we nog de finale van het WK 2010 in Zuid-Afrika. Ik ben altijd heel trots op onze prestaties op voetbalgebied. Nederland is een klein land, maar het heeft in 1974 het voetbal veranderd met het totaalvoetbal van Oranje. We zijn voorlopers geweest, en hoewel Nederland ontbrak op het EK in Frankrijk in 2016, worden we nog altijd als een grootmacht gezien in het internationale voetbal.

Op mijn top

Bij AC Milan ben ik uiteindelijk de volwassen voetballer geworden die in mij school. Dat kwam ook door mijn omgeving. In Italië speelden eind jaren tachtig, begin jaren negentig de beste spelers. Iedere club mocht slechts drie buitenlanders onder contract hebben en geld was geen probleem – Italië in die tijd was zoals het nu is in Engeland. De beste spelers van de wereld werden gehaald: jongens als Maradona, Rijkaard, Van Basten, Zico, Falcao, Daniel Passarella, Lothar Matthäus, Zbigniew Boniek, Michel Platini, Jürgen Klinsmann, Preben Elkjaer Larssen, Andi Brehme, Michael Laudrup en nog veel meer. Ook Italië zelf leverde topspelers van wereldklasse met Franco Baresi, Carlo Ancelotti, Roberto Baggio, Paolo Maldini, Giuseppe Bergomi, Pietro Vierchowod en Roberto Mancini.

Het niveau van de Serie A in Italië lag toen ver boven het niveau van alle andere Europese competities. Je kunt het vergelijken met het grote niveauverschil nu tussen de Spaanse Primera Division en de rest van de Europese competities. Goede voetballers maken elkaar beter en tillen de competitie naar een hoger niveau.

Voor een aanvaller was het soms een verschrikking om in de Serie A te spelen, omdat iedere Italiaan goed kon verdedigen, of die nu speelde bij Juventus of bij Cremonese, Lecce, Ascoli of Cesena. Je moest snel handelen, wilde je überhaupt de mogelijkheid krijgen om een kans te creëren.

Bij Fiorentina liep Daniel Passarella, de aanvoerder van het Argentijnse elftal dat in 1978 wereldkampioen werd. Op een foto zie je dat hij mij een elleboog vol op mijn 'pofferd' geeft. Ik had net een bal op de lat gekopt en een op doel, waarna hij even de rol van mandekker overnam van Bergomi en Riccardo Ferri. '*Welcome to the Serie A*,' beet hij me toe. Passarella was zo verschrikkelijk gemeen, echt zo'n Argentijnse killer. 'Jij was een grote kerel, daar moest ik toch wat tegen ondernemen,' verontschuldigde hij zich pasgeleden toen we elkaar tegen het lijf liepen. We hebben er samen om gelachen.

Vierchowod, bij Sampdoria, vond ik een van de beste verdedigers die ik ooit ben tegengekomen. Vraag Van Basten maar naar zijn oordeel over Vierchowod. Slechts één keer is het Marco gelukt om een goal te maken in een wedstrijd tegen deze sterverdediger. Een mazzelgoal ook nog nadat een bal terugkwam van de lat. Marco kon hem zo inkoppen.

De omschakeling

In Nederland wordt nauwelijks aandacht gegeven aan de omschakeling bij balverlies. Aanvallers hebben er moeite mee omdat ze balgericht denken. Als ik in mijn eerste jaar bij AC Milan in de spits stond en een kans miste, bleef ik nog weleens hangen in een rouwmoment of een rustmoment. Ik moest mezelf echt inprenten: Ruud, eerst terug in je positie en dan pas rouwen of rusten. Bij Milan hielden Sacchi, Ancelotti en Franco Baresi je wel bij de les als je even afwezig was en de organisatie uit het oog verloor.

Stilstaan na een actie is dodelijk voor je ploeg. Sommigen kijken na een misser vanuit een gevoel van schaamte naar de grond en wandelen terug. Terwijl je juist moet opkijken en meteen terug naar je positie moet rennen, want anders gooit de doelman de bal over jou heen naar de links- of rechtsachter en die heeft dan alle tijd en ruimte om een aanval op te zetten. Bij AC Milan deed uiteindelijk iedere speler automatisch mee aan die omschakeling. Anders werd je gewoon niet opgesteld. Door die discipline aan de dag te leggen, ondermijnden we bij voorbaat alle verrassingselementen van de tegenstander. Bij AC Milan konden wij niet verrast worden vanuit de organisatie. Alleen grote spelers als Maradona, Zola, Careca, Zico of Klinsmann lieten ons met hun enorme individuele kwaliteiten af en toe hun hielen zien.

Pressing

Vanuit onze organisatie gaven we de tegenstander vaak bewust wat ruimte om op te bouwen. Dan probeerden we, door druk naar de zijkant te zetten, de tegenstander te dwingen via de rechts- of linksachter op te bouwen. Als de bal daarna het middenveld in gespeeld werd, vlogen we er met tien man vol op af om die bal te veroveren.

Wij waren op dat punt in feite de voorloper van FC Barcelona. Die ploeg doet precies hetzelfde. Sterker nog, zij zetten nog sneller en dieper druk op de helft van de tegenstander. Belangrijke afweging voor ons om de tegenstander eerst enige ruimte te geven, was dat bij te vroeg druk uitoefenen de bal naar de keeper terugging. Dan had het geen enkele zin vol druk op de tegenstanders te zetten. In die tijd mochten keepers een terugspeelbal immers nog oppakken. Pas in 1992 is die regel aangepast.

Die aangepaste spelregel maakt het druk zetten tegenwoordig iets eenvoudiger. Je kunt het nu twintig tot veertig meter dichter bij het doel van de tegenstander al doen: zo wordt hun ruimte om op te bouwen nog kleiner. En: hoe sneller je de bal verovert, des te dichter je al bij het doel van de tegenstander bent en des te minder ruimte je nog hoeft te overbruggen.

Hoe sloop je een muur?

Destijds had geen enkele ploeg buiten Italië een antwoord op onze pressing. Zelfs goede spelers maken fouten onder druk. Het druk zetten en dicht bij elkaar blijven, met onderlinge afstanden van vijf meter, werd op trainingen geperfectioneerd met tactische oefeningen.

Zo speelden we met elf man tegen zeven verdedigers, met buitenspel. Die zeven waren keeper Sebastiano Rossi, de vier verdedigers Franco Baresi, Filippo Galli (later Alessandro Costacurta), Paolo Maldini en Mauro Tassotti, en de twee middenvelders Carlo Ancelotti en Frank Rijkaard. Ik stond als rechtsbuiten tegenover Maldini. Dat waren gevechten, maar we kwamen er nooit doorheen, zelfs niet met schoten van afstand.

Later werd het met elf tegen vijf verdedigers, inclusief keeper, en zelfs dan kon je niet door de verdedigingslinie breken, niet eens met steekballen.

Toen we op ons ultieme niveau zaten, trainden we elf tegen elf op een half veld dat niet breder was dan het zestienmetergebied, inclusief middenlijn, buitenspel en één keer raken. Dan moet je wel combineren, want dribbelen kan niet. Leuk was het niet, maar je werd op die manier gedwongen razendsnel beslissingen te nemen. Deze oefeningen waren nodig omdat tegenstanders zich tegen AC Milan verder en verder gingen ingraven en de ruimtes belachelijk klein hielden. Je moest dus wel snel beslissen en handelen om een verdediging kapot te spelen. Vrolijk werd je er niet van, noodzakelijk was het wel.

Tegenover een verdedigende organisatie staat een aanvallend concept. Daarin moet veel ruimte zijn voor de intuïtie van spelers, van aanvallers in het bijzonder. Je kunt niet blijven volharden in patronen. Die kent iedereen. Je krijgt ze als kind met de paplepel ingegoten bij je cluppie. De rechtsbuiten trekt naar binnen, wordt aangespeeld, kaatst op de rechtshalf, en de rechtsback gaat er als derde man overheen. Een intuïtieve aanvaller heeft het vermogen om zo'n patroon te doorbreken met een onverwachte, creatieve actie.

Helemaal mooi is het als je twee van zulke mensen in je elftal hebt. Tenminste, als ze een klik hebben, want uiteindelijk moet je elkaar feilloos aanvoelen. Ze zeggen wel dat goede voetballers altijd goed met elkaar kunnen voetballen, maar soms klopt de combinatie niet als spelers elkaars kwaliteiten niet aanvullen. Bij FC Barcelona hebben ze er liefst drie lopen met Messi, Suárez en Neymar, die ook nog fantastisch op elkaar zijn ingespeeld. Dat is uitzonderlijk.

RITUEEL

Het proces naar een wedstrijd toe, met de busreis, de aankomst bij een stadion, de kleedkamerbesognes, de warming-up en de eventuele volksliederen of de Champions League-hymne, wordt door bijna alle spelers beleefd als een ritueel. Ieder doet het op zijn manier, maar het blijft een ritueel.

Of je nu met een koptelefoon op je hoofd zit, een boek leest, drie keer naar het toilet moet of als laatste het veld op stapt; ieder zit in zijn eigen cocon. Ik lees daar niet aan af of iemand een goede of slechte wedstrijd gaat spelen. Evenmin kan ik dat zien aan iemands gedrag in de spelerstunnel. Vaak hoor je achteraf allerlei verklaringen dat spelers, trainers of analisten vooraf al hadden gezien hoe iets zou eindigen. Ik geloof niet in die glazenboltheorieën. Het is een geromantiseerde weergave achteraf, die je als betrokkene vaak helemaal niet zo hebt beleefd. Velen – vooral buitenstaanders – willen meer zien dan er is, denken dat er meer is, maar zo mooi als ze je het willen voorspiegelen is het meestal niet.

Het is allemaal niets meer of minder dan een ritueel waar je doorheen moet alvorens je toekomt aan dat waar het werkelijk om draait: de wedstrijd.

Naar Engeland

In 1995 vertrok ik uit Italië (na AC Milan en Sampdoria) naar Engeland, waar ik voor Chelsea ging spelen. Daar moest ik me opnieuw aanpassen. Niet eens zozeer aan het Engelse 4-4-2 of het 5-3-2 dat we soms speelden, maar aan mijn medespelers, die van een ander niveau waren dan in Italië. Goede voetballers, maar toch van een ander niveau. Ik ging van Europese top naar Engelse middenmoot. Snel stel je je verwachtingen naar beneden bij, om zo'n nieuwe situatie te accepteren in plaats van het je te laten frustreren.

De handelingssnelheid lag lager bij sommige spelers van Chelsea en ze waren niet altijd in beweging. Daarom waren we dan ook middenmoter. Het Engelse voetbal is een harde, goede leerschool om sneller te spelen en altijd onderweg te zijn om niet in problemen te komen en schoppen te moeten incasseren. Alleen: bezit je de kwaliteiten om dat in de praktijk te brengen? Zelf had ik die snelheid nog in mijn hoofd en benen. Dat was een geluk, want ik was een geliefd doelwit, met name Vinnie Jones probeerde me weleens te raken.

Teamgenoot Mark Hughes en ik – hij had de ervaring van Manchester United en FC Barcelona – namen samen de ploeg bij de hand. Als ervaren speler zie je alles sneller, je weet ongeveer wat er gaat gebeuren en houdt dus meer tijd over om te praten, spelers neer te zetten en te coachen. Uiteindelijk pakt een aantal medespelers het op en gaat mee in jouw spel.

Engels voetbal

Trainer Glenn Hoddle zette mij neer als centrale verdediger, zoals ik had voorgesteld toen we over een transfer van Sampdoria naar Chelsea spraken. Prima idee, vond Glenn. Totdat ik de eerste paar diepteballen onderschepte met mijn borst, de bal liet vallen en de speler naast me aanspeelde. Het publiek vond het geweldig, 'whoah' klonk het vanaf de tribunes. Maar Hoddle stond doodsangsten uit omdat mijn ploeggenoten zoiets niet gewend waren. Iemand als Duberry, een killer achterin, verwachtte dat ik de bal gewoon weer terug naar voren zou koppen, en nu kreeg hij de bal in zijn voeten gespeeld. '*What the fuck are you doing?*' riep hij toen hij de bal direct blind de tribune in had gerost.

Inderdaad, ik wilde de aanval voetballend van achteruit opzetten. Maar in de rust zei Glenn: 'Ruud, ik weet wat je wilt en dat is heel mooi, maar niet hier en niet nu. Kun je alsjeblieft op het middenveld gaan spelen?' Zo bleek dat een tactische keuze ook sterk afhankelijk is van de individuele kwaliteiten van de overige spelers.

Op het middenveld is het normaal gesproken knokken om de bal in Engeland. Met mijn inzicht wist ik die duels te ontwijken. Na afloop van een wedstrijd vroeg Gavin Peacock, een middenvelder die van Newcastle United was overgekomen: 'Ruud, hoe kan het nou dat jij altijd vrij staat?' Dat kon ik niet uitleggen, maar met tien, vijftien jaar ervaring in de top weet je hoe je moet lopen en wanneer je moet wegblijven.

Voor mij was de Premier League op dat moment het ideale speelveld. Iedereen riep dat het tempo zo hoog lag en dat je strijd moest voeren, maar ik ervoer meer dan genoeg tijd en ruimte om mezelf te ontwikkelen als speler. En een beetje bikkelen vond ik juist geweldig. Totdat ik slachtoffer werd van een brutale tackle, waarbij ik mijn enkel brak. Ik speelde zelfs nog even door, maar dat ging natuurlijk niet lang goed en ik lag er een paar maanden uit.

Ik vond Engeland geweldig. Je werd verplicht om Engels te spreken, zodat we allemaal goed en snel met elkaar konden communiceren. Bij AC Milan sprak niemand Engels en moest je je zien te redden met een beetje Italiaans. Zelfs trainer Arrigo Sacchi kon zich nauwelijks verstaanbaar maken in het Engels. Kwam hij naar me toe voor een tactische aanpassing, dan zei hij in het Engels met een zwaar Italiaans accent: '*I am Gullit, I come and I go in zone dangerous.*' Voor de zekerheid beeldde hij het uit en verrekte daarbij een nekspier; een hilarisch moment. Sacchi wilde ook altijd maar besprekingen in zijn kantoor. Ik deed het liever op het veld, als het moment actueel is en iedereen zich de situatie voor de geest kan halen.

Zoals gezegd, het verschil in niveau tussen Engeland en Italië was destijds groot, maar als speler heb ik in Engeland geweldig genoten. Het Engelse clubvoetbal zat in een dip, maar er kwamen betere tijden aan. Clubs uit de Premier League kregen halverwege jaren negentig door lucratieve televisiecontracten extra financiële armslag om toppers uit het buitenland te halen: Eric Cantona, Jürgen Klinsmann, Dennis Bergkamp, David Ginola en Faustino Asprilla kozen allemaal voor Engelse ponden.

Ook op het trainersvlak vond een internationaliseringsslag plaats en steeds meer Engelse trainers maakten plaats voor buitenlanders, met Arsène Wenger als beste voorbeeld.

Engels gras

Een tactisch snufje bij lagere divisies in Engeland was om het gras in de hoeken van het veld hoger te laten groeien dan elders. Toen ik in het seizoen 1998-1999 als coach met Newcastle United een bekerwedstrijd speelde tegen Tranmere Rovers op Prenton Park, waren de cornervlaggen bijna overwoekerd. John Aldridge, de befaamde oud-spits van Liverpool, was er trainer, en zijn centrale verdedigers waren verplicht om iedere bal in een van die grassige hoeken op onze speelhelft te schieten. Omdat de bal daar zo stroopte, ging hij bijna nooit over de achterlijn. Daarvandaan probeerden ze de bal meteen voor ons doel te schieten. Het was een moeilijk te verdedigen tactiek. En als onze verdedigers de bal uit schoten, kwam er vervolgens iemand die de bal uit de inworp in één keer voor ons doel slingerde.

Over ingooien gesproken: hoe geslepen die tactiek was, bleek wel uit het deurtje in de reclameborden bij Tranmere en de handdoeken bij de ballenjongens. Ik wist niet wat ik zag. Vanuit de dug-out zag ik een speler van Tranmere de bal droogvegen met die doek en vervolgens verdween hij uit zicht. Toen ik uit de dug-out kwam om te kijken waar die speler was gebleven, zag ik hem tussen het publiek staan. Door het open deurtje had hij een paar meter extra voor de aanloop en gooide de bal zo tot op de penaltystip. Alsof het een vrije trap was! Ik vroeg nog aan de scheidsrechter of dit wel was toegestaan, maar die liet het toe.

Als wij op die plaats een ingooi mochten nemen, bleef het deurtje vanzelfsprekend dicht en was er in geen velden of wegen een handdoek te bekennen.

Ervaring en spelplezier

De laatste jaren van mijn spelerscarrière bij Sampdoria (Genua) en Chelsea (Londen) speelde ik als bevrijd van mijn ketenen, frank en vrij. Ik zag alles drie keer zo snel en ging als een raket. Qua spelvreugde heb ik in Genua mijn beste jaren gehad. Al mijn ervaring kon ik er aanwenden. Ik ambieerde een volledig vrije rol in de aanval en kreeg die ook van trainer Sven-Göran Eriksson. Bij Chelsea onder Glenn Hoddle ging het precies zo, alleen wilde Glenn me niet in de achterste lijn hebben vanwege mijn risicovolle spel.

Het pakket dat ik van AC Milan meekreeg, kwam er bij Sampdoria en Chelsea volledig uit. In Genua stond ik met Mancini in de spits en scoorde in het seizoen 1993-1994 liefst 16 doelpunten in 31 competitieduels. Bij AC Milan was ik nooit verder gekomen dan negen treffers.

Toch weegt niets op tegen de beleving van het winnen en je gedragen als een echte prof zoals ze bij AC Milan voor ogen hadden. Het was hard werken, maar die club is het beste wat me ooit is overkomen. Qua plezier staan daarentegen PSV en Sampdoria bovenaan. In Eindhoven kon ik bijna wekelijks uitblinken, op welke positie ik ook speelde. Natuurlijk was ik zeer aanwezig in de spelersgroep, in de hele club zelfs, maar ik heb daar wel plezier gehad in alles wat ik deed.

Bij Feyenoord, aan het begin van mijn carrière, heb ik het meest geleerd, vooral met Johan Cruijff. Cruijff heeft me bewust gemaakt van mijn kwaliteiten als teamspeler en me ervan overtuigd dat ik zou uitgroeien tot iemand die een team kan sturen. Ik begreep dat het teambelang altijd vooropstond. Een kras voorbeeld was mijn rol in Oranje op het EK van 1988 in West-Duitsland. In de groepswedstrijd tegen Engeland stond ik linksbuiten en in de finale tegen de Russen achter de spits. Soms werd ik daar helemaal gek van, maar je offert je op voor het team, zelfs als je het niet eens bent met het tactische idee van de coach. Zeker van een aanvoerder van een nationaal elftal wordt dat verwacht. Ik heb bij Oranje bijna nooit naar mijn mogelijkheden kunnen spelen.

Op het Europees kampioenschap 1992 speelde ik rechtsbuiten in de groepswedstrijd tegen Duitsland en had ik Michael Frontzeck als directe tegenstander. Hij liep maar naar voren, en ik daar maar achteraan sjouwen. In de rust vroeg ik bondscoach Rinus Michels of iemand het van me kon overnemen. Ik kreeg alleen te horen: 'Jij blijft achter die Frontzeck aan lopen.' 'Die' Frontzeck lachte zich rot en was dolblij met mijn invulling. Hij moest ervoor zorgen dat ik niet in het strafschopgebied van Duitsland kwam. Daar hoefde Frontzeck niets voor te doen; wij zorgden er zelf wel voor dat ik offensief niet meedeed in deze wedstrijd, vanwege de dienende rol die ik kreeg toebedeeld van Michels. Nederland won de wedstrijd, heel het land stond op zijn kop, maar ik haalde nauwelijks enige voldoening uit die wedstrijd.

Met het Nederlands elftal heb ik qua posities en tactiek altijd een haat-liefdeverhouding gehad. De gekozen tactiek door de verschillende bondscoaches was niet altijd gunstig voor me, terwijl je voor een vertegenwoordigend elftal geselecteerd wordt op je specifieke kwaliteiten. Mijn 'probleem' was dat ik voor diverse posities en in diverse tactische varianten zo'n hoog basisniveau bereikte, dat ik me vaak in dienst van het elftal moest opstellen. Zo heb ik in Oranje vaak als pure rechtsbuiten gespeeld, terwijl ik niet de specifieke kwaliteiten voor een rechtsbuiten in een 4-3-3 bezit.

Achteraf gezien is het me allemaal spelenderwijs afgegaan.

Trainer

Na één jaar spelen bij Chelsea vroeg voorzitter Ken Bates me in 1996 of ik trainer-speler wilde worden, als opvolger van Glenn Hoddle. Hoddle werd bondscoach van Engeland en het publiek wilde mij als trainer. Ik twijfelde kort omdat het het einde zou betekenen van mijn voetbalcarrière. Trainer-coach zijn en speler tegelijk kan eigenlijk niet. Je moet je aandacht verdelen en dus doe je allebei half. Het is een illusie dat je manager kunt zijn van zo'n grote club en tegelijk alle wedstrijden mee kunt doen. In de top ga je of voor het een, of voor het ander. Op een gegeven moment wisselde de trainer Gullit de speler Gullit voorgoed.

Groentje

Als trainer was ik een groentje, en toch liet Bates me volledig vrij Ik had zelfs geen trainerscursus voor jeugdtrainer gevolgd toen ik het roer bij Chelsea in handen kreeg. Pas na Chelsea volgde ik in Nederland de cursus Coach Betaald Voetbal. Ik moest dus varen op het kompas van mijn ervaringen als speler met diverse geweldige trainers als Arrigo Sacchi, Fabio Capello, Rinus Michels, Sven-Göran Eriksson en anderen.

Alles zat in mijn hoofd; niets stond op papier. Aangezien ik met topspelers werkte, hoefde ik me niet druk te maken om oefeningen en patronen. Het voornaamste was het creëren van een goede klik tussen spelers en dat ze elkaars kwaliteiten aanvulden. Je zoekt naar de ideale combinatie tussen spelers onderling, totdat je uiteindelijk een heel team hebt dat stevig in elkaar steekt.

Ik liet veel partijvormen spelen om automatismen te kweken, waardoor de handelingssnelheid steeg en iedereen scherp moest blijven. Soms speelden we om 10 pond en vlogen de vonken eraf. Uit eigen ervaring wist ik dat spelers hiervan houden en zo zorgde ik direct voor plezier.

Op een toernooi in de seizoensvoorbereiding speelden we eens met Chelsea tegen Ajax. Het grote Ajax van Louis van Gaal, dat de Champions League had gewonnen. Het spelsysteem 4-3-3 van Ajax kende ik van haver tot gort. Veel belangrijker vond ik wat wij konden doen om het verschil te maken. 'Speel die bal op Hughes en loop als middenvelders blind naar voren.'

Geen revolutionair, intelligent gedachtegoed, maar ik wist dat de Ajax-middenvelders er een hekel aan hadden als ze achter hun tegenstander aan moesten lopen. Dat zijn vaak enorme sprints voor Ajacieden omdat Ajax bij voorkeur altijd diep op de helft van de tegenstander speelt. Daarbij denken ze voornamelijk in balbezit. Ze denken vooruit en wat achter ze gebeurt is van later zorg.

Een ernstige misrekening. Weliswaar kreeg Ajax kansen, maar wij wonnen de wedstrijd. Patrick Kluivert, de spits van Ajax en later AC Milan en FC Barcelona, zocht me op en complimenteerde ons met het resultaat en vooral de gekozen strijdwijze. 'Je had het goed voor elkaar, Ruudje.'

Natuurlijk wist ik na al mijn Nederlandse jaren hoe je Ajax moest bestrijden om te kunnen winnen. Belangrijkste blijft of je de spelers daarvoor bezit. Zonder Hughes zou het nooit zijn gelukt.

Hughes' specifieke kwaliteiten gaven de doorslag omdat de Ajacieden daar niet mee om wisten te gaan. Van Gaal begon trouwens snel te wisselen en zei na afloop dat hij zijn elftal niet compleet had. Ja, ja, daar trapte ik natuurlijk niet in.

Je moet spelers altijd vanuit hun kwaliteit laten spelen, en dat probeerde ik zo goed mogelijk. Op training deden we ook technische oefeningen en daar sloten jongens als Zola, Di Matteo en Leboeuf zich bij aan. Zij konden alles met een bal. Op het veld namen zulke spelers anderen bij de hand. Als trainer kun je aanwijzingen geven, maar de spelers moeten het samen doen. Ik gaf slechts de handvatten, en blijkbaar de goede, want we wonnen dat seizoen de FA Cup.

Imago

Als speler en trainer ging ik heel anders met spanning om dan gewoon was. Ik benaderde het positief en met een lach. Die houding werd niet altijd klakkeloos geaccepteerd door de binnen- en buitenwacht. Veel mensen in de voetballerij kunnen het maar moeilijk waarderen als je vrolijk bent. Dat geeft een uitstraling van: hij is er niet serieus mee bezig. Dat heb ik altijd raar gevonden. Als je chagrijnig rondloopt en heel druk doet, word je serieus genomen. Vooral als trainer moest ik daar een middenweg in vinden. Best moeilijk, omdat je al snel te ver van je eigen natuur af komt te staan. En wie niet zichzelf is, functioneert vaak minder. De voorbeelden van trainers die een toneelstuk opvoeren en door de mand vallen, zijn legio.

Mijn vriend Robby (Di Matteo) zat als hoofdtrainer bij Schalke 04 van zeven uur 's ochtends tot acht uur 's avonds op de club. Als iemand hem vroeg mee uit eten te gaan, zei Robby: 'Nee, dan denken de mensen dat ik niet serieus bezig ben.' Het heeft hem niets geholpen, want binnen een jaar ontsloeg de clubleiding hem.

Het tegenovergestelde is ook waar: geef je de clubleiding, de spelers en je staf niet het gevoel dat je continu met de club bezig bent en verlies je een paar keer, dan vlieg je er net zo goed uit.

Een team bouwen

Het eerste jaar bij Chelsea beschouw ik achteraf als een trainingsstage. Ik kon een kijkje in de keuken nemen om te zien welke ingrediënten Chelsea nodig had om op korte termijn een rol van betekenis te gaan spelen in de Premier League.

Een elftal opbouwen begint met het neerzetten van de as: van doelman tot spits. Ik haalde achtereenvolgens Frank Leboeuf, Roberto Di Matteo, Gianfranco Zola en Gianluca Vialli binnen, en een jaar later keeper Ed de Goey van Feyenoord. Ter aanvulling had ik goede Engelse spelers, die het klappen van de zweep kenden. Steve Clarke (Clarky) was een intelligent voetballende verdediger en voor het beuken tegen stevige Engelse spitsen had ik Michael Duberry. Later haalden we Celestine Babayaro, Tore André Flo, Gustavo Poyet en de Engelse international Graeme Le Saux.

De buitenlanders moesten wennen aan de Engelsen en andersom, en we gingen meer Europees voetballen. Dat vroeg om een cultuuromslag bij sommige spelers en ook bij het publiek. Uiteindelijk gingen de handen op elkaar en kregen we op Stamford Bridge veel waardering voor ons verzorgde, aanvallende spel.

Le Saux was een linksachter die de bal het liefste lang trapte op de linksbuiten of de spits. Maar ik wilde met Chelsea juist voetbal van achteruit spelen. Poyet, een Uruguayaan, een loper met twee zuurstofflessen op zijn rug, kwam naar me toe en zei: '*Rudi, tell this man to play the ball into my feet.*' Want voetballers als Poyet en Dennis Wise zijn balbezitspelers, maar dan moeten ze de bal wel hebben... Met die omschakeling was ik altijd bezig. We hebben honderden oefenpartijtjes gespeeld, en altijd ging het ergens om. Ik moest het competitie-element erin brengen, anders zou die transitie als te vrijblijvend worden ervaren en nooit lukken.

Le Saux was een uitstekende speler die zich snel en moeiteloos aanpaste. Hij bezat de potentie voor de speelstijl die ik voor ogen had. Op rechtsachter stond Dan Petrescu. Die bleef gaan en bestreek de hele rechterkant. Voorin liep Zola, een sensatie in de Premier League. Niet van de bal te krijgen, naar links en rechts wegdraaiend, geweldig geplaatst schot, gemakkelijke doelpuntenmaker en een bijzonder sierlijke voetballer. Bij Napoli had hij veel afgekeken van zijn leermeester Diego Maradona.

Je opvolger vinden

Mijn latere maatje Roberto Di Matteo, Italiaans international, speelde bij Lazio Roma als verdedigende middenvelder. Bij Chelsea vroeg ik hem voor een meer aanvallende rol. Zijn ontwikkeling ging als een komeet en Robby begon regelmatig te scoren. Hij wist niet wat hij meemaakte, maar ik had die potentie al in Italië gezien.

In Di Matteo zag ik de perfecte opvolger van mezelf als speler bij Chelsea. Uiteindelijk is hij me op termijn ook als trainer opgevolgd en was hij verantwoordelijk voor het grootste clubsucces van Chelsea door als coach met de club de Champions League te winnen in 2012.

Di Matteo is een wereldburger, geboren in Zwitserland, later verhuisd naar Italië. Hij spreekt Italiaans, Duits en Engels. Toen ik Robby belde om naar Chelsea te komen, zat hij in de kleedkamer van het Italiaanse nationale elftal. ‘Sorry, Ruud, ik kan niet zoveel zeggen. Laten we even in Duits verder praten. Dan begrijpt tenminste niemand hier waarover het gaat.’ Dus ik steek van wal met mijn school-Duits en vervolgens hoor ik een echte Duitser praten. Ik dacht dat ik in de maling werd genomen, alsof hij de telefoon bij een Duitser in de handen had gedrukt. Ik kende Robby en die sprak altijd met een zwaar Romeins accent. Duits bleek hij als een échte Duitser te spreken. ‘Ben jij dat, Robby?’ vroeg ik nog. Hij was het.

Hij wilde graag komen en heeft ook als speler een prachtige tijd gekend bij Chelsea. Evenals Gianfranco Zola – ook zo’n geweldige middenvelder van de club uit die tijd – is Robby sindsdien in Engeland blijven hangen.

Verborgen conflicten

In mei 2005 diende ik mijn ontslag in bij de clubleiding van Feyenoord, na een onrustige periode met veel media-aandacht. Als trainer heb je nooit volledig grip op wat er binnen een club gebeurt. Je wilt je niet laten beïnvloeden door negatieve zaken en daarom verleg je snel je focus. Ik kwam daarna een tijdlang niet graag bij Feyenoord.

We zaten diep in het voorjaar van 2005. In februari waren we in de derde ronde van de UEFA-cup uitgeschakeld door Sporting Lissabon, maar verder hadden we bij Feyenoord alles nog in eigen hand: uitzicht op de titel en het winnen van de beker. Na een verloren midweekse inhaalwedstrijd tegen FC Den Bosch draaide het sentiment bijna van de ene op de andere dag finaal om.

Sommige fans in Rotterdam begonnen me 'die Amsterdammer' te noemen: Rotterdam tegen Amsterdam, 010 tegen 020. Ik vond en vind die rivaliteit vaak veel te ver gaan. Dan werd er geroepen: 'Je bent een goeie gozer, maar ja, dat Amsterdamse accent, hè?' Dat vond ik zó kortzichtig. Terwijl ik toch m'n hele leven mijn liefde voor Feyenoord heb verklaard en er heb gespeeld.

En als ik in die tijd op Varkenoord – het amateurcomplex van Feyenoord – kwam kijken, voelde ik priemende ogen in mijn rug. Ze vonden het allemaal maar niets wat er gebeurde bij de profs – daar aan de overkant, noemden ze dat. Het waren twee werelden, die nooit één werden. Dat stond de groei van Feyenoord in de weg.

Toen verloren we met Feyenoord de halve finale van de KNVB-beker doordat doelman Gábor Babos een bal uit zijn handen liet vallen.

Even later was het gedaan.

Maar wat was er nu eigenlijk aan de hand? Het ging om meer dan één of twee wedstrijden niet winnen. Plotseling werd mijn assistent Zeljko Petrović uitgenodigd in een tv-programma en daar volledig afgebrand. Het werd heel persoonlijk en op de man gespeeld. Het gaf me het idee dat er regie werd gevoerd. Dat er mensen vanuit de Feyenoord-organisatie bezig waren om informatie te lekken en aan mijn stoelpoten te zagen.

Ik heb daar echter nooit de vinger op kunnen leggen.

De invloed van de trainer

Als trainer is het niet altijd even eenvoudig om je van je omgeving af te sluiten. Iedereen wil graag invloed uitoefenen, intern en extern. Meestal draaien de discussies om de samenstelling van het elftal en de tactiek, maar vaker nog over allerlei tips om spelers te transfereren.

Bij Chelsea kreeg ik doorlopend spelers aangeboden. Die moesten dan komen via bepaalde spelersmakelaars, die op die manier weer invloed wilden uitoefenen op de trainer of de club. Met als oogmerk: geld verdienen. Het zijn bijna altijd spelers waar je niet op zit te wachten. Zo kwamen ze bij Chelsea iedere keer aanzetten met Chris Sutton. 'Wat moet ik daarmee?' zei ik dan. In mijn geval was dat vaak voldoende om de deur dicht te houden. Maar toen ik eenmaal ontslagen was in Londen, was Sutton een van de eerste aankopen van de club. Terwijl – met alle respect voor Chris Sutton – hij Chelsea niet kon helpen groeien naar het niveau waar de club heen wilde.

Haalt een club vaker spelers binnen waar je niets mee opschiet, dan weet je meestal genoeg: daar zitten meerdere kapiteins op het schip. En iedereen moet meeprofiteren...

Op dergelijke processen krijg je als trainer maar moeilijk grip. Vooral omdat je vaak maar kort bij een club zit en je zeker in het begin niet alle interne en externe lijntjes kent. Er gebeuren allerlei dingen, ook achter je rug om. Iets te veel krachten bewegen zich rondom zo'n club en elftal zonder dat je het direct kunt beïnvloeden. Je kunt niet eens zeggen: 'Ik pik het niet', want dan sta je zo buiten. Als trainer-coach blijf je een voorbijganger. Alleen als je de kans krijgt om echt lang bij een club te blijven, zoals Sir Alex Ferguson bij Manchester United en Arsène Wenger bij Arsenal, dan kun je als trainer-coach de organisatie naar je hand zetten.

Zelfs voor José Mourinho was het moeilijk om dat voor elkaar te krijgen, ook al is dat toch een van de sterke kanten van The Special One. Overal waar hij werkte, borrelde de controverse op. Het is bijna onderdeel van zijn werkwijze. En op den duur was het altijd Mourinho die won, tenminste, zolang zijn elftal bleef winnen, zoals in zijn ongekend succesrijke periode bij Chelsea (2004-2007).

De ondergang van Mourinho bij Chelsea

Aanvankelijk was Mourinho uniek: de manier waarop hij met spelers sprak, waarop hij trainde en hoe hij ze ook mentaal klaarstoomde. Spelers spraken altijd heel positief over hem, ook nadat ze waren vertrokken. Desondanks komt er altijd een moment dat spelers gaan rebelleren. Vooral degenen die niet spelen.

In 2013, toen hij aan zijn tweede periode bij Chelsea begon, kwam Mourinho al anders binnen dan de eerste keer. Niet alles werd meer als zoete koek geslikt en de media en het Engelse voetbalpubliek gedroegen zich al kritischer, al helemaal na de aanvaring met Eva Carneiro, de arts/verzorgster. Daarmee overspeelde Mourinho in Engeland zijn hand en werd ineens alles anders. Mourinho begon zelfs diverse spelers te bekritiseren, wat hij normaal nooit deed. Dan weet je dat een breuk onvermijdelijk wordt. Iedereen binnen Chelsea liet hem als een baksteen vallen, hoewel ze net kampioen waren geworden.

Mourinho kon bij het ineenstorten van Chelsea nauwelijks nog op iemand terugvallen buiten zijn eerste elf spelers. Maar niemand die iets zei over zijn vertrek. Later kwamen verhalen van spelers in de media. Mensen als Kevin De Bruyne en John Obi Mikel vertelden dat Mourinho nooit een woord met ze wisselde: 'Hij praatte alleen met de kernspelers. Reserves zag hij niet staan.' Je achteraf zo uitlaten, vind ik niet nodig. Je had het moeten doen toen hij nog als trainer voor de spelersgroep stond. Tussen haakjes: De Bruyne is daarom vertrokken naar Wolfsburg in de Bundesliga en vervolgens maakte de Belgische aanvallende middenvelder een schitterende transfer naar Manchester City.

Mourinho deed na het kampioenschap van 2015 enkele opmerkelijke uitspraken: 'Ik heb geen aankopen nodig voor het nieuwe seizoen, want ik heb een elftal met kampioenen.' Daarmee zet je je reservespelers aan het denken: kom ik straks wel aan spelen toe, kom ik nog wel voor in de plannen? Tegelijk zet je alle concurrerende teams op scherp: o ja? Denken ze dat zij de beste zijn?

Twee manieren van winnen

Ik ken Mourinho niet persoonlijk, maar ik heb een soort haat-liefdeverhouding met hem. Ik bewonder hem om de prijzen die hij heeft gewonnen, om zijn ongelooflijke prestaties bij FC Porto, Chelsea en Internazionale. Toch bekruipt me bij ieder elftal van Mourinho het gevoel dat zijn team met de aanwezige individuele kwaliteiten veel beter kan voetballen dan het laat zien. Ik mis net dat vleugje extra klasse bij zijn elftallen, waardoor het aantrekkelijker wordt om naar te kijken. Dat komt voornamelijk, denk ik, omdat bij Mourinho het resultaat heilig is. Het is niet fout, want hij kan zijn keuzes verantwoorden met alle gewonnen prijzen en de complimenten van veel van de spelers met wie hij in het verleden heeft gewerkt.

Aan het einde van zijn eerste periode bij Chelsea werd Mourinho ontslagen omdat het spel niet aantrekkelijk genoeg was volgens onder meer eigenaar Roman Abramovich. Toch haalde de Rus hem zes jaar later terug en zijn er ongetwijfeld afspraken gemaakt over de manier van spelen. En inderdaad, vanaf de zomer van 2014 speelde Chelsea onder zijn leiding fantastisch voetbal, zoals ik het graag zie. Spelers kregen de ruimte om hun klasse te etaleren en iedereen genoot met volle teugen.

Toch kwam de omslag bij het begin van de tweede seizoenshelft. Mourinho haalde zijn calculator tevoorschijn en bij een 1-0 voorsprong werd het middenveld dichtgespijkerd met Kurt Zouma als extra verdediger. Of dat echt noodzakelijk was om kampioen te worden? Het mooie, aantrekkelijke spel in de eerste seizoenshelft had toch de koppositie opgeleverd met een behoorlijke voorsprong? Hoe mooi was het niet geweest als uitgerekend Mourinho met die offensieve speelwijze was doorgegaan?

Zelf vraagt hij altijd hardop: 'Wil je winnen of wil je mooi spelen?' Het is voor hem het een of het ander, de combinatie lijkt niet te bestaan.

Ik geef toe, hij is een winnaar en behoort tot de beste trainers van de wereld. Zijn methodes zijn succesvol en zijn filosofie is voor negentig procent de mijne. Aan de andere kant: ik zelf heb gespeeld met alle vedetten van de wereld in een loodzware Serie A, waar alles in het teken stond van verdedigen. Maar met AC Milan hebben wij voor een ommekeer gezorgd en hebben we met aantrekkelijk voetbal resultaten geboekt. Zoals ook Ajax, Bayern München, Liverpool en FC Barcelona hebben gedaan, of nog doen zoals Bayern en FC Barcelona nu.

Horen zijn overwinningen in dat rijtje thuis? Zal hij, met al zijn prijzen, ooit worden herinnerd als een vernieuwer? Voor mijn gevoel niet, omdat ik die ontbrekende tien procent waarin ik geloof, in zijn laatste seizoen bij Chelsea maar één competitiehelft heb gezien. Het liep uit op zijn tweede ontslag bij Chelsea vanwege slechte prestaties gecombineerd met interne problemen. Bij Manchester United zal hij winnen moeten combineren met aantrekkelijk voetbal.

Charisma en pure mazzel

Charisma is belangrijk voor een trainer. Zinédine Zidane is geen makkelijke prater, maar zijn charisma is onmiskenbaar. Toch blijft zelfs hij, met zijn Real Madrid-achtergrond en al zijn prijzen, een voorbijganger. Omdat het geld van een voetbalclub op het veld loopt, kiezen de clubbestuurders uiteindelijk altijd voor de spelers. In de Spaanse hoofdstad móét hij succes hebben om aan te blijven als trainer. De C.L.-winst geeft hem een voorsprong maar Real zal komend seizoen de hegemonie van Barça in de Primera Division moeten breken.

Maar ook succes is geen garantie. Ancelotti boekte resultaat bij Chelsea en moest eruit, evenals eerder Roberto Di Matteo, die net de Champions League had gewonnen tegen Bayern München. Er zijn ook voorbeelden van trainers die geen succes boeken en wel mogen blijven, zoals Claudio Ranieri, die geen enkele prijs won op Stamford Bridge en toch vier jaar aanbleef.

Mazzel is net zo goed van belang voor een trainer, om te slagen bij een club waar hij aan de slag gaat. Zelfs de grote trainers kunnen soms niet kieskeurig zijn, omdat je de clubs vaak niet voor het uitkiezen hebt. Je weet bij voorbaat nooit wat je zult aantreffen binnen een club. Hoe is de leiding als het slechter gaat? Hoe zijn de verhoudingen binnen de spelersgroep? Hoe is de relatie tussen de spelers en de staf, hoe is de relatie met de leiding, en hoe steken de financiën werkelijk in elkaar?

Je kunt veel ondervangen met gesprekken vooraf, maar het gevoel voor de werkelijke interne verhoudingen krijg je pas als je aan het werk bent. Daarom speelt de factor geluk een rol: ben je op het juiste moment bij de club binnengestapt? Ben jij op dit moment het juiste dekseltje op het potje?

Als je als trainer vroeger bij Manchester United binnenkwam, won je gegarandeerd een keer de Premier League, maar inmiddels is de Engelse competitie bijna geëxplodeerd: is er zóveel extra geld ingepompt bij clubs zoals Manchester City, Chelsea, Arsenal en Tottenham Hotspur, dat United niet één of twee belagers heeft in de titelrace, maar vijf of zes.

Tegen die veranderende verhoudingen in de Premier League boksten eerst David Moyes en later Louis van Gaal op bij Manchester United. Dat maakte het voor Van Gaal zo bijzonder moeilijk. De buitenwacht houdt hier geen rekening mee, de fans en de pers houden vast aan dat oude verwachtingspatroon. Daarom ligt de toekomst van een trainer in dit geval in handen van de clubleiding en is het de vraag in hoeverre deze beleidsbepalers geduld kunnen opbrengen. Bij Moyes niet, getuige zijn snelle ontslag. Bij Van Gaal evenmin.

DE TOSS

Valt het muntje op de goede kant, dan mag je kiezen welk doel je als eerste verdedigt. Alle clubs spelen de tweede helft liefst naar de eigen aanhang toe. Liverpool speelt na rust graag naar The Kop, Feyenoord naar Vak S en Borussia Dortmund naar Die Gelbe Wand. Psychologisch geeft het de jacht op een doelpunt een impuls als je naar je fanatieke supporters toe speelt. Je kunt ze in de ogen kijken en daarin hun verlangen naar een doelpunt lezen.

Ik hield daar als aanvoerder van mijn teams altijd rekening mee. Zoals ik het in uitwedstrijden vaak omdraaide. Met de wetenschap dat de thuisploeg het liefst naar de eigen fans speelt in de tweede helft, liet ik de ploegen juist draaien als ik bij een uitwedstrijd de toss won. Dan speelden wij na rust naar de aanhang van de tegenstander toe. Prachtig vond ik dat.

Bij de toss kun je even de tegenstander pesten. Het is een mindfuck. Soms doen aanvoerders het niet uit respect voor de thuisploeg, maar dat slaat nergens op. De tegenstander zal hetzelfde proberen als ze de bezoekende partij zijn. De wedstrijd begint voor mij bij de toss.

Kijken naar voetbal

Als voetballer moet je twee of drie stappen vooruitdenken, als analist kijk je juist twee of drie stappen terug. Bijna iedereen heeft verstand van voetbal, een beetje in ieder geval, maar iedereen kijkt anders. Sommigen laten zich leiden door statistieken, anderen volgen de bal of acties van spelers, weer anderen kijken naar de organisatie op het veld. Ik let vooral op de details die duidelijk maken waarom dingen in het veld goed of juist fout gaan bij een ploeg.

Zo'n 'fout' ligt vaak niet bij degene die de fout maakt, maar bij anderen die daarvóór in de fout zijn gegaan. De speler die de laatste in de rij is, is meestal in de problemen gebracht door een andere speler in een eerder stadium.

Oorzaak en gevolg

Het grote publiek heeft 'oorzaak en gevolg' niet altijd goed op een rij, daarom focus ik juist daarop als analist. Zo kijken de meeste voetballers en trainers ook. Of ik nu thuis voor de buis zit of in het stadion, of in de studio als analist, altijd stel ik mezelf de vraag: 'Waardoor gaat het mis?'

Mooi voorbeeld was Ross Barkley, die door de kranten en het publiek werd gezien als een van de grootste talenten van Engeland. Ik analyseerde een wedstrijd van Everton waarin hij als middenvelder veel te vaak met de bal aan het rennen was en hem dan onderweg kwijtraakte. Hoe langer je loopt met de bal, des te groter de kans is dat je de bal verliest. Dat is simpele kansberekening. Maar was het de schuld van die jongen dat hij bleef lopen? Boden zijn medespelers zich wel goed aan? Maakten zij de juiste loopacties?

Aan alles zag je dat Barkley de verwachtingen wilde waarmaken. In zijn bewijsdrang eiste hij alle ballen op, maar verloor er ook veel. Dat laat ik zien, maar dan geef ik zo'n jong ventje niet direct de schuld. Integendeel. Naast Barkley liep de ervaren Gareth Barry, die had Barkleys probleem kunnen oplossen door te zeggen: 'Niet gaan lopen, Ross, speel die bal en kies voor de gemakkelijke oplossing.' Dergelijke coaching heeft zo'n jonge jongen nodig in plaats van hem af te branden. Krijgt hij die steun niet van iemand als Barry, dan maakt hij dit soort fouten en zal hij ze blijven maken.

Je moet de verantwoordelijkheid neerleggen bij degene die verantwoordelijk hoort te zijn. Eerst stip je aan wat Barkley fout doet, dan ga je in op waaróm het fout gaat. Eigenlijk geef je de kijker een handleiding mee en als ze slim zijn, doen ook Barkley en vooral Barry hiermee hun voordeel. Dat is mijn manier van voetbal analyseren: oorzaak en gevolg blootleggen. De speler die een duel verliest, lijkt de schuldige, maar in werkelijkheid werd de echte fout eerder gemaakt.

Als trainer zocht ik mijn zondebokken ook nooit bij de mindere spelers, maar juist bij de goede spelers. Zij moeten de kar trekken. Daarbij viel regelmatig een onvertogen woord. Later nam ik zo'n speler apart. Als jij nou zo goed bent en je hebt zoveel vertrouwen en klasse dan moet je een ander helpen en waarschuwen voor wat er gaat gebeuren en de fouten die gemaakt worden. Jij bent verantwoordelijk en moet jezelf verantwoordelijk voelen. Mindere spelers uitschelden is het makkelijkste wat er is. Maakt een routinier zo'n fout dan krijgt hij er uiteraard van langs.

In de studio

Bij de BBC volg ik één en soms twee wedstrijden. Vaak vragen ze me voor de duels van Chelsea en Manchester United vanwege de Nederlandse invloeden, en omdat ik bij Chelsea heb gespeeld en er trainer ben geweest.

Ik zit in Nederland, Engeland en in Qatar, bij Al Jazeera, vaak met verschillende analisten in de studio. Bij *Match of the Day* van de BBC met presentator Gary Lineker (oud-topvoetballer en spits van wereldklasse) kies ik tijdens de wedstrijden fragmenten uit om te laten zien waar het fout of juist goed ging. Na afloop ga ik dan naar de regiekamer om de fragmenten terug te zien en bespreken we wat we gebruiken voor het programma. Soms wil ik pijltjes om looplijnen zichtbaar te maken.

Mijn voorkeur gaat uit naar twee analisten en één presentator zoals bij *Match of the Day* of de Champions League-uitzendingen van SBS6 of bij de abonneezender beIN SPORTS. Dat geeft je meer tijd om iets te vertellen over de wedstrijd en de diverse spelmomenten en je kunt iets meer de diepte in, iets meer uitleg geven. Drie analisten vind ik al minder prettig en met vier kom je nauwelijks aan de beurt. En zeker in de rust heb je door de commercials vaak maar een paar minuten tijd om je analyse te presenteren.

Voor mezelf heb ik dan vooral wat namen opgeschreven en als ik de beelden terugzie tijdens de uitzending, weet ik welk verhaal ik erbij wil vertellen en stip ik de details aan. Van een speler bijvoorbeeld die niet meeloopt en die zijn tegenstander uit zijn rug laat weglopen, of die zijn medespeler niet coacht.

Ik vertel het op mijn manier, rustig en relaxed, en ik trek niet bij voorbaat een ernstig gezicht. Er mag best gelachen en gedold worden. Ik praat en lach met iedereen en doe het op de manier waarbij ik me goed voel.

Inhoudelijk blijft het belangrijkste dat je de kijker met je analyse laat zien waar de dingen die belangrijk zijn voor het resultaat van de wedstrijd goed of fout gaan. Dingen die ik zie, maar die de doorsnee kijker misschien niet opvallen.

Het kantelmoment

Bij wedstrijdanalyses volg ik niet, zoals de meeste kijkers, de bal. Ik kijk juist naar andere dingen en probeer de momenten te zoeken, waardoor wedstrijden worden beslist: waardoor gebeurt wat er gebeurt?

Het meest kenmerkende 'kantelmoment' van de afgelopen jaren was natuurlijk het doelpunt van Robin van Persie op het WK 2014 tegen wereldkampioen Spanje in de openingswedstrijd van Nederland. Die vliegende kopbal over Iker Casillas heen ging de wereld over en was van grote schoonheid.

Maar dat was voor het Nederlands elftal niet het belangrijkste. Na bijna 45 minuten te zijn weggespeeld en ontsnapt aan een 2-0 achterstand door David Silva, zat Oranje met de 1-1 ruststand ineens vol in de wedstrijd en het toernooi om de wereldtitel. Waar de ploeg van Louis van Gaal met een enorme boost de kleedkamer opzocht daar kregen de Spanjaarden psychologisch een geweldige dreun. Eentje die zich in de kleedkamer een kwartier lang steeds dieper in je hoofd kan nestelen. Is het geen rust dan ga je snel over tot de orde van de wedstrijd en komt zo'n gelijkmaker minder hard aan. Nu zat Spanje zich in de kleedkamer af te vragen: 'Hoe is dit nu mogelijk?' Terwijl de Nederlanders het gevoel hadden van: 'We leven nog.'

Dit werkte uiteindelijk op een verschrikkelijke manier door in de wedstrijd, en in de tweede helft werd de wereldkampioen door een ontketend Nederlands elftal met Van Persie en Arjen Robben als uitblinkers naar een 5-1 nederlaag gespeeld. Dat moment vlak voor rust kwam Spanje het hele toernooi niet meer te boven; na de eerste ronde moest de ploeg naar huis. Het Nederlands elftal daarentegen ging door naar de halve finale tegen Argentinië, waar het pas na strafschoppen strandde.

Een prachtige wedstrijd tussen gelijkwaardige teams om te analyseren was de ontmoeting tussen Liverpool en Chelsea op 27 april 2014. Het ging om het kampioenschap. Zou Liverpool die wedstrijd gelijkspelen, dan behielden ze een punt voorsprong op eerste achtervolger Manchester City, dat op jacht was naar de tweede landstitel in drie seizoenen. Een simpel gelijkspel was dus voldoende voor het Liverpool van trainer Brendan Rodgers. Het eerste landskampioenschap sinds 1990 stond voor de deur.

Maar wat deed Liverpool? Dat wilde die wedstrijd op Anfield Road voor een uitzinnig thuispubliek gewoon winnen, ook om te laten zien waarom zij als enige aanspraak mochten maken op het winnen van de Premier League dat seizoen. De desillusie, en het eeuwige litteken, kondigde zich op slag van rust aan toen Steven Gerrard ter hoogte van de middenlijn uitgleed. Chelsea-aanvaller Demba Ba nam de bal helemaal vrijstaand over, liep alleen op het doel van Liverpool af en scoorde 1-0.

Op dat moment kantelde de wedstrijd, maar was Gerrards balverlies de oorzaak van de nederlaag? Nee, die was het gevolg van iets anders: Chelsea had een val opgezet en Liverpool liep erin. Liverpool wilde het karwei thuis gewoon zo snel mogelijk klaren en begon bij het eerste fluitsignaal voortvarend. Chelsea gaf het initiatief aan Liverpool en speelde deze competitiewedstrijd als een Champions League-ontmoeting. Bij Liverpool heerste de gedachte: wij hebben balbezit, wij zijn de bovenliggende partij, wij zijn dominant.

Maar vertelde dat spelbeeld het werkelijke verhaal? Ik vond Chelsea dominanter dan Liverpool, hoewel The Blues minder aan de bal waren die eerste helft. Chelsea liet Liverpool doen wat het wilde doen en raakte daarvan totaal niet in paniek: kom maar, val maar aan, met onze verdediging kunnen wij jullie gemakkelijk aan. Die houding straalde Chelsea uit. Vanuit hun verdedigende stelling wachtte Chelsea vervolgens bijzonder geduldig, vanuit een waterdichte organisatie, op dat ene moment om keihard toe te slaan. En dat moment kwam. Het moment dat Gerrard weggleed en Demba Ba scoorde.

Conclusie? Het was een enorme inschattingsfout van Brendan Rodgers. Hij en zijn ploeg hadden de ontmoeting met Chelsea moeten benaderen als een Champions League-wedstrijd. Rodgers heeft nooit bedacht dat hij behoudend moest en mocht spelen. Hij vergat het minimaal noodzakelijke resultaat heilig te verklaren, een gelijkspel in dit geval.

Als Liverpool compact was gaan staan en het initiatief aan Chelsea had gegeven, zou Chelsea daar lelijk van in de war zijn geraakt. Met een geheel onverwachte en simpele pokerzet – de bal weggeven – had Rodgers Chelsea volledig in verwarring kunnen brengen. Die meesterzet ontbrak.

Uit onervarenheid trapte Rodgers vol in de val die Chelsea wijd openzette. Rodgers zal nog steeds nachtmerries hebben als hij aan die wedstrijd denkt. Nu verspeelde Liverpool de kans op het kampioenschap, in eigen huis, voor de eigen fans.

Als je in zulke *do-or-die*-wedstrijden, zulke alles-of-nietsduels móét winnen, ga je uiteraard voor de winst. Maar als je alleen maar niet mag verliezen, mag je nooit het risico lopen te verliezen omdat je vol op de winst speelt. Zulke uitgangspunten zijn heilig in de top. Soms moet je een wedstrijd 'kapotmaken', slim of sluw spelen. Nu gaf een naïef Liverpool de wedstrijd en de eerste landstitel sinds 25 jaar weg. Chelsea ging er met de winst vandoor hoewel hun strijdwijze bijzonder negatief was.

Kortom: Chelsea had Liverpool de illusie gegeven dat het dominant was. Een fata morgana.

Een duidelijke boodschap

De mooiste eerste tackle ooit gemaakt was van Roy Keane tijdens de legendarische WK-kwalificatiewedstrijd Ierland-Nederland op 1 september 2001. Al in de eerste minuut laat hij Marc Overmars door de lucht vliegen met een snoelharde tackle van achteren op de enkels. Hellmut Krug fluit, maar deze Duitse scheidsrechter houdt de rode kaart op zak en geeft zelfs geen geel. Toon gezet, eerste knal uitgedeeld. De intentie was glashelder; het statement van de Ieren luidde: hier valt voor jullie niets te halen vandaag!

Overtredingen in de eerste minuten zien scheidsrechters vaak door de vingers omdat ze anders aan de gang kunnen blijven met gele en rode kaarten. Als ze tenminste consequent zijn. Dus je moet goed kijken hoe je de eerste oplawaai geeft. Mooi is dat zo'n knal heel vaak een wraakactie tot gevolg heeft. Bij zo'n overtreding rol je zwaar getroffen en kreunend wat door, en boem! Geel voor de tegenstander.

Het beïnvloeden van een scheidsrechter is heel belangrijk. Hij probeert wel zoveel mogelijk een robot te zijn, maar is toch maar een mens. Soms zie je spelers met van alles en nog wat wegkomen. Xabi Alonso (Liverpool, Real Madrid en Bayern) spant de kroon: hij komt bijna altijd weg met zijn overtredingen, die vaak noodzakelijk zijn. Hij kan soms stevig doorhalen, maar het valt vooral in de categorie 'vervelend' en net niet in de categorieën 'ontoelaatbaar' of 'smerig'.

In mijn tijd bij AC Milan ontsprong Franco Baresi vaak de dans. Stond-ie met van die hondenogen te kijken. Baresi was niet gemeen, maar hij deelde op zijn tijd flinke tikken uit. Vooral tegen Internazionale, als hij tegen Jürgen Klinsmann kwam te staan, die iedere keer maar diep over hem heen denderde. Dan gaf Baresi weleens een beuk om van de Duitse spits af te zijn.

In de wedstrijd zitten

Of iemand lekker in zijn vel zit of niet in vorm is, lees ik niet af aan zijn blik of houding, dat iemand zijn schouders laat hangen of over het veld sjokt. In dat geval zou ik algemeenheden van gedragingen gaan interpreteren.

Je moet je juist beperken tot voetbalinhoudelijkheden, die iedereen kan zien en die heel simpel te vertalen zijn. Is de eerste aanname goed of slecht? Biedt iemand zich aan om de bal te ontvangen? Twijfelt een speler over de vervolgoplossing? Durft hij de bal naar voren te spelen of vermijdt hij ieder risico? Raakt een speler de bal nog een keer extra om deze goed te leggen of is het aannemen, spelen en doorbewegen? Zit een speler niet in de wedstrijd, dan groeit zijn onzekerheid en dat valt af te lezen aan simpel onnodig balverlies of verstopgedrag.

Een goal als kantelmoment?

De eerste goal is vaak niet bepalend. Alles hangt af van je reactie. En die reactie hangt weer af van de omstandigheden en van het moment in de wedstrijd.

Als trainer raakte ik niet in de war van een snelle treffer tegen of voor. Er is bij een tegendoelpunt zoveel tijd om de score recht te trekken en bij een gescoord doelpunt heeft de tegenpartij nog veel tijd om de achterstand goed te maken. Als trainer op de bank en als speler op het veld beschouwde ik de stand in zo'n situatie altijd als 0-0 in plaats van 1-0 of 0-1. Het is te vroeg in de wedstrijd voor conclusies of voor verregaande ingrepen met wissels. Misschien een kleine omzetting binnen het elftal, maar dat is voornamelijk als de tegenstander een andere strijdwijze hanteert dan verwacht.

Een goal vlak voor tijd kan een wedstrijd doen kantelen, al kan het nog steeds twee kanten op. Scoor je in de laatste fase een doelpunt waarmee je op voorsprong komt, dan verwacht je dat de tegenstander in elkaar klapt, ook mentaal. Het is eigenlijk psychologie van de koude grond: je hebt gejaagd op een doelpunt, je scoort, je staat voor en je denkt: hèhè, die hebben we binnen.

Het tegendeel zie je vaak gebeuren. Er komt vaak een soort oerkracht vrij bij de andere ploeg, een soort overlevingsdrang om de achterstand ongedaan te maken. Dat uit zich op het veld in vaker opvangen van de tweede bal, net iets sneller, feller en harder spelen dan de tegenstander. En terwijl jij voorstaat, ben je ineens de onderliggende partij en valt er een gelijkmaker...

Het is trouwens niet gezegd dat de ploeg die op achterstand komt door een laat doelpunt, altijd de gelijkmaker scoort. In een ongebreidelde jacht op de gelijkmaker verliezen veel spelers de organisatie uit het oog, zodat er zomaar uit een counter nóg een tegentreffer kan vallen.

Blijft overeind dat na een doelpunt in het laatste kwartier regelmatig nog een doelpunt – de gelijkmaker – wordt gescoord. Naarmate het eindsignaal nadert, slaat de paniek steeds meer toe. Ballen worden weggeschoten, de spitsen zijn niet meer te bereiken of staan niet langer in positie omdat ze meehelpen met verdedigen, of ze staan te ver uit elkaar. Vaak krijg je weggeschoten ballen net zo snel weer terug. In die laatste minuten zie je ploegen, zelfs ervaren ploegen, soms ernstig van de wijs raken.

Om zo'n wedstrijd toch met goed gevolg over de streep te trekken, heb je een paar uitgekookte spelers nodig in je elftal. Jongens die een overtreding uitlokken of maken, de hoek in duiken, een blessure veinzen, tijdrekken bij een corner of vrije trap, of acteren dat ze een muntje op hun achterhoofd hebben gekregen. Italianen waren daar meesters in: alles voor de winst. Engelsen vinden dat valsspelen, anderen niet.

Trainers langs de lijn kunnen eigenlijk weinig doen. De traditionele vervanging van een speler is een mogelijkheid, of bij een blessurebehandeling snel iets veranderen of de puntjes op de i zetten. Maar je spelers zijn nauwelijks meer bereikbaar, zeker niet in een groot stadion waar 60.000 mensen tekeergaan. Je bent als trainer overgeleverd aan één of twee dragende spelers die de controle houden en hun ploeg door een moeilijke slotfase weten te loodsen. Een John Terry bijvoorbeeld, of Roy Keane, of Franco Baresi.

Wat is 'dominant spelen'?

Mijn voordeel bij het analyseren is dat ik op hoog niveau heb gespeeld en veel verschillende posities in het elftal heb bekleed. Iemand die aanvaller is geweest kan veel zeggen over de verdediging, maar kan ook zeggen hoe een aanvaller loopt. Ik heb ook op het middenveld gespeeld. Dankzij die brede ervaring zie ik veel dingen, omdat ik me kan verplaatsen in de rol die een speler in een elftal vertolkt.

Vooraf schat ik als analist de (krachts)verhoudingen in tussen de twee clubs die spelen. Daarna stel ik me tijdens de wedstrijd altijd de vraag wat een elftal of een trainer nu eigenlijk wil. Wat is de intentie? De strategie?

Wat wil de betere ploeg nu doen om het krachtsverschil in doelpunten uit te drukken? Wat doet de ploeg in werkelijkheid op het veld? Wil hij de tegenstander meteen bij de strot grijpen? Gaat hij voor de snelle goal? En wat stelt de mindere ploeg daartegenover? Hoeveel krachtsverschil zit er daadwerkelijk tussen de twee ploegen?

'Dominant spelen' is de modeterm in de voetballerij van dit moment. Iets van deze eeuw, want in mijn spelerstijd sprak je nooit over dominantie of dominant spelen. Ik vertaal het als een term waarmee je het publiek duidelijk maakt wat je intenties zijn voor de wedstrijd. Een lege term, want het zegt niets over de vraag of je als winnaar of verliezer van het veld stapt. Het zegt zelfs niet of je aanvalt of verdedigt. Het suggereert aanvallen, maar dat hoeft helemaal niet het geval te zijn. Denk maar terug aan die gedenkwaardige wedstrijd van Liverpool tegen Chelsea in 2014. Liverpool beschouwde zichzelf als dominant, wat het lange tijd ook was, maar zodra het één steek liet vallen, kreeg het op z'n falie.

Louis van Gaal is er bij Manchester United heel vaak mee om de oren geslagen. Hij verklaarde altijd maar dat zijn ploeg zo 'dominant' had gespeeld. Hij wist niet hoe snel hij dan met percentages balbezit moest zwaaien. Maar zelfs zestig, zeventig procent balbezit bood geen garantie voor het winnen van een wedstrijd, ondervond Van Gaal in de Premier League. Tegen Ronald Koemans

Southampton haalde hij gemakkelijk 65 procent balbezit, maar hij verloor met 1-0. Dat deed verschrikkelijk veel pijn. Ronald Koeman en Van Gaal zijn landgenoten, maar allerminst de beste vrienden.

Ter verdediging van zijn tactiek en spelerskeuze kwam Van Gaal tijdens de persconferentie opnieuw met het percentage balbezit op de proppen. In Engeland werd hij toen terecht weggehoond.

Dominantie gaat vaak hand in hand met het woord 'positiespel'. Ook zo'n heilige graal. Zeker in Nederland. Maar net als dominantie is positiespel evenmin een garantie voor het winnen van een wedstrijd.

Het belangrijkste blijft namelijk simpelweg het creëren van kansen om vervolgens te scoren. De grootste kans om een wedstrijd te winnen is zo snel mogelijk vooruit te spelen. Met spelers die zich tussen de linies – tussen verdediging en middenveld en tussen middenveld en aanval – bewegen en daar aanspeelbaar zijn terwijl tegelijkertijd iemand anders de diepte zoekt om het verdedigingsblok open te trekken.

Door alle videosystemen en analyseapparatuur van tegenwoordig wordt het voor de aanvallende partij steeds moeilijker om verrassend voor de dag te komen. Van elk team is de aanvalsstrategie door videoanalyse uit-en-te-na bestudeerd. Een normaal aanvalspatroon – met het aanspelen van de diepste man, die vervolgens kaatst op de opkomende man en dan de derde man, die diep gaat, aanspeelt – brengt een club op het hoogste niveau niet per definitie in verlegenheid.

Verdedigen is sowieso gemakkelijker dan aanvallen, omdat je de houvast krijgt aangereikt van een strakke organisatie, en bij het kleinste balcontact kan de aanval al zijn verstoord. Die verdedigende organisatie is tot in den treure bijgesteld en geperfectioneerd, zodat hij zelfs overeind blijft met mindere spelers. Alleen grote individuele talenten bij de aanvallende ploeg zijn nog in staat dergelijke hechte organisaties kapot te spelen.

FC Barcelona is per definitie dominant. Ze hebben de spelers niet om de tegenstander te lokken. De spelers van FC Barcelona bezitten een zodanig surplus aan individuele kwaliteiten dat ze alleen maar dominant aan de bal kúnnen spelen. Tegenstanders van Barcelona moeten wel pokeren om ze te verslaan. Het lukt zelden, maar de twee teams die het voor elkaar kregen, wonnen direct daarna de Champions League: Internazionale in 2010 en Chelsea in 2012. Atlético faalde daarin trouwens vorig seizoen.

Slechts wanneer een dominante ploeg daadwerkelijk scherp speelt, kan de zwakkere tegenstander zonder veel problemen worden opgerold. Voorkom sowieso dat je wedstrijd een loterij wordt. Belangrijk voor zo'n bovenliggend team is om het liefst snel 1-0 en 2-0 te maken. Dat biedt de kans wat gas terug te nemen om tussendoor de 3-0 te scoren. Vervolgens speel je de wedstrijd freewheelend uit.

Met deze intentie stonden wij bij AC Milan op een gegeven moment altijd aan de aftrap. Voor Italiaanse begrippen was dit revolutionair. Destijds vond men de 1-0 heilig in Italië. Bijna iedere ploeg, van hoog tot laag, was in staat om zo'n minieme voorsprong over de eindstreep te trekken. Op de nul spelen achterin was tot kunst verheven.

Toch gaf het op de nul spelen voor mij als Nederlander onnodige stress. Ik werd bevangen door het gevoel dat we het noodlot over onszelf afriepen. Ik hield daar niet van. Daarom ging ik in mijn beginperiode bij AC Milan doorjagen als we met 1-0 voorkwamen. Ik wilde de overwinning veiligstellen met een tweede en derde doelpunt. Ging Arrigo Sacchi als een gek tekeer langs de lijn: we moesten terug, de boel dichtspijkeren!

Toch wisten we bij AC Milan die Italiaanse grondgedachte af te schudden. Het afjagen werd onze nieuwe tactiek en we gingen ervoor om de voorsprong snel te vergroten en de zege veilig te stellen. Toen ons dat een aantal keren lukte, ontstond het vertrouwen dat je niet tot de laatste minuut hoefde te billenknijpen met een 1-0 voorsprong, maar dat je wedstrijden ook ver voor tijd kon beslissen. In ieder geval was het beter voor je hart.

Aanvankelijk twijfelde Sacchi, maar uiteindelijk ging hij op 17 januari 1988 overstag. In San Siro speelden we onze thuiswedstrijd tegen Como en in de negentiende minuut kreeg Mauro Tassotti een rode kaart. Ongehoord snel voor Italiaanse begrippen. Een groot voordeel voor Como, dacht iedereen, dacht ook Como. Tegen tien man, meer dan een uur, dat moet drie punten kunnen opleveren! Como beging een doodzonde door de aanval te zoeken.

Om te beginnen waren ze dat totaal niet gewend omdat Como altijd tegen degradatie speelde. Wij waren juist extra scherp omdat we wisten dat we het karwei met z'n tienen moesten klaren. Met ons ondertal kregen wij zowaar ruimte die anders nooit werd geboden in de Serie A. De tien van AC Milan speelden de elf van Como helemaal zoek en na negentig minuten stond het 5-0. Toen zag Sacchi dat de aanval de beste verdediging is en dat het loont om aan te vallen. Zelfs met tien man en al helemaal bij een kleine voorsprong. Zo wonnen we in mijn eerste seizoen bij AC Milan direct de landstitel en de twee jaar daarna de Europacup 1.

De counterploeg

Bezit je niet de kwaliteiten om dominant aanvallend te voetballen, dan ben je in mijn ogen bijna verplicht de counter te hanteren. Leicester City combineerde in het seizoen 2015-2016 als geen andere club in de Premier League het beste van twee werelden. De Italiaanse trainer-coach Claudio Ranieri zette een waterdichte defensie neer en liet zijn supersnelle spits Jamie Vardy, met daarachter de architect Riyad Mahrez, de grote ruimtes bespelen tussen de linies van de tegenstanders. Op papier waren die opponenten vaak beter dan Leicester City. Tot diep in het seizoen dachten die tegenstanders ook daadwerkelijk beter te zijn en handelden naar die gedachte, een beetje arrogant, hautain, uit de hoogte. Juist daarvan profiteerde Leicester City optimaal. Iedere keer weer.

De club, en vooral trainer Ranieri en zijn spelers, bewezen dat je met een goede verdedigende organisatie, aangevuld met een dosis vechtlust plus een paar supersnelle spelers en een enkele creatieve voetballer, een heel eind komt. Zelfs in de mooiste competitie van de wereld, zoals de Premier League wel wordt genoemd. Iedere keer trapten die grote clubs in de val van Leicester City. De val was om de tegenstander het gevoel te geven dat ze op het veld 'dominant' waren. En dús beter?

Als gevolg van die onderschatting trokken de tegenstanders van Leicester City ten aanval om de defensie op de proef te stellen, toch de zwakste schakel bij die club, dacht men. Heerlijk vonden de verdedigers van Leicester City dat. Ze bleven niet voor niets rond hun eigen strafschopgebied hangen. Daar voelden ze zich lekker beschut, met weinig ruimte in de rug. Bovendien bood het alle ruimte aan Vardy, Mahrez, Danny Drinkwater en N'Golo Kanté om hun favoriete counterspelletje te spelen tussen de linies van de tegenstander door. Op die manier kreeg zelfs Manchester City, dat in eigen huis zeer 'dominant' speelde, een enorm pak slaag met 3-1.

Als geen andere trainer dat seizoen in de Premier League haalde Ranieri met het winnen van de Premiership het maximale rendement uit zijn spelers. Daar draait het uiteindelijk om voor een trainer. Doe je dat en verlies je toch, dan kun je gerust zeggen dat je op kwaliteit bent geklopt. En anders moet je je huid zo duur mogelijk verkopen.

Vaak lijkt een team te domineren omdat een elftal in het spelbeeld veel in balbezit is. Even zo vaak bedriegt die schijn omdat balbezit niet gelijkstaat aan winnen. Balbezit wordt je vaak gegund omdat het voor jou dan moeilijker wordt om iets te bedenken in die kleine ruimte en voor de ander juist gemakkelijker om te reageren als hij extra ruimte krijgt.

Het Arsenal van voorheen was in principe ook altijd een goede counterploeg. In hun goede tijd, met de as David Seaman, Tony Adams, Martin Keown, Patrick Vieira, Emmanuel Petit en Thierry Henry, herbergden ze meer kwaliteit dan het Leicester City van 2016. Arsenal kon in drie passes aan de overkant van het veld staan. Hun spelsysteem kwam vooral Henry ten goede, die met zijn snelheid de ideale man was als eindpunt van de aanval. Arsenal stond ooit bekend als 'boring', maar raakte dat stempel in die tijd heel snel kwijt, onder andere door de brille en virtuositeit van Bergkamp, de onverzettelijkheid van Adams, Keown, Petit en Vieira en de snelheid en koelbloedigheid van Henry.

Ik vermoed dat Arsène Wenger na verloop van tijd hevig verliefd is geworden op het spel van FC Barcelona. Te verliefd. Hij wilde volgens mij met Arsenal het spel spelen van FC Barcelona en doorgroeien naar het niveau van de Catalanen. Volgens hem het nieuwe voetbal. Lovenswaardig, maar risicovol. Wenger is volgens mij spelers gaan halen om die manier van spelen in de praktijk te brengen.

Hij vergat echter een simpele wet: Barcelona is Barcelona en Arsenal is Arsenal. Vergelijken is zinloos en een kopie fabriceren tot mislukken gedoemd. Arsenal bleef onderweg ergens steken en het lukte de ploeg en Wenger nooit om het voetbal van FC Barcelona te benaderen. Het is te simpel om te veronderstellen: 'Ik koop dezelfde soort spelers en dan kan ik hetzelfde soort voetbal spelen.' Het is sowieso een wereld van verschil om competitiewedstrijden in de Premier League te spelen of in de Primera Division. De speelstijlen zijn onvergelijkbaar. Het is het robuuste, fysieke Engelse voetbal, met veel looparbeid, tegenover het Spaanse technische tiki-takavoetbal gebaseerd op het positiespel.

Tiki-taka in Duitsland

Hoe moeilijk het is om de FC Barcelona-stijl te adopteren, merkte niemand minder dan Pep Guardiola zelf. Zijn visie, ontwikkeld op basis van de opvattingen van Johan Cruijff, zit verwerkt in het Barcelona-spel, en hij dacht er bij Bayern München twee extra facetten aan toe te kunnen voegen met de Duitse mentaliteit en onverzettelijkheid.

Alleen zijn het de spelers die het uiteindelijk moeten doen. Guardiola heeft met Arjen Robben en Franck Ribéry geweldige spelers. In zijn eerste van drie seizoenen schurkte Guardiola heel dicht tegen het topniveau van zijn oude werkgever aan, bijvoorbeeld in de uitwedstrijd voor de groepsfase van de Champions League tegen Manchester City. Maar Guardiola en zijn spelers konden dat hoge niveau niet lang vasthouden. Ze benaderden het, maar evenaarden het niet, omdat ze de belangrijkste spelers voor dit systeem, Robben en Ribéry, te vaak moesten missen vanwege blessures. Daarom was het winnen van de Champions League net een brug te ver. Zo gemakkelijk is het dus niet om zulke spelers te vervangen. Zelfs niet voor Bayern München. Ze kunnen niet de top 5 beste spelers van de wereld halen, maar hebben Douglas Costa en Kingsley Coman binnengehaald voor het geval die twee geblesseerd zijn.

Zet en tegenzet

Een wedstrijd analyseren gaat het best als je in het stadion zit. Dan heb je overzicht over het hele veld. Op tv is dat moeilijker, al kan je meestal toch vrij snel de intenties van een ploeg doorgronden.

Bijvoorbeeld de opbouw van achteruit bij ploegen als Real Madrid en Bayern München. Daar zijn de verdedigers Marcelo van Real en David Alaba van Bayern een beetje vergelijkbare spelers: defensief niet ijzersterk, maar offensief kunnen ze vanuit hun positie als linksachter het verschil maken als ze opstomen langs de flank. Iedere tegenstander weet inmiddels dat de opbouw van Real en Bayern over hun rechterkant gaat om uiteindelijk op links te eindigen bij Marcelo en Alaba, zodat zij de voorzet kunnen geven.

Daar moet je als trainer van de tegenpartij een tactisch antwoord op hebben. Laat Marcelo en Alaba zelf de aanval van achteruit opzetten. Waar de bal is, is de concentratie van spelers hoger. Dan staan ze zo ver van het vijandelijke doel af, dat het gemakkelijk moet zijn om je defensieve organisatie neer te zetten. Zodanig dat ze, eenmaal opgedoken in de aanval, niet meer door je verdediging heen kunnen voetballen vanwege overbezetting in de laatste linie. En als een aanval vanaf links wordt opgebouwd, dan is bijna altijd de spits of rechtsbuiten het eindpunt van de aanval. Zo kun je de tegenstander sturen en de angel uit zijn spel halen.

Missie geslaagd, zou je zeggen. Alleen is het een illusie te veronderstellen dat je dit negentig minuten lang volhoudt. Daar komt bij dat topclubs als Bayern en Real – weliswaar afhankelijk van de aanwezige individuele kwaliteiten – een heel scala aan opbouwmogelijkheden bezitten. Alleen vinden ze het knap vervelend als je hun beste opbouw lamlegt.

Dit soort tactische plannen en zetten zijn voor mindere ploegen tegen sterke tegenstanders vaak een houvast, hun 'lifeline'. In elk geval kun je moeilijk zeggen: 'Wij spelen op onze manier en dan komen de resultaten vanzelf.' Zo werkt het niet. Je zult je moeten aanpassen, al biedt ook dat geen garanties.

Hoe kijk je naar verdedigers?

Bij verdedigers moet je goed kijken hoe ze zich gedragen ten opzichte van de tegenstander en de bal. Slechte verdedigers zijn degenen die alleen oog hebben voor de bal. Als de rechts- of linksachter wordt gepasseerd kijkt hij naar de buitenspeler met de bal, terwijl het gevaar juist van elders komt. Gevaarlijk is de speler die voor het doel komt om te scoren. Je moet als verdediger niet alleen naar de bal kijken, maar zo gaan staan dat je één oog hebt op de bal en één oog op inlopende spelers van de tegenpartij. Toch zie ik dat aspect veel te weinig terug bij verdedigers van deze tijd. Onvoorstelbaar hoe vaak een verdediger tegenwoordig een aanvaller uit zijn rug laat weglopen.

Italiaanse verdedigers overkomt dat nauwelijks. Die weten altijd ongeveer waar de bal is, maar verder hebben ze hun blik alleen gericht op de tegenstander. Dat zit in hun aard en opleiding. Linkerverdediger Giorgio Chiellini van Juventus en het Italiaanse elftal is daar een meester in. Hij is alleen maar bezig met de vraag: hoe elimineer ik het gevaar voor het doel?

Iemand als Chiellini heeft voortdurend oog voor de voorbeweging van de spitsen. In die vooracties zit een groot verschil tussen jongens als Messi en Ronaldo en 'gewone' spitsen. De vooractie van die toppers is zo explosief, zo afgemeten en verrassend, dat je je na hun gescoorde doelpunt als verdediger afvraagt: hoe heeft hij nou zo vrij kunnen staan? Er stonden wel twee of drie verdedigers in de buurt...

Simpel: de verdediger lette te veel op de bal en stond te ver van Messi of Ronaldo vandaan in plaats van op zijn nek te zitten.

De beste verdedigers voelen hun tegenstander continu. Je moet ze niet beetpakken, want dan riskeer je een strafschop tegen. Maar er is altijd fysiek contact zodat je altijd weet waar de aanvaller uithangt. Vanzelfsprekend valt een speler nooit helemaal uit te schakelen, maar je moet het gevaar wel minimaliseren. Een 'ballwatcher' biedt juist grote kansen voor een spits.

De kunst van het verdedigen

Roberto Di Matteo, de trainer-coach van Chelsea, wist als geen ander dat hij geen elftal had om aanvallend te spelen. Daarbij kwam dat het elftal niet lekker in zijn vel zat. Zijn spelers misten de creativiteit en klasse om op de helft van de tegenstander te spelen en achterin ontbrak het aan snelheid om met veertig meter ruimte tussen de verdediging en de keeper te spelen. Dus verhief Di Matteo als rechtgeaarde Italiaan verdedigen tot kunst. In de Premier League zwalkte Chelsea, maar in de Champions League bleef de ploeg redelijk overeind met een ontsnapping tegen Napoli en een dubbele zege op Benfica.

Aanvallen zou in de halve finale tegen FC Barcelona, zelfs thuis op Stamford Bridge, gelijkstaan aan zelfmoord. Dus groef Chelsea zich ook in Londen in rond het strafschopgebied. De spelers liepen op hun tenen, later ook in Camp Nou in Barcelona. Uiteindelijk leverde dat een resultaat op waarvan je denkt: hoe is dat nou mogelijk? Want zelfs Fernando Torres, die volledig uit vorm was, wist nog een goal te maken. Dan heb je als coach een wereldprestatie geleverd.

Helaas onderkennen de mensen – buiten de Chelsea-fans – te weinig dat de club en trainer Di Matteo voor een huzarenstukje hebben gezorgd. Veel voetballiefhebbers zien het niet, of meer voor de hand liggend: willen het niet zien. Waarom? Omdat het geen leuk voetbal was om naar te kijken voor de neutrale toeschouwer. En je weet dat wedstrijden in deze fase van de Champions League meer worden bekeken door neutrale fans dan door clubgebonden aanhangers.

Maar één bijzonder belangrijk aspect van topsport is om alles te doen én te laten om te winnen. Vooral als je minder bent dan de tegenstander. Chelsea had nooit vanuit de eigen aanvallend voetballende kracht kunnen winnen van FC Barcelona. Bij een op maat gesneden manier voor het elftal van Chelsea lag het slagingspercentage hoger. Di Matteo had een perfect passende tactiek gevonden en de wedstrijd gewonnen. Nee, het was niet leuk om te zien, maar dat kon ook niet. Di Matteo verdient alle credits voor die ene gewonnen Champions League door Chelsea. Hij ontdekte de achilleshiel van FC Barcelona, legde die bloot, haalde de Spanjaarden uit hun evenwicht en schakelde ze uit. Heel knap.

Trouwens, Chelsea was natuurlijk wel een goed elftal met spelers van bovengemiddelde kwaliteit, anders hadden ze Barcelona niet kunnen uitschakelen, welke tactiek ze ook zouden hebben uitgedokterd. Uiteindelijk bepalen je spelers of je ideeën uitvoerbaar zijn. Het knappe van Di Matteo is dat hij de perfecte balans vond tussen de kwaliteiten van de spelers en de positie van het team als geheel.

Naïef verdedigen

Soms word ik kwaad van de naïeve wijze waarop Nederlandse clubs nationaal en internationaal spelen. Alles moet zogenaamd ‘voetballend opgelost’ worden en je ziet veel teams onnodige risico’s nemen in de opbouw. Keepers, die vaak verdedigers aanspelen met een man in hun rug. Dat is internationaal echt *not done*. Waarom denk je dat die verdedigers onder druk worden gezet? Omdat het van die dribbelaars zijn? Ik vraag me dan hardop af: wat is dit? Wat zijn jullie in hemelsnaam aan het doen?

Ga eens kijken naar beelden van Manuel Neuer. Of van Peter Schmeichel, misschien wel de meest complete keeper van de laatste vijftig jaar. Hij zou nooit een bal inspelen op een van zijn verdedigers als die gedekt stond. In zo’n geval gaf hij een lange bal op de spits met de toevoeging: zoek het daar maar lekker verder uit.

Je ziet regelmatig teams die uitgerekend tegen FC Barcelona alles voetballend willen oplossen. Geen enkele club is in staat om tegen Barcelona alles voetballend op te lossen. Je moet juist strijd creëren, een-tegen-eenduels, knokken, tackelen, en daarbij een compacte tactiek hanteren. Dan maak je een kans. Voetballend leg je het af, anders zou je wel bij Barcelona spelen en niet bij die andere ploeg.

Atlético Madrid en vorig seizoen ook Celta de Vigo en Espagnol gaan nooit vóór hun eigen goal voetballend de strijd aan met FC Barcelona. Hun wapens zijn arbeid, strijd, intimidatie en een kloppende tactiek vanaf de rand van het strafschopgebied.

Celta durfde het aan om de verdedigers van Barcelona met hun aanvallers onder druk te zetten. Die kregen geen tijd om de bal in te spelen naar de middenvelders terwijl de passlijnen continu werden afgeschermd. Toen bleek Gerard Piqué ineens bijzonder kwetsbaar en kwam zijn onvermogen als opbouwer aan de oppervlakte.

Je kunt met die intentie spelen, maar dan nog lukt het niet altijd om zoiets negentig minuten vol te houden. Je hebt dan de hulp van een of twee doelpunten nodig. Zo'n voorsprong dwingt Barcelona om nóg aanvallender te spelen met nóg meer risico, doordat ze achterin extra ruimte moeten weggeven. Weet je daarvan te profiteren, dan is ook FC Barcelona verslaanbaar.

Celta de Vigo won, Espagnol speelde gelijk en Atlético Madrid schakelde ze uit in de Champions League.

Ik heb het nu over tegenstanders die onder het niveau van Real Madrid, Juventus, Bayern München en Paris Saint-Germain zitten. Chelsea deed het in de halve finale van de Champions League 2012 anders. De Engelsen gooiden de boel achterin op slot en gokten op een of twee uitbraken die avond. Voor de eerste opdracht heb je een beetje geluk nodig. Nou, Chelsea had een enorme blauwe engel op de lat zitten. Niet normaal. Je hebt sluipmoordenaars nodig om het verschil te maken. Exact zo voltrok het scenario zich in Nou Camp, met uiteindelijk doelpunten van Ramires en Torres.

Traditiegetrouw bezit Barcelona niet veel spelers die het alleen van strijd moeten hebben en zich echt in duels kunnen knokken. Alleen Javier Mascherano en voorheen Carles Puyol bezitten die kwaliteiten. FC Barcelona speelt met de intentie om de tegenstander continu onder druk te houden, bij balbezit én bij balverlies. Bij balbezit door de tegenstander op hun eigen helft kapot te combineren en bij balverlies door de tegenstander op hun eigen helft op te jagen.

Voor beide strijdwijzen is fysieke strijd in principe geen vereiste. Alleen moet je wel iemand hebben die eens een flinke beuk kan uitdelen. Voorheen knapte Carles Puyol zulke klusjes op. Gerard Piqué is niet zo iemand. Hij is een cleane verdediger die vooral het gebrek aan lengte bij Barcelona moet compenseren bij dode spelmomenten als corners en vrije trappen.

Aanpassen aan je tegenstander

Grote ploegen kunnen in fases spelen. En dat zelfs combineren met diverse tactieken. Het Manchester United van Sir Alex Ferguson in de tijd van Roy Keane kon dat als geen andere club in de wereld. Die ploeg lokte je met het idee van: hé, hier valt wat te halen; het valt eigenlijk wel mee met die suprematie van United. Vervolgens gaf je als Chelsea of Newcastle United wat ruimte weg en sloegen ze bikkelhard toe. Waar en wanneer ze maar wilden in de wedstrijd. Niet één keer, maar bijna structureel. Niet altijd in een 4-4-2, maar net zo goed in een 4-3-1-2 of 4-3-3. Afhankelijk van hoe de tegenstander speelde, switchten ze van tactiek om zo de zwakke punten van de opponent uit te buiten en hun winst daar te zoeken, waar die te halen viel. Zó luizig, en zó knap.

PSV was destijds tussen 2002 en 2006 van hetzelfde laken een pak. Als ze hun kans roken met trainer-coach Guus Hiddink, doelman Heurelho Gomes, Alex, Cocu en Van Bommel, sloegen ze toe. Zeker in de Amsterdam ArenA tegen Ajax bleef PSV jarenlang ongeslagen.

De Ajacieden voelden in het eigen stadion altijd de morele verplichting om het spel te maken en dominant te zijn, omdat dit onderdeel van de clubcultuur is in Amsterdam. Prima, vond PSV. We geven ze de bal en dan mogen ze lekker dominant spelen. Alleen in werkelijkheid waren die houding en die keus juist dominant gedrag van PSV. De PSV 'ers gunden Ajax het meeste balbezit zonder een kans weg te geven.

In de omschakeling naar balbezit lagen de ruimtes bij Ajax zó wijd open dat iedere counter levensgevaarlijk was. PSV bediende zich van een bijzonder uitgekookte strategie. Met eerst Ruud van Nistelrooy in de spits en later Mateja Kežman – hij speelde later nog voor Chelsea – werden altijd wel een paar kansen benut, tot frustratie van Ajax. Die club bleef maar hangen in het offensieve clubsentiment in plaats van zich aan te passen aan de situatie van dat moment. PSV had zich geen raad geweten als Ajax af en toe het initiatief aan de Eindhovenaren zou hebben gelaten. Alleen kon nooit de proef op de som genomen worden, omdat zoiets niet in het aard van het beestje zit. Ik vind dat nog steeds een tekortkoming van Ajax.

Aan de andere kant heeft het spitsen opgeleverd als Marco van Basten, Patrick Kluivert en Zlatan Ibrahimović, die in staat waren uitzonderlijke, niet te beredeneren acties te maken. Die aanvallende speelstijl leverde ook geweldige spitsen als Wim Kieft en John Bosman op, doelpuntenmachines die met het hoofd ijzersterk waren. Ajax wilde aanvallen vanaf de flanken met voorzetten van de rechts- en linksbuiten.

Dat spel bestaat nauwelijks nog. Je had een kopsterke spits nodig die automatisch naar de eerste paal trok als de voorzet kwam. Spitsen als Kieft en Bosman zie je niet meer, die zijn uit de systemen gevoetbald door een linksbenige buitenspeler op rechts en een rechtsbenige buitenspeler op links. Die geven nooit een voorzet, maar zoeken altijd de combinatie in de voeten. Dat vereist andere kwaliteiten van de spits in de punt van de aanval. Om zo'n spits af te rekenen op doelpunten is vaak niet eerlijk omdat hij zich dienstbaar opstelt voor de buitenspelers en de offensieve middenvelders.

Wat blijft, is dat je in de top ook kwaliteiten moet bezitten om je af en toe aan te kunnen passen aan een tegenstander om er zelf beter van te worden. Bij Ajax zie ik dat nauwelijks. PSV kon dat wel en deed dat ook in die tijd. De club bereikte in 2005 niet voor niets de halve finale van de Champions League.

Het PSV van 2016 speelt hetzelfde als het PSV onder Guus Hiddink. Geef de tegenstander een beetje vertrouwen, het gevoel dat ze lekker kunnen voetballen, dat er misschien zelfs een resultaat te halen valt, en sla vervolgens toe. Het verschil met toen is dat het huidige PSV minder individuele kwaliteiten bezit en in de achterhoede de stabiliteit ontbeert om op de nul te spelen. Te vaak incasseert de ploeg van trainer Phillip Cocu – niet toevallig speler in die tijd bij PSV onder Hiddink – nog tegendoelpunten.

Ik weet dat het moeilijk is voor initiatiefrijke ploegen zoals FC Barcelona en Ajax om te switchen naar een afwachtende tactiek. Het doorbreken van zo'n denkpatroon, zo'n internationaal en algemeen geaccepteerd gedachtegoed, zit niet in de natuur van spelers die altijd aanvallen. Aan de andere kant heeft het met tactische rijpheid te maken. Het zou interessant zijn om te zien of FC Barcelona het kan. Overigens zou ik het van FC Barcelona niet eens willen. Van Ajax eigenlijk ook niet, maar Ajax mist de kwaliteit om het internationaal waar te maken zonder zich aan te passen.

Wij bij AC Milan beheersten het 4-4-2 zodanig dat we van iedereen konden winnen. Onze mazzel was dat wij binnen ons systeem meerdere spelpatronen konden uitvoeren. Dat moest wel, omdat het druk zetten bij balbezit van de tegenstander destijds extra bemoeilijkt werd door de oude regel dat een keeper een terugspeelbal mocht oppakken. Blind iedereen opjagen had geen zin; dan stond de doelman binnen een seconde met de bal in zijn handen. Daarom ontwikkelden we tactische trucs om de tegenstander naar de zijkant te lokken en daar druk te zetten. Dat vereiste ook een aanpassing.

Individuele klasse

Chelsea had in mijn eerste jaar als speler daar niet het niveau van Manchester United. Je probeert je als speler te wapenen tegen het kwaliteitsverschil, maar toch maakte het verschil in individuele kwaliteit tussen United en Chelsea je bijna altijd kansloos. United gaf je vaak het idee: hier valt wat te halen, maar uiteindelijk ging het tempo omhoog en stond je met lege handen.

Als trainer van Newcastle United maakte ik dat nog erger mee.

Met Chelsea had ik de FA Cup gewonnen, en tijdens de finale op 22 mei 1999 op Wembley tegen United waande ik me met Newcastle kansrijk, maar verloor ik uiteindelijk toch met 2-0. United speelde helemaal zijn eigen spelletje. Ik zag het jaren later terug toen ESPN Classic in Amerika die finale herhaalde op hun kanaal Classic Matches. We speelden goed met Newcastle United, domineerden in sommige fases van de wedstrijd, maar twee momenten van individuele klasse van Paul Scholes en Teddy Sheringham deden ons de das om.

Alles draait uiteindelijk om individuele klasse. Dat zag je bij FC Barcelona vorig seizoen toen Messi een tijdlang was uitgeschakeld met een blessure. De organisatie bleef staan en met de lessen van het verleden in het achterhoofd waren Neymar en Luis Suárez aangetrokken, twee klassespelers, twee individualisten, twee doelpuntenmakers. Neymar is goed in de kleine ruimte, en bij afwezigheid van Messi nam Neymar probleemloos de rol van de Argentijn over als man die het verschil maakte, terwijl Suárez als aanspeelpunt functioneerde. In die gedaante, met dezelfde druk naar voren van de verdedigers en middenvelders, met het snelle, korte positiespel en het hoge percentage balbezit, bleef de ploeg van Luis Enrique winnen.

Het maakte duidelijk dat FC Barcelona niet alleen synoniem is voor Messi, zoals een tijdje het geval was. Tevens werd duidelijk dat Luis Enrique geen trainer is die de boel omgooit omdat hij een speler mist. Zelfs niet als het zijn belangrijkste pion is. Nee, hij pakt het veel slimmer aan: hij houdt het uitgedachte systeem in stand, dat weliswaar gebaseerd is op individuele klasse, maar niet afhankelijk van één specifiek individu. Als je de middelen hebt om spelers aan te trekken met soortgelijke kwaliteiten, kun je ook bij uitval van je sterspeler blijven excelleren.

Bij FC Barcelona is alles erop gericht om het individu het verschil te laten maken. In het laatste jaar van Pep Guardiola, seizoen 2011-2012, lukte dat niet meer omdat Barcelona in de aanval eigenlijk alleen Messi had rondlopen als speler met uitzonderlijk talent. Werd Messi lamgelegd door een koppel verdedigers, dan werd het direct een stuk minder. Niet voor niets zijn daar later Neymar en Suárez bij gekomen, vooral om Messi te ontlasten als de enige beslissende factor. Uiteindelijk is geen tactiek bestand tegen de individuele klasse van een speler.

Mijn profcarrière begon bij Haarlem, een middenmoter die soms omhoog en soms naar beneden moest kijken in de eredivisie. Als je dan tegen Ajax speelt, waar je Johan Cruijff tegenover je hebt, kun je doen wat je wilt, maar uiteindelijk ben je kansloos.

Na een tijdje stilgestaan te hebben na zijn laatste avontuur in Amerika, kwam Cruijff terug naar Ajax, zijn jeugdliefde. Hij was al in de dertig en er bestond verschrikkelijk veel twijfel of hij het eredivisieniveau, top Nederland, subtop Europa, nog wel aankon. Een getergde en rancuneuze Cruijff is de beste van de wereld.

Op 6 december 1981, ik was negentien jaar, hielden we met Haarlem redelijk stand in het oude Ajax-stadion De Meer. We speelden zelfs best goed. Maar niet goed genoeg. In de tweeëntwintigste minuut zette Cruijff ver buiten het strafschopgebied aan voor een dribbel van de linkerkant van het veld naar de rechterkant. Niet van achteren naar voren, maar in de breedte van het veld op zo'n 25 meter van ons doel.

Na een combinatie passeerde hij wat Haarlem-spelers in de breedte, ontweek nog een tackle en kwam helemaal rechts op het veld uit. Toen produceerde hij uit het niets – niemand zag een kans of een opening naar het doel – een werkelijk weergaloze lob vanaf zo'n 25 tot 30 meter, net over de vingertoppen van onze doelman Edward Metgod heen. Zo in de kruising.

Ja, daar sta je dan. Een waanzinnig doelpunt en er rest slechts één ding: applaudisseren.

De balans in een elftal

Guus Hiddink kwam halverwege het seizoen 2015-2016 terug als interim-coach bij Chelsea, als opvolger van José Mourinho. Hij begon ermee verdedigende stabiliteit in te bouwen. Logischerwijs met ervaren jongens als John Terry, Gary Cahill, Branislav Ivanović en Thibaut Courtois. Wie een zwalkend elftal zekerheid wil geven, begint bij het fundament, de verdediging dus. Hiddink zette direct een geweldige recordreeks in van ongeslagen wedstrijden. Alleen speelde hij te vaak gelijk om met Chelsea alsnog een rol van betekenis te spelen in de Premier League.

Louis van Gaal begon juist met het bouwen van het dak toen hij bij Manchester United aan de slag ging, terwijl zijn achterhoede niet sterk genoeg was om zich in de top van de Premier League staande te kunnen houden. Zo liet Van Gaal de spitsen Radamel Falcao en Angel Di María komen, maar nam hij een jaar later alweer afscheid van ze. Ze functioneerden niet. Terwijl bij Paris Saint-Germain Di María weer als vanouds de pannen van het dak speelt.

Bij United kwamen de spitsen niet aan voetballen toe door de wankele organisatie achter de aanval. Het dak stortte in op Old Trafford. Vorig seizoen maakte Van Gaal dezelfde fout door met de aanvallers Anthony Martial en Memphis Depay te komen, en niet met typische verdedigers voor de Premier League.

Een elftal opbouwen vanuit aanvallers is 'harakiri' plegen, overal, en zeker in de Premier League. Daar moet je stabiliteit kweken.

Zoals het Manchester United van Sir Alex Ferguson. Zijn ploegen hadden altijd geweldige achterhoedes en tegelijkertijd een fenomenale as. In 2008 met Edwin van der Sar, Rio Ferdinand, Nemanja Vidić, Paul Scholes en Wayne Rooney. Daaromheen liepen ook niet de minste voetballers, zoals de Portugese Ronaldo, Ryan Giggs, Teddy Sheringham, Carlos Tévez, David Beckham en nog veel meer topspelers.

Het waren geen ploegen die tegenstanders vernederden met grote cijfers. Sterker, Manchester United liet het soms aankomen op het laatste kwartier. Het kwartiertje van Ferguson, noemden wij dat altijd. Ze scoorden bijna iedere wedstrijd in de slotfase. Het werd vaak als geluk bestempeld, maar het was geen geluk, het was een kwaliteit. Als het noodzakelijk was, werd het tempo even flink opgevoerd en scoorden ze bijna altijd omdat de inmiddels leeg-gespeelde tegenstander het niet meer kon bijbenen. Voorin had United echte goalgetters rondlopen, stuk voor stuk killers die aan één kans genoeg hadden, zoals Yorke, Cole, Solskjaer, Sheringham, Rooney, Ronaldo en Tévez. Bijna allemaal jongens die zelfstandig een kans kunnen creëren en benutten.

Contactsport

De eerste jaren van mijn carrière heb ik altijd zonder scheenbeschermers gespeeld. Toen dat verplicht werd in augustus 1990, baalde ik daar bijzonder van. Het voelde niet lekker, en dat terwijl er in die tijd veel meer geschopt werd dan tegenwoordig. De televisieregistratie was lang niet zo intensief als nu en als speler kon je behoorlijk wat uitvreten om je tegenstander uit de wedstrijd te krijgen.

Tegenwoordig wordt alles afgefloten. In de Premier League minder, maar in de Nederlandse eredivisie zeker. In die competitie propageren ze een veredeld zaalvoetbal. Dat komt ook door het kunstgras bij bijna de helft van de achttien clubs. Contact lijkt verboden, hoewel veldvoetbal een contactsport is.

In mijn tijd ging het er veel minder zachtzinnig aan toe: een elleboog in je gezicht, grote, aluminium pinnen onder schoenen die op je voet stampen, shirtje trekken, in je kruis graaien, aan je haren trekken... van alles en nog wat speelde zich af op het veld. Het hoorde niet, het mocht niet, maar het gebeurde wel. Je moest jezelf echt beschermen en overal op beducht zijn.

Nu is het minder fysiek allemaal, al zie je in de Premier League nog altijd mannelijke duels en veel strijd. In Engeland is veel toegestaan. Tegelijkertijd is dat soms de valkuil voor Engelse ploegen als ze op het vasteland moeten spelen. Dan worden ze continu afgefloten. Teams die internationaal spelen, moeten bijna twee speelstijlen onder de knie hebben: een voor de Engelse en een voor de Europese competitie.

Grote verwachtingen

Bij geen enkele club ter wereld ligt het verwachtingspatroon hoger dan bij Real Madrid. Dat komt door de rijke succesvolle geschiedenis van de club en de filosofie. Het Madrileense publiek wil een combinatie van prachtig, aantrekkelijk, aanvallend, winnend voetbal met veel doelpunten door absolute topspelers, die tot de besten van de wereld behoren en kunnen zorgen voor de oohs en de aahs. Madrilenen willen entertainment. De tegenstander mag gerust twee doelpunten maken, als Real er maar zes scoort.

Aangezien dit nog maar mondjesmaat lukt door de veranderde nationale en internationale verhoudingen – in beide gevallen vooral met FC Barcelona – werkt dit verwachtingspatroon averechts. Het mondt keer op keer uit in frustratie en het ontslag van de ene na de andere trainer. Zelfs Carlo Ancelotti, die de Koninklijke toch 'La Décima', de tiende Europacup I bezorgde, moest de laan uit omdat hij FC Barcelona niet kon voorblijven in de Primera Division.

In Barcelona is het publiek inmiddels ook verwend geraakt door alle successen. Een mindere dag wordt nauwelijks gepikt. De fans willen alleen nog maar overwinningen zien, hoogstandjes en oogstrelende combinaties. Alleen keert het Catalaanse publiek zich niet snel tegen de eigen ploeg, vooral omdat FC Barcelona het uithangbord van Catalonië is, de autonome regio in het noordoosten van Spanje die strijdt voor onafhankelijkheid.

De fans van AC Milan waren ook jarenlang niet anders dan succes en titels gewend. Voor de aanhang is het moeilijk te onderkennen dat de grootmacht van voorheen niet meer is. Als je zo lang top bent geweest, is de omschakeling enorm. Kijk je naar AC Milan-Cesena, dan zie je bijna lege tribunes. Zo'n 20.000 toeschouwers komen op zo'n wedstrijd af. In mijn tijd zat San Siro altijd vol. Ik zie de pijn van de mensen op de hoofdtribune als ik langskom. Ze klampen je aan. Maar het verhaal is simpel: de club heeft onvoldoende financiële middelen om topspelers te halen. Het budget bepaalt de eindstand en AC Milan is voorbijgestreefd. Internationaal door velen en nationaal vooral door rivaal Juventus.

Hetzelfde geldt voor Manchester United. Onder Sir Alex Ferguson altijd bovenaan en staatsvijand nummer één voor alle fans van de andere clubs in de Premier League. Bij het minder worden, krijg je eerst hoongelach en later mededogen en zelfs medelijden. Erger kan niet voor een topclub. Tenminste, als je zoals Manchester United geen buurman hebt die nog rijker is en je met succes naar de kroon tracht te steken zoals Manchester City. Liverpool zit in hetzelfde schuitje als Manchester United.

Arsenal vaart volledig zijn eigen koers. De financiële gezondheid staat voorop en daarom investeren ze niet extreem in topspelers om aan te haken bij de top. Wat vervolgens betekent dat ze af en toe bekersucces boeken, maar in de Premier League en Champions League uiteindelijk tekortkomen voor de hoofdprijs. Inmiddels begint bij Arsenal toch ook het gemor.

De Europese top

Wil je echter meedoen met FC Barcelona, Real Madrid en Bayern München, dan moet je absolute topspelers halen. Real Madrid kan dat soort spelers kopen, Barcelona kan dat ook. Spanje regeert omdat de allerbeste spelers daar spelen.

Manchester City, Manchester United en Chelsea zijn clubs die net zo goed alles kunnen kopen. Grote vraag blijft: willen de allergrootsten bij City spelen? Is een Lionel Messi of Ronaldo bereid om Spanje de rug toe te keren en naar Engeland te komen? Manchester City hoopt met de aanstelling van Pep Guardiola als trainer-coach daarin verandering te brengen. Hij kan het bruggenhoofd zijn voor Messi of Ronaldo om de oversteek te maken.

Ik weet niet of het gaat gebeuren, maar ik ben sowieso benieuwd hoe Guardiola het gaat doen, en met wie. Ik geloof dat hij de Premier League kan winnen met Manchester City. Alles bij die club draait om het winnen van de Champions League. Met die gedachte is, denk ik, Guardiola door City binnengehaald. Kampioen zijn ze al tweemaal geworden.

Bij Bayern München kwam hij ook om de Europacup I te winnen, maar dan met tiki-takavoetbal. Die speelstijl werd heel belangrijk gevonden door mensen als Karl-Heinz Rummenigge en Uli Hoenness, die graag wilden dat het spel van Bayern de nieuwe wereldstandaard zou worden. Zoals Guardiola dat flikte bij FC Barcelona.

Zijn start bij Bayern was veelbelovend, met als hoogtepunt de Champions League-wedstrijd in Manchester in het najaar van 2013 tegen City. Ongelukkig is Guardiola geweest met de langdurige blessures van Arjen Robben en Franck Ribéry, spelers die de individuele klasse bezitten om op het hoogste niveau het verschil te maken op de flanken. Het teamniveau lag hoog, Robert Lewandowski is een geweldige afmaker, maar als trainer-coach ben je uiteindelijk afhankelijk van de individuele kwaliteiten en klasse van spelers om beslissend te zijn als de prijzen worden verdeeld.

Bij Manchester City staat Sergio Agüero nog het dichtst bij het niveau Messi en Ronaldo. Waar Messi en Ronaldo het alleen kunnen, heeft Agüero echter wel ondersteuning en aanvoer nodig. De Spanjaard David Silva benadert dat topniveau, maar is blessuregevoelig. Helemaal door de intensiteit van de wedstrijden in Engeland en het aantal duels wordt Silva vaak met zijn blessuregevoeligheid geconfronteerd. De fysieke aanslag op de lichamen in Engeland valt sowieso nauwelijks een seizoen lang vol te houden. Daar zal Guardiola rekening mee moeten houden.

In Duitsland en Spanje speel je minder wedstrijden en de fysieke tegenstand is lager. Daarom is het interessant om te zien of Guardiola dat tiki-takavoetbal op Manchester City gaat projecteren, of dat hij toch iets van de Engelse voetbalcultuur in leven laat. Dat is volgens mij wel noodzakelijk om de Premier League te winnen.

Dode spelmomenten

Corners en vrije trappen blijven onderschat terrein. Daar valt een wereld te winnen. Zoals de Engelse cultclub Wimbledon dat vroeger uitmuntend voor elkaar had en daar optimaal voordeel uit haalde. Te vaak is het dode spelmoment ondergeschikt, terwijl je er wedstrijden en titels mee kunt winnen. Het is een kwestie van afspraken maken en oefenen, oefenen, oefenen.

Het muurtje

Het muurtje is het domein van de keeper. Tenminste, de manier waarop hij een muur wil neerzetten en hoeveel man daarin moeten staan om de vrije trap te neutraliseren. Ik ben voorstander van een muur en als trainer zag ik graag dat mijn keeper een muurtje neerzette. Ik had eens een keeper die geen muur plaatste en toen ging de bal van afstand via via toch nog het doel in. Mijn enige concessie aan een keeper die geen muurtje wil – het kan het uitzicht op de bal belemmeren – is dat hij een of twee spelers uit de muur haalt zodat er een gat in zit.

Keepers die geen muur neerzetten bij een vrije trap, zien toch vaak een muur voor hun neus opdoemen: de tegenpartij, de nemer van de vrije trap, zet zelf een paar spelers op een rij. Want een muur is voor de vrijetrapspecialist vaak een richtpunt. Zo'n specialist richt tussen de tweede en derde man in de muur van de tegenstander.

Ik wilde graag lange jongens in het midden van de muur, en niet aan de buitenkant zoals een tijdje in de mode was. Aan de twee uiteinden van de muur mogen kleine spelers staan. Bijna alle ballen gaan over de muur heen tussen de eerste en tweede man of tweede en derde man.

Muurtjes bestaan meestal uit vier man. Aan de buitenkant staat iemand die uitloopt als de vrije trap in tweeën wordt genomen. Een vijfmansmuur is vaak de keus van de keeper als de muur dicht op het doel staat. Bijvoorbeeld bij een vrije trap op de rand van het zestienmetergebied. Met vijf man dwing je de vrijetrapnemer bijna om de hoek van de keeper te kiezen. Kiest de nemer van de vrije trap vanaf de rand van het strafschopgebied voor een bal over de muur, dan is de afstand van de muur tot het doel vaak te kort om de bal te laten dalen. Messi, Maradona en Michel Platini kunnen en konden dat; verder is het bijna onmogelijk voor iemand om die bal zo te laten dippen.

De vrijetrapspecialist

Slimme spelers schieten de bal trouwens onder de muur door als blijkt dat de mannen van de muur moeten opspringen van de keeper. De vrijetrapspecialist die zich goed heeft voorbereid, weet wat een keeper graag wil van zijn verdedigers in de muur. Aan de andere kant weet de keeper welke voorkeuren de vrijetrapspecialist heeft.

Schiet een speler de bal ondanks alle voorzorgsmaatregelen toch raak, dan rest slechts applaus en petje af voor de specialist. Dan is die speler blijkbaar heel goed. Als de keeper tenminste is blijven staan. Keepers gaan vaak in de fout door te gaan bewegen van links naar rechts of zelfs te duiken. Vaak uit onzekerheid. Terwijl een keeper erop moet rekenen dat die bal op hem af komt. Het is verschrikkelijk als een doelman zo'n advies in de wind slaat en er niet naar handelt. Of z'n eigen afspraken niet nakomt.

Het lekkerste vindt een vrijetrapnemer het als de bal iets verder weg ligt dan de rand van het strafschopgebied. Twintig meter is ideaal. Pierre van Hooijdonk, de voormalige Nederlandse international die onder meer bij Nottingham Forest, Celtic, Fenerbahçe, Benfica en Feyenoord voetbalde, was de ongekroonde koning van de vrije trap op twintig meter van het doel. De beste van de wereld geworden door te oefenen, oefenen en oefenen, waardoor hij een vaste trap ontwikkelde.

Pierre legde de bal gerust ook een paar meter verder van het doel af, terwijl andere spelers hem soms stiekem dichterbij leggen. Die maken het zichzelf juist een stuk moeilijker. Door die één of twee meter extra kon Van Hooijdonk meer snelheid aan zijn vrije trap geven en tegelijkertijd gaf het de bal voldoende afstand om neer te dalen en onder de lat in te slaan in het doel.

De corner

Waarom een corner soms genomen wordt in tweeën? Vooral om een verdediging te ontregelen door mensen voor het doel weg te lokken. Het vervolg van een korte corner kan verschillen. De bedoeling in eerste instantie is om op die wijze twee verdedigers uit een ongetwijfeld overvol strafschopgebied weg te lokken. Komt er maar één verdediger naar de nemer van de korte corner, dan kan die door twee spelers simpel uitgespeeld worden. Dus moet de verdedigende partij twee man naar die hoek sturen.

Zet je bij je korte corner vervolgens nog iemand op de rand van het strafschopgebied, die je vanuit de hoek strak kan aanspelen, dan haal je nóg een verdediger weg uit het strafschopgebied. Hoe minder verdedigers in het strafschopgebied, des te gemakkelijker het voor de aanvallende partij wordt om in te koppen.

Grappig genoeg hoor je van de verdedigende partij juist het tegenovergestelde: hoe minder aanvallers er voor ons doel staan, des te gemakkelijker het voor de keeper wordt om de bal te onderscheppen. En als we dan bovendien twee van onze aanvallers op de middenlijn laten staan, trekken we nóg meer tegenstanders bij

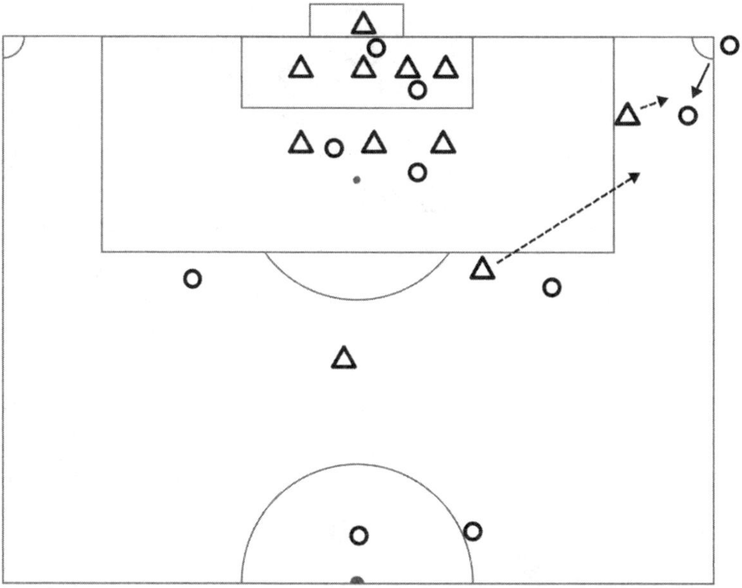

De korte corner wordt genomen om verdedigers van het doel weg te lokken.

ons doel vandaan en kunnen we heel snel counteren als onze keeper de bal onderschept.

FC Barcelona koos er zelfs voor om drie spitsen voorin te houden. De keeper moest bij balbezit dan razendsnel een van die drie zoeken voor de snelle counter. Daar kwam bij dat Barcelona veel kleine mannetjes had, die in de lucht kwetsbaar waren. Bij een eigen corner koos Barcelona ook vaak voor de korte variant, opnieuw omdat hun kleine mannetjes geen potten kunnen breken in de lucht.

Legenda voor alle illustraties:
------- looplijn speler
——— passlijn bal

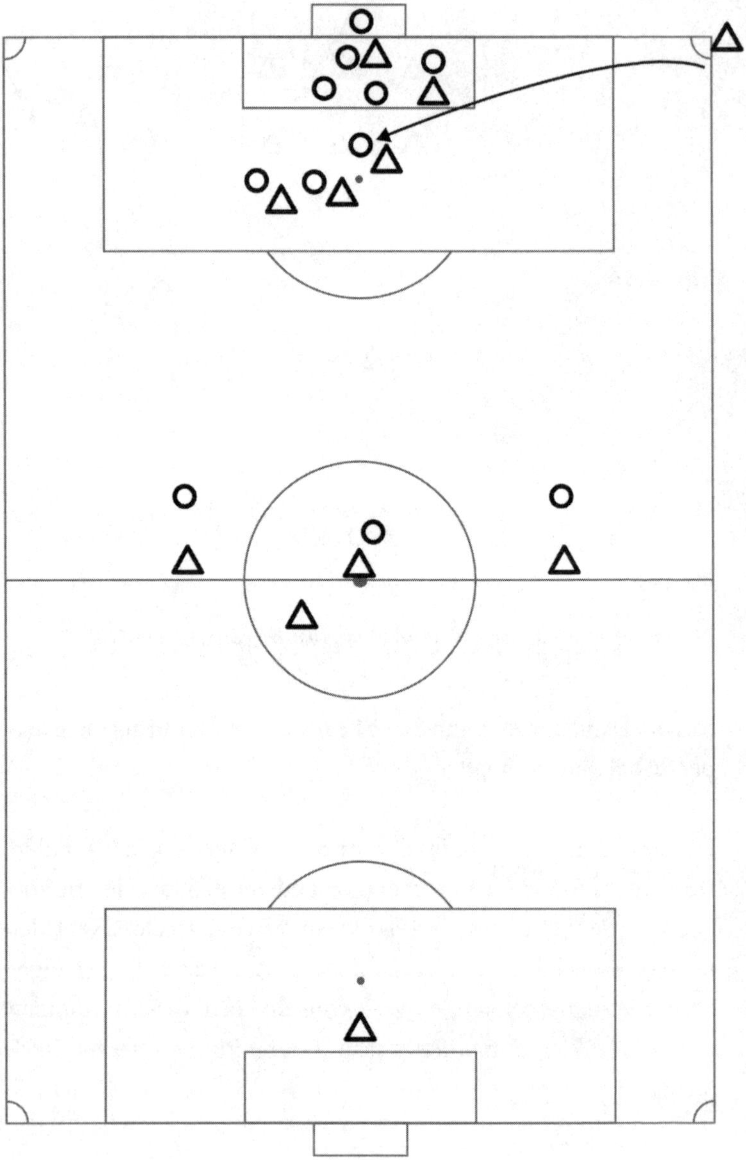

FC Barcelona houdt bij een corner van de tegenstander drie aanvallers rond de middenlijn. Hierdoor moet de tegenstander minimaal vier spelers achterin houden.

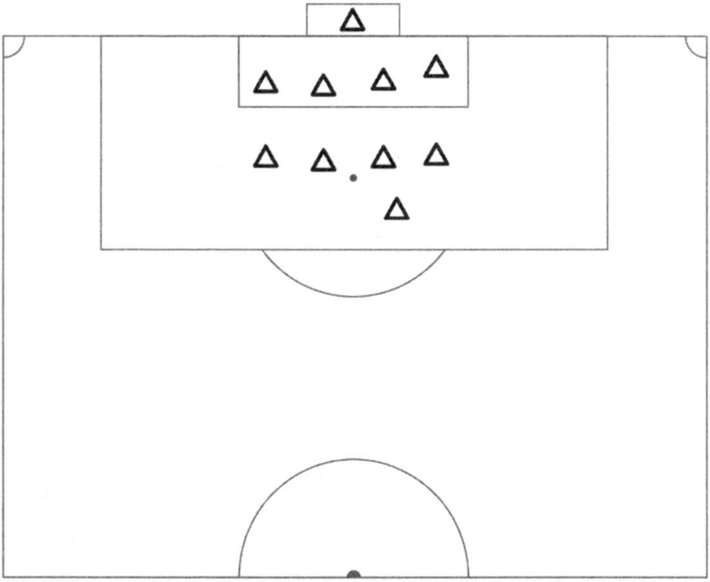

Bij een corner met zoneverdediging is elke speler verantwoordelijk voor het verdedigen van een specifieke zone.

Gegarandeerd hield de tegenstander met drie Catalanen in de aanval minimaal vier man achterin, één op de rand van het strafschopgebied en één of twee op het middenveld. Zo kon de tegenstander dan nog slechts drie of vier spelers meesturen om de corner in te koppen of in te schieten.

Bij corners kiest de verdedigende partij tussen man- of zonedekking of een combinatie daarvan. Bij mandekking krijg je allemaal koppeltjes, bij zonedekking heeft iedere speler de verantwoordelijkheid voor zijn eigen gebied.

Taak voor de aanvallers is met een goede timing voor het doel te komen, en de cornernemer moet een strakke bal of strakke curvebal buiten bereik van de keeper geven. In ieder geval zodanig dat de verdedigers moeten blijven staan. Als ze weg kunnen lopen omdat de bal te ver afzwaait, kunnen ze zich afzetten en hoog

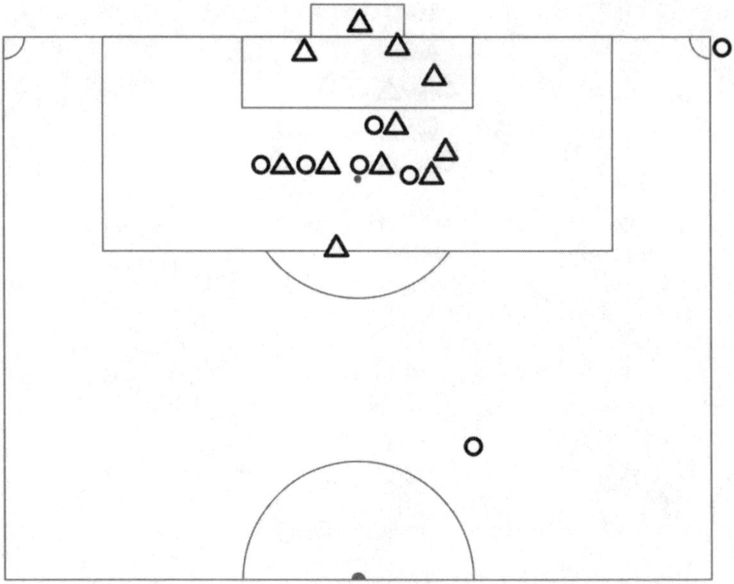

Bij een corner met mandekking is elke speler verantwoordelijk voor het dekken van zijn directe tegenstander.

springen naar de bal toe. Als ze in hun zone moeten blijven, is het vanuit stand veel moeilijker om hoog te springen. Dan zijn de aanvallers in het voordeel, want zij kunnen zich al inlopend wel afzetten, en dus hoger springen.

Een goede alternatieve corner is de 'pisboog', het boogje bij de eerste paal, die doorgekopt moet worden naar twee spelers die 'blind' komen inlopen. Raken is scoren, althans, bijna. Je moet wel een grote, sterke speler hebben om door te koppen, anders wordt hij zo aan de kant gezet door een verdediger of keeper en komt hij niet eens toe aan doorkoppen. Bij AC Milan was dit onze succesvolste variant.

Ook een slimme corner is om vijf man in te laten lopen, als vooractie, terwijl de nummer zes contra beweegt en opduikt bij de rand van het strafschopgebied. Die heeft vanaf daar dan vaak een

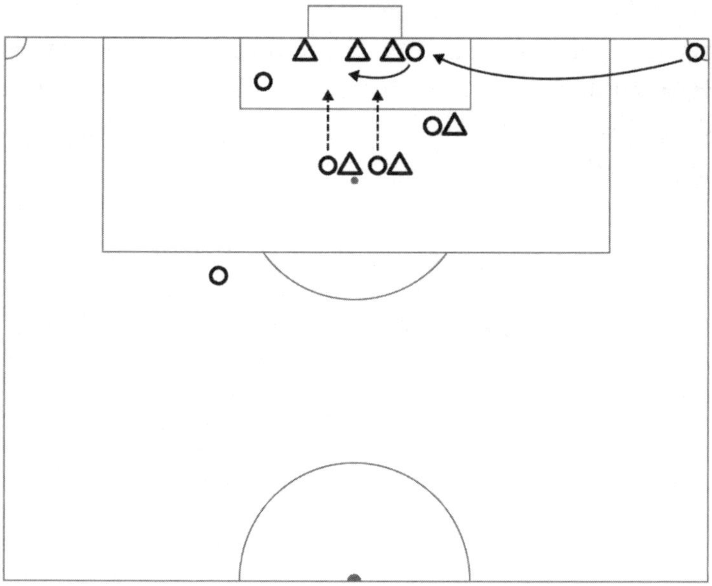

Met een pisboog wordt de bal bij de eerste paal neergelegd en doorgekopt naar de in- lopende medespelers.

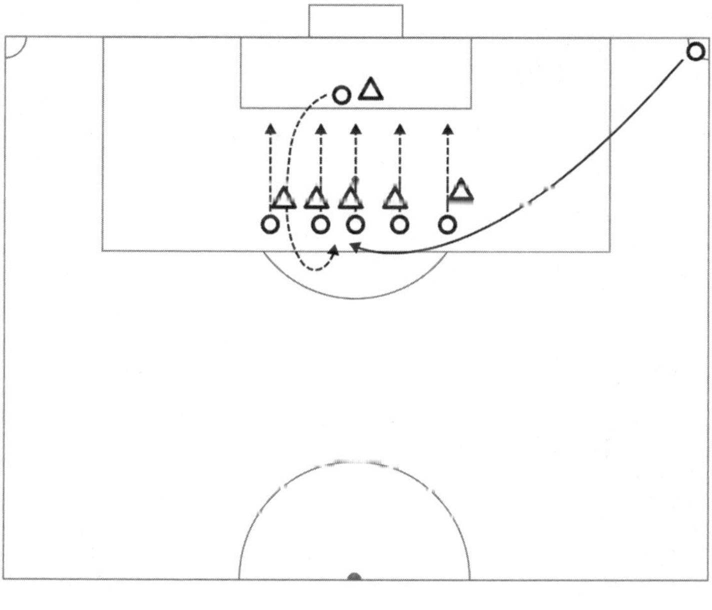

Bij de verrassingscorner lopen vijf man in, terwijl de zesde tegenovergesteld beweegt om de bal op de rand van het strafschopgebied te ontvangen.

vrije schietkans op zo'n zestien meter van het doel. Je kunt het bij verrassing eenmaal doen. Weet je tegenstander dat deze corner in je pakket zit, dan zal uit voorzorg iemand tussen de penaltystip en de rand van het strafschopgebied worden opgesteld om deze variant te voorkomen.

Systemen

Tactische formaties

Iedereen kent ze, de tekeningen van de opstelling in de krant of op het televisiescherm voor de wedstrijd, en de ellenlange discussies over welk systeem de trainer zijn spelers laat spelen: 4-4-2, 4-3-3, 5-3-2, 3-4-3, 4-3-2-1, 4-2-3-1, 4-2-2-1-1.

Opvallend: als je de cijfertjes optelt, kom je altijd maar tot tien veldspelers – de keeper doet niet mee in de tactische formatie op papier. En dat terwijl hij tegenwoordig goed moet kunnen meevoetballen, omdat hij sinds 1992 geen terugspeelballen mag oppakken. De keeper wordt door de meeste trainer-coaches gezien als het eerste station in de opbouw van een aanval van achteruit.

Het heet niet voor niets een elftal. We zijn niet met zijn tienen en de keeper is een wezenlijk onderdeel van de tactiek. Maar wat is 'tactiek'? Tactiek is voor mij: inspelen op de specifieke kwaliteiten van de speler of de spelers die beslissend zijn in een wedstrijd. Zowel in je eigen ploeg als bij de tegenstander. Een tactiek werkt alleen als het individu binnen die tactiek kan uitblinken.

Tactiek en systemen zijn nauw met elkaar verbonden. Voor mij is een systeem – welke je er ook uitpikt – vooral een geraamte in verdedigend én aanvallend opzicht.

Verdedigend gebruik je een systeem om je te organiseren en dicht bij elkaar te blijven zodat de tegenstander in balbezit niet zomaar door je defensie heen kan voetballen. Het gaat hierom: wat doe je als je de bal niet hebt? Wat doe je om de tegenstander zo min mogelijk ruimte en kansen te bieden voor een aanval?

Aanvallend hou je je aan een systeem en een opstelling vast om juist zoveel mogelijk ruimte te creëren voor je aanvallers zodat zij hun kwaliteiten kunnen etaleren. Tegelijkertijd moeten je verdedigers juist onderkennen waar het gevaar dreigt als je aanvallers of middenvelders de bal onderweg verliezen.

In dat krachtenveld moet je een klik zien te vinden tussen de spelers, zodanig dat ze van elkaar aanvoelen wat ze gaan doen. Dat wil zeggen: vóórdat het gebeurt. Hoe paradoxaal het ook klinkt, het gaat niet om het moment dat je de bal hebt, maar om het moment dat je de bal nog niet hebt.

Zoals gezegd, systemen en strijdplannen hangen heel sterk af van de individuele kwaliteiten van je spelers. Met een trage centrale verdediger moet je defensie niet rond de middenlijn spelen. Met een snelle, maar technisch beperkte spits heeft het geen zin je continu op te houden in het strafschopgebied van de tegenstander.

Eerst maak je een sterkte-zwakteanalyse van de kwaliteiten binnen je selectie, voordat je 4-4-2, 4-3-3 of een andere variant kiest. Vervolgens zoek je naar zwakke plekken in de organisatie van de tegenstander of bij individuele spelers, bijvoorbeeld een jongen die niet op zijn vertrouwde plaats speelt.

Als je een wedstrijd wilt winnen, moet je de bal hebben. Maar je hoeft hem niet lang te hebben. Je hoeft niet per se meer balbezit dan de tegenstander te hebben. Dat is een denkfout. Immers, als je de bal hebt, moet je hem niet houden, maar zo snel mogelijk zoveel mogelijk rendement boeken.

Strijdplan met 4-4-2

Een 4-4-2 is een systeem met een blok voorin van twee centrale spitsen. De twee spitsen zijn in balbezit een aanspeelpunt om met de ploeg te kunnen aanvallen. Dat gaat makkelijker met twee spitsen dan met één. Met twee spitsen is het ook makkelijker om een viermansverdediging van de tegenstander achterin te houden, of ze te storen in hun opbouw.

Daarvoor gaat één spits tussen de twee linkerverdedigers staan en de andere tussen de twee aan de rechterkant. Dan zal de keeper die vier in de opbouw moeten overslaan, omdat deze verdedigers direct onder druk worden gezet door een spits. Zo'n systeem met twee spitsen wordt door veel Engelse ploegen gespeeld, niet alleen om de opbouw te verstoren, maar ook als aanvallende tactiek.

In Engeland wordt veelvuldig de lange bal van achteruit op die twee spitsen gehanteerd. De beste combinatie is een lange, grote, sterke spits met een kleine, beweeglijke, handige spits. De lange gaat voor de lange bal en kopt hem door als de kleine spits diep gaat of achter hem duikt, of, als de kleine spits blijft staan, speelt hij de bal juist in diens voeten.

Zo hou je druk op het centrale verdedigingsduo en speelt dat duo één tegen één achterin. Centrale verdedigers vinden dat lastig omdat zij in hun organisatie juist één verdediger het duel willen laten aangaan met de lange spits, terwijl de andere verdediger erachter kruipt om als 'de vrije man' voor rugdekking te zorgen. Met twee spitsen komt die organisatie onder druk te staan en moet de links- of rechtsachter naar het centrum komen om die rugdekking te geven, met als gevolg dat de flank openligt...

In een 4-4-2 worden de links- en rechtshalf vleugelaanvallers. Bij balbezit speel je dan met een viermansvoorhoede. Bij balverlies gaan die twee buitenste middenvelders weer terug om de rechts- en linksachter te helpen en tevens de middenvelders in de as van het veld bij te staan. De twee centrale middenvelders scha-

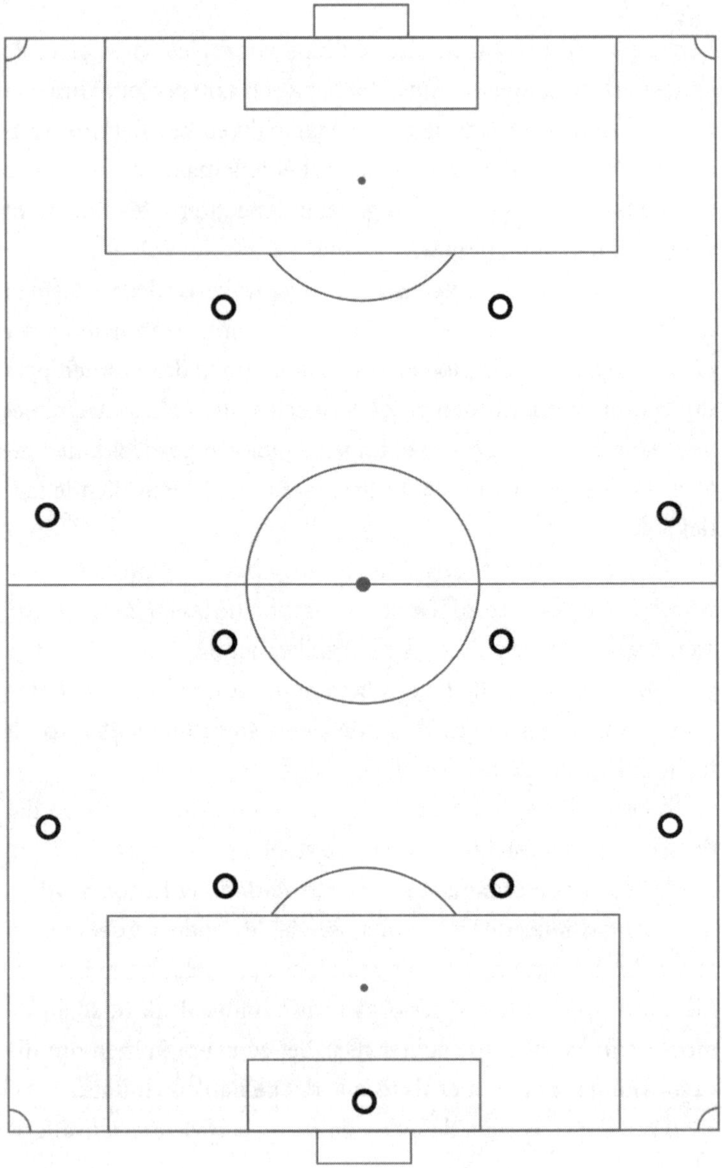

4-4-2

kelen defensief om en zetten de verdedigende organisatie dicht.

Weet je daarna de bal weer te veroveren, dan kun je snel de aanval zoeken omdat je voorin immers die twee spitsen hebt staan. De snelheid van de omschakeling van balbezit naar balverlies (verdedigend) en van balverlies naar balbezit (aanvallend) is vaak doorslaggevend om resultaat te kunnen boeken.

In mijn tijd bij AC Milan speelden wij onder trainer Arrigo Sacchi 4-4-2. Onvergelijkbaar met het 4-4-2 van tegenwoordig, alleen al omdat tot 1992 de keeper elke terugspeelbal mocht oppakken. We begonnen met 4-3-3 en behaalden wisselende resultaten, totdat Marco van Basten met een enkelblessure lange tijd uitviel. Toen stapten we over op 4-4-2. Daarvoor moet je de tegenstander de ruimte geven, en hem het gevoel geven dat hij kan aanvallen. Wij dwongen de tegenstander daarvoor naar de zijkant, want je moet de tegenstander niet door het midden laten opbouwen. Stonden wij dat als aanvallers toe, dan schold Sacchi ons helemaal stijf. Want bij balverlies brachten we onze middenvelders in een positie dat ze moesten gaan kiezen, en kozen ze verkeerd, dan werden ze uitgespeeld en dreigde er direct gevaar.

Het verbaast me hoe gemakkelijk de basisregels worden losgelaten als een ploeg de opbouw in een 4-3-3 moet verhinderen. Je ziet vaak dat een ploeg juist over de as van het veld de opbouw aan de bal mag verzorgen.

Daarvoor gaan de vleugelverdedigers bij balbezit helemaal naar voren en nemen de buitenspelers van de tegenstander mee. De twee centrale verdedigers zakken iets uit, gaan wat verder uit elkaar staan en vormen met de keeper een driehoek. De enig overgebleven aanvaller wordt uitgespeeld in deze drie-tegen-éénsituatie. Eén van de twee centrale verdedigers kan zo met de bal aan de voet over de as van het veld het middenveld op lopen. Wordt dat goed uitgespeeld door de ploeg in balbezit, dan hebben ze in iedere linie een man méér. Een fantastische opbouw en de basis van

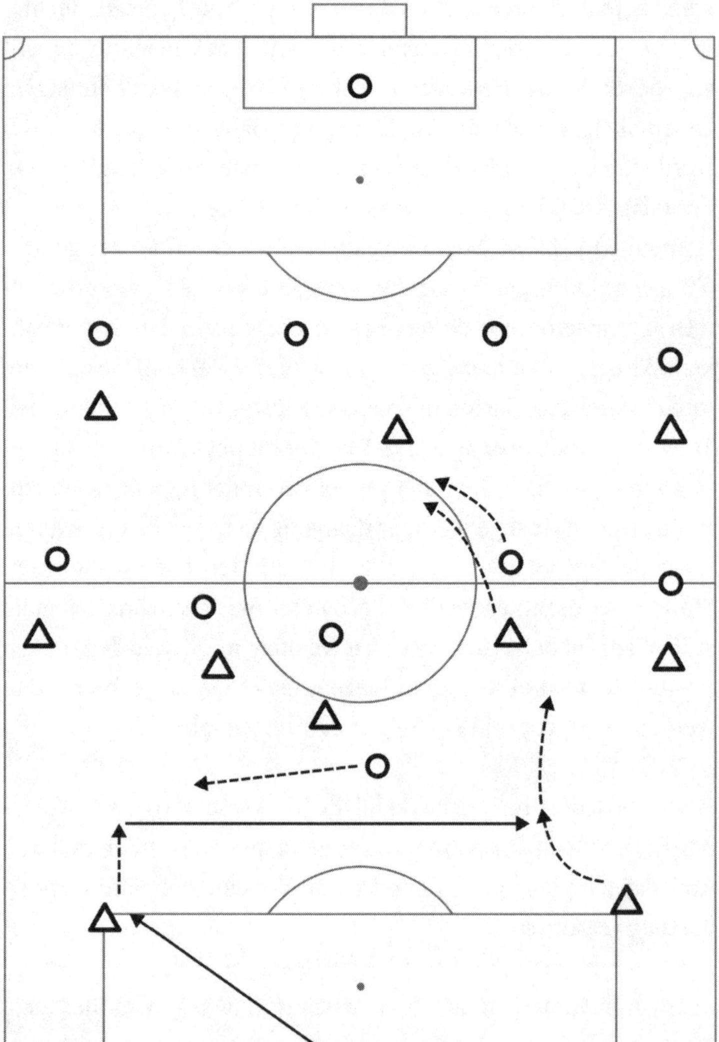

Bij de opbouw in 4-3-3 lopen de vleugelverdedigers naar voren en maken de centrale verdedigers het veld breed. In de driehoek met de keeper wordt de spits van de tegenstander uitgespeeld. Een van de centrale verdedigers komt zo vrij op het middenveld, waardoor daar een manmeersituatie ontstaat.

het opbouwen van achteruit in een 4-3-3.

Maar als je balverlies in de breedte lijdt, dan ligt het veld achter die doorgeschoven centrale verdediger helemaal open, zodat de verdedigers één tegen één komen te staan bij een tegenaanval en je dus zomaar een counter om je oren kunt krijgen. Dan kan de individuele kwaliteit van één enkele aanvaller zomaar het verschil maken.

In alle gevallen moeten je spitsen dus na balverlies de opbouw storen en de tegenstander naar de flank dwingen, zodat de middenvelder niet in de dodelijk kwetsbare positie komt dat hij twee tegenstanders moet verdedigen.

Pisboog als aanvalsopbouw

Omdat trainers van andere clubs niet stilzaten en onze 4-4-2 bij AC Milan analyseerden, trachtten tegenstanders ons ook vaak te dwingen de opbouw vanaf de vleugel te verzorgen. Kregen we daar te weinig ruimte, dan ging de bal van de vleugelverdedigers Paolo Maldini en Mauro Tassotti naar Franco Baresi of Alessandro Costacurta centraal in de verdediging. Die gaven de bal vervolgens in een pisboogje – over het middenveld heen – op de spitsen, Marco van Basten of mij. Wij moesten de bal dan bij ons houden of we kaatsten hem terug op de aansluitende middenvelders Frank Rijkaard of Carlo Ancelotti, waarna de aanval verderging. Aan de zijkant stonden onze 'lopers' Roberto Donadoni en Angelo Colombo.

Leed Van Basten of ik balverlies, dan kregen we verschrikkelijk op onze donder van onze medespelers omdat het hele elftal op dat moment in voorwaartse beweging was en dus kwetsbaar voor de counter van de tegenpartij. We trainden vaak op deze onorthodoxe manier van opbouwen.

Die pisboogjes waren trouwens het moeilijkst om te geven, omdat het zo nauw luisterde. Van Basten en ik kregen geen enkele ruimte van de in onze nek hijgende Italiaanse verdedigers. Daar-

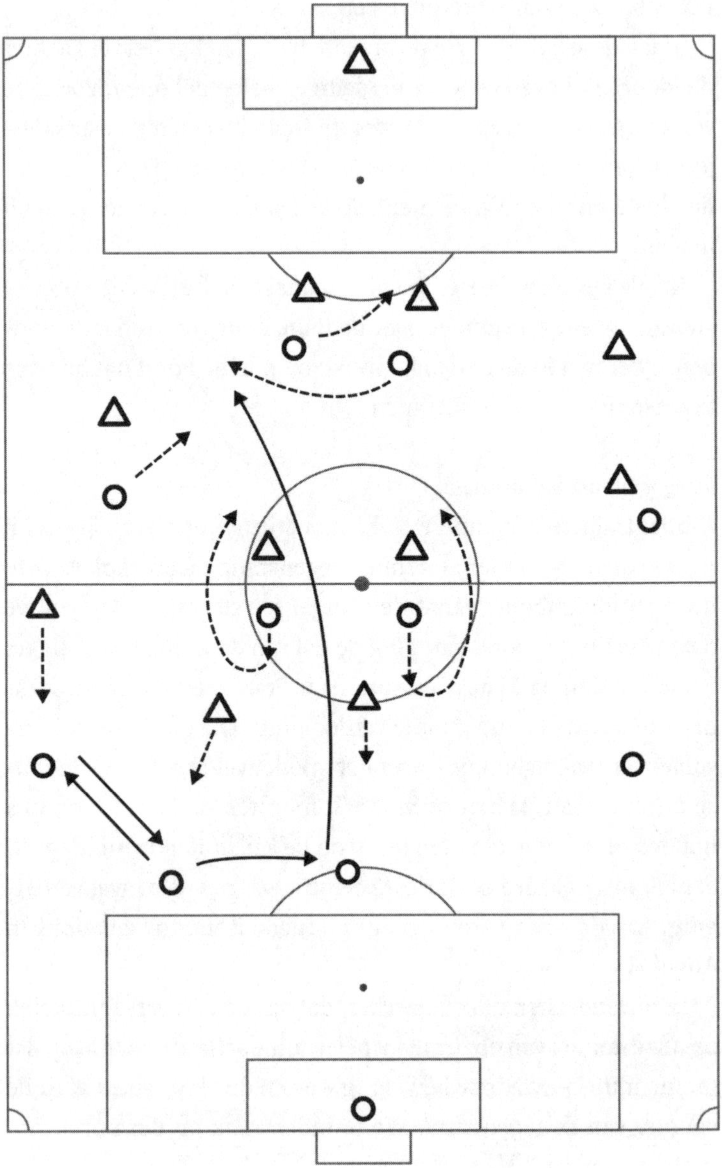

Bij AC Milan bouwden we vaak op met een 'pisboog' vanuit de verdediging op de spits. Deze moest de bal vasthouden en afgeven op de aansluitende middenvelders, die weglopen bij hun man.

om was het zaak dat wij *vanuit de beweging* precies uitkwamen op de plek waar de pisboog zou neerdalen. Franco en 'Billy' wisten ongeveer waar we na een vooractie zouden uitkomen en lepelden de bal dan op je stropdas. Echt uitzonderlijk. Het lijkt zo gemakkelijk, maar de moeilijkheidsgraad ligt hoog.

Ook de combinatie tussen Van Basten en mij moest kloppen. Wij voelden elkaar goed aan en gingen nooit tegelijk naar de bal of tegelijk de diepte in of tegelijk naar rechts of links. Het kruisen ging bijna blindelings. Die timing is er op Milanello, het trainingscomplex van AC Milan, in gehamerd, tot vervelens toe. Wij beiden waren in Nederland natuurlijk niet grootgebracht met 4-4-2, maar met 4-3-3.

Ajax tegen Milan

Begin jaren negentig was Ajax leidend in het internationale voetbal. Op papier speelde de ploeg van Van Gaal 4-3-3, maar in werkelijkheid transformeerde die formatie bij balbezit in 3-4-3 dankzij de bepalende rol van Danny Blind, de huidige bondscoach. Hij schoof door naar het middenveld van drie man zodat je daar vier tegen drie kreeg, en vanuit die meerderheid schoof de voorste middenvelder, Jari Litmanen, door naar een positie vlak achter de spits.

Met vier aanvallers voorin kreeg je overal één-tegen-éénduels. Won Marc Overmars of Patrick Kluivert het duel met zijn directe tegenstander, dan stond hij direct in een twee-tegen-éénsituatie in het vijandelijk doelgebied of zelfs oog in oog met de keeper.

De basis is altijd: een meerderheid creëren op het middenveld. Daarvoor moet je technisch goede spelers in die linie hebben, want de ruimtes zijn er klein. Hoewel Ajax een hoog percentage balbezit scoorde, leed de ploeg soms ook balverlies. Omdat Blind dan vaak weg was uit de defensie, zorgde Frank Rijkaard voor de 'restverdediging'. Rijkaard zat in de nadagen van zijn carrière, had een schat aan ervaring en deed de coaching van achteruit.

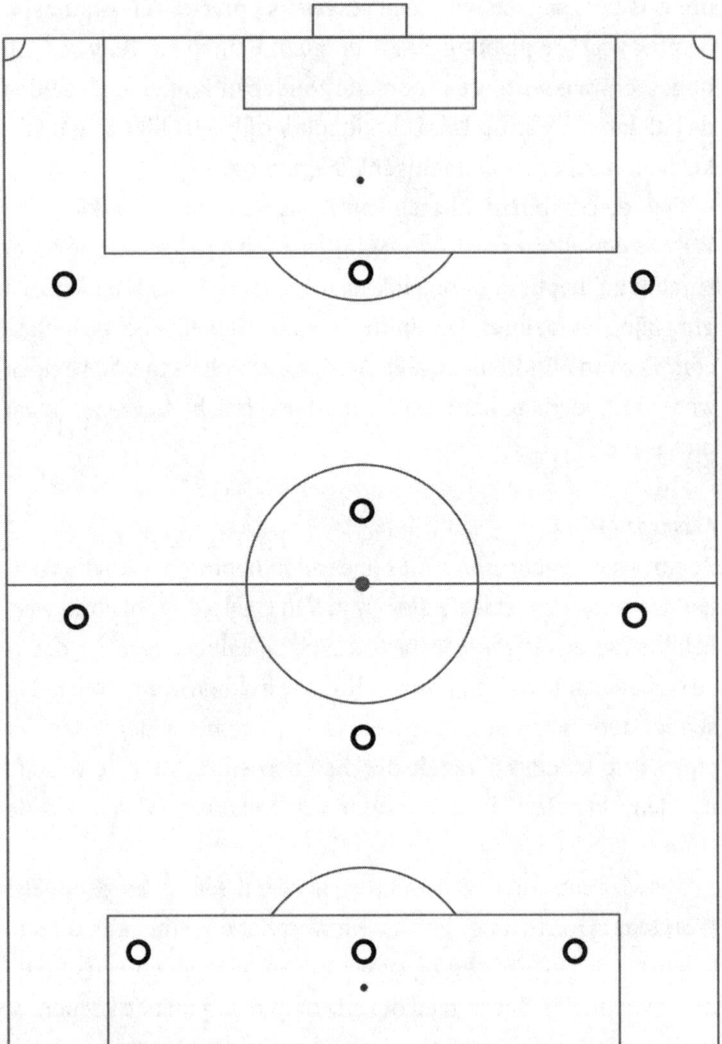

3-4-3

Dankzij hem kon Ajax zo aanvallend spelen.

Waar de vleugelverdedigers tegenwoordig spelen als aanvallers, moesten Frank de Boer en Michael Reiziger juist 'naar binnen knijpen' als Blind naar voren was geschoven. Zo hield Ajax de ruimtes klein voor de tegenstanders om aan te vallen. Verder zorgde Edgar Davids voor de balans op het middenveld: hij telde altijd hoeveel spelers vóór de bal speelden en als het er meer waren dan vier, riep hij er één terug.

AC Milan had het in dat seizoen 1994-1995 met zijn 4-4-2 heel lastig tegen Ajax. In dat ene seizoen verloren ze driemaal, de laatste keer in de finale van de Champions League 1995 in Wenen door een doelpunt van Patrick Kluivert.

De buitenste middenvelders van AC Milan werden opgevangen door de vleugelverdedigers van Ajax. De twee overgebleven centrale middenvelders van de Italianen stonden dan tegen drie Ajacieden, soms vier als Danny Blind doorschoof naar het middenveld. In zo'n geval kom je bijna niet meer aan de bal en word je van het kastje naar de muur gespeeld. Ook de vleugelverdedigers van Milan durfden niet te assisteren omdat die achterin werden gehouden door de rechts- en linksbuiten van Ajax.

Met deze 4-3-3 en 3-4-3 zorgde Ajax overal op het veld continu voor een manmeersituatie. Omdat de tegenstander eigenlijk continu moest kiezen wie nu weer aan te vallen, wat nogal eens fout ging, groeide de twijfel bij AC Milan.

Wat AC Milan daartegenover kon zetten? Misschien had het elftal zich kunnen spiegelen aan Ajax. Maar als je zoveel successen hebt met je eigen 4-4-2-formule, is het soms moeilijk omschakelen. Fabio Capello bleef volharden in de Italiaanse methode en verloor keer op keer, tot de finale van de Champions League toe.

Strijdplan met 4-3-3

Het grote voordeel van 4-3-3 is dat je bijna overal op het veld driehoekjes hebt en van het ene driehoekje via een volgend driehoekje

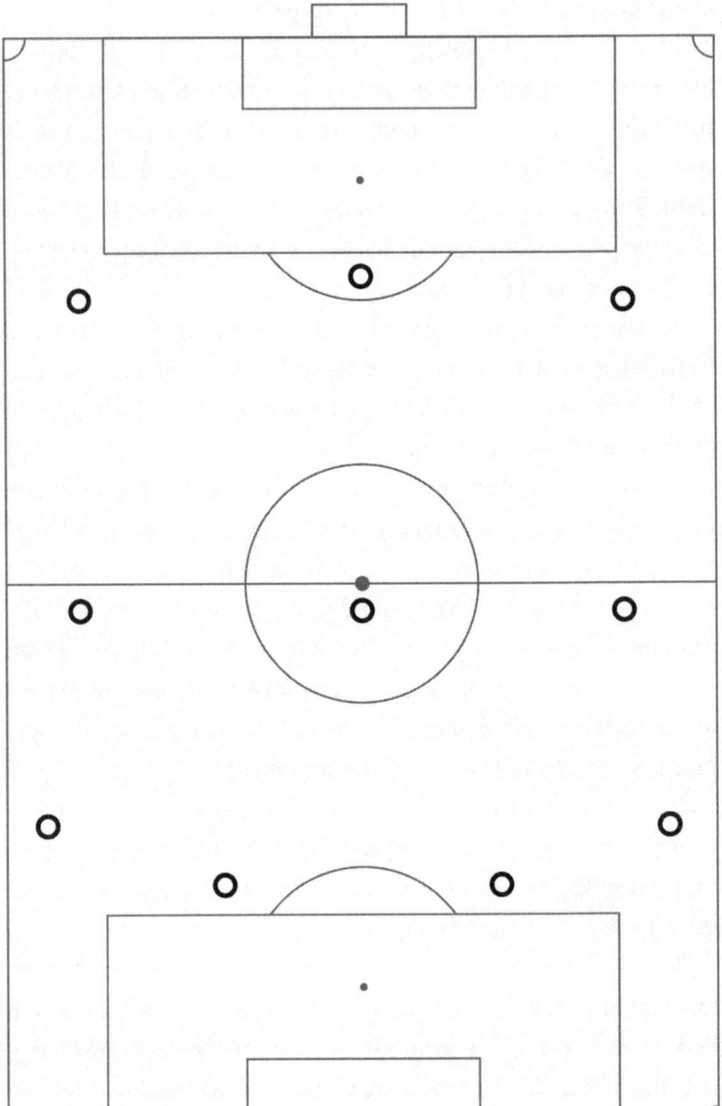

4-3-3

naar voren kunt combineren. Zo'n driehoekje is gemakkelijk voor de man aan de bal omdat hij bij een goede uitvoering altijd twee aanspeelpunten naar voren heeft. Dat maakt het voor de verdedigers moeilijker omdat ze een keus moeten maken en continu dienen te anticiperen naar de kant waar de driehoek naartoe schuift. Belangrijk in de combinatie zijn de juiste balsnelheid en de ander aanspelen op zijn goede been.

Toen ik in Nederland speelde, hanteerden bijna alle teams het systeem 4-3-3 en werd de wedstrijd meestal gewonnen op het middenveld. Met 4-3-3 zorgde je er als buitenspeler voor dat het veld zo breed mogelijk bleef. De buitenspelers moesten dan ook vooral langs de lijn blijven staan, want dat dwong de rechts- en linksachter van de tegenpartij om ook naar de buitenkant op te schuiven zodat er extra ruimte ontstond in het centrum.

Middenvelders konden daarvan profiteren door de ruimte tussen de twee backs en het centrale verdedigingsduo in te duiken. Uit voorzorg trokken de vleugelverdedigers regelmatig naar binnen en dan ontstond er juist ruimte voor de buitenspelers om naar de achterlijn te lopen en een voorzet af te leveren.

Het middenveld bij een 4-3-3

In dit systeem heb je drie keuzes op het middenveld:

- Een vlak middenveld met drie man naast elkaar. Dat zie je nauwelijks nog omdat je, met een steekbal tussen die middenvelders door, drie man uitspeelt.
- Een middenveld waarbij de centrale middenvelder als punt van de driehoek naar achteren staat, vlak voor zijn verdediging. Dan speelt hij als een nummer 6.
- Een middenveld waarbij de centrale middenvelder als punt van de driehoek naar voren staat en dan in offensieve zin rond de spits kan opduiken. Hij speelt als een nummer 10, wordt dan gezegd.

Deze terminologie is voor Nederland als 'driehoekjesland' heel herkenbaar en begrijpelijk, maar in Engeland wordt 'punt naar voren' en 'punt naar achteren' niet gebruikt. In Engeland zeg je dan echt hoe een elftal staat: 4-3-3 met de punt naar achteren wordt daar aangeduid met 4-1-2-3; 4-3-3 met de punt naar voren als 4-2-1-3. Bij de punt naar voren heb je immers één aanvallende middenvelder en bij de punt naar achteren twee.

Na het ontslag van José Mourinho bij Chelsea probeerde Guus Hiddink op het middenveld met de punt naar achteren te spelen. Ideaal daarvoor is als je drie verschillende middenvelders in je selectie hebt: een controleur, een loper en een creatieve aanvaller die ook kan scoren.

Hiddink had de beschikking over zo'n combinatie met John Obi Mikel, Nemanja Matić en Cesc Fàbregas. Toch klopte er iets niet. Drie goede voetballers met ieder hun specifieke kwaliteiten zouden toch moeten passen in een 4-3-3? Niet altijd. Obi Mikel speelt verdedigend maar bezit geen tackle, is geen balafpakker en bij balbezit schakelt hij niet snel om in de diepte. Matić is een loper, maar vaak in de breedte, met de bal aan de voet, en speelt niet snel genoeg in de diepte. Fàbregas doet alles fantastisch in aanvallend opzicht, maar verdedigend laat hij nogal eens een steekje vallen.

Ga je een middenveld kopen, dan liggen miskopen op de loer. De afstemming van de kwaliteiten op het middenveld luistert zo nauw dat je op papier nauwelijks garanties krijgt. Je moet afwachten hoe het in de praktijk loopt. Vaak steken dergelijke linies door één of twee toevalstreffers goed in elkaar.

Nu een ander voorbeeld: Manchester United eind jaren negentig van de vorige eeuw. Sir Alex Ferguson had op het middenveld een geoliede machine neergezet en de combinatie met één of twee spitsen klopte als een Zwitsers uurwerk. Manchester United had destijds geweldige spitsen: Andy Cole, Dwight Yorke, Teddy Sheringham, Ole Gunnar Solksjaer en Ruud van Nistelrooy. In de as had je Roy Keane, Paul Scholes, Nicky Butt en later Michael Carrick en Darren Fletcher. Aan de buitenkant jongens als Ryan Giggs, David Beckham en later Ronaldo.

Deze heren waren niet alleen talentvol en veelzijdig, ze konden ook nog eens switchen van 4-4-2 naar 4-3-3 met een of twee aanvallende middenvelders. Het klopte altijd omdat zijn middenvelders in verschillende systemen en in verschillende situaties uit de voeten konden. Die kwaliteiten gaven United altijd iets extra's als de wedstrijd daarom vroeg.

Ploegen van Sir Alex waren nooit voor één gat te vangen. Ik vond ze vooral goed als ze naar Europa kwamen voor de Champions League. Dan schakelden ze moeiteloos over naar een systeem met één spits en een aanvaller daarachter. Eigenlijk kon Sir Alex er elf het veld op sturen en het kwam vanzelf goed.

Star spel

Als trainer ben ik bij Chelsea, Newcastle United en Feyenoord altijd uitgegaan van de kwaliteiten van mijn spelers bij het bepalen van het systeem. Bij Feyenoord begon ik met 4-3-3 omdat ik daar Dirk Kuyt had rondlopen, een echte spits. Op rechts liep de jonge Salomon Kalou, destijds een tiener nog, een groot Ivoriaans talent met een geweldige passeerbeweging; snel, doelgericht en makkelijk scorend. Op links liep de Belgische international Bart Goor, een diesel met een mooie trap die bleef pendelen. Op papier stond hij linksbuiten, maar in werkelijkheid was hij een valse linksbuiten met alle vrijheid bij balbezit.

Bij geen enkele club is me een speelstijl opgelegd. Ik denk dat Ajax de enige club in de wereld is die van een trainer eist dat hij 4-3-3 speelt. Dat systeem wordt door de hele club gespeeld, van de zesjarige jeugdspelertjes tot de profs. Er is iets voor te zeggen dat je het de trainer oplegt, maar nergens heb ik meegemaakt dat er zo rigide aan wordt vastgehouden als bij Ajax.

In Nederland houdt Ajax dus vast aan 4-3-3, waarbij de rechtsen linksbuiten die positie ook bezet blijven houden en niet continu naar binnen trekken voor opkomende backs. Ook als de club in de Champions League of de Europa League speelt, past de trainer zich niet aan. Dat betekent voor Ajax structureel een snelle uitschakeling doordat zo'n systeem redelijk eenvoudig valt te verdedigen.

Bovendien kan Ajax het financieel niet meer bolwerken om talenten tot volle wasdom te laten komen voordat ze een transfer maken. Laat staan dat Ajax het zich financieel kan veroorloven om zoveel kwaliteit te kopen, dat ze de oude variant van 4-3-3 van veertig jaar geleden weer kunnen spelen. Ajax is door het buitenland ingehaald: financieel, fysiek en tactisch. Fysiek, omdat Ajax voornamelijk speelt met nog niet volgroeide, jonge spelers. Tactisch is het voor een deel pure koppigheid: de mensen bij die club leven te veel in het verleden.

Ze wijzen in Amsterdam dan graag naar Barcelona, maar die vergelijking gaat inmiddels volledig mank. FC Barcelona kan 4-3-3 spelen zonder veel rekening te houden met tegenstanders. De spelers zijn daar individueel, qua techniek en tactiek, ontzettend sterk. Voor Ajax is dat een brug te ver.

Gek of goed?

Wimbledon werd halverwege de jaren negentig van de vorige eeuw altijd weggezet als de 'crazy gang'. Maar zo gek waren ze daar niet. De filosofie achter hun 4-3-3 was verschrikkelijk goed in elkaar geknutseld. Ze gingen heel leep om met de aanwezige kwaliteiten. Ik wist het precies, want in het voorjaar van 1997 speelden wij met Chelsea de halve finale van de FA Cup tegen Wimbledon.

Niets ging zonder reden bij die ploeg. Het was allerminst als gekken naar voren rennen, zoals velen veronderstelden. Vanuit de keeper werd de opbouw verzorgd naar de centrale verdediger, die vervolgens de bal naar de buitenkant plaatste, iets voor de oplopende rechtsachter. Met een strakke diagonale bal naar voren zocht die dan spits Marcus Gayle aan de rand van het veld. Dat was een boomlange en beresterke aanvaller die het gevecht aanging en er bij elk duel volop tegenaan ging, met als enig doel diep op de helft van de tegenstander een inworp of liefst een corner te versieren. De drie middenvelders kropen dichterbij om de afvallende bal op te pikken als die in het spel bleef.

Voor alle standaardsituaties hadden zij een strijdplan. Wimbledon had zich daar zodanig in gespecialiseerd dat een inworp en corner bijna doelkansen waren. Dan was het alle hens aan dek. Zij waren hun tijd ver vooruit. Nu traint iedere ploeg op standaardsituaties omdat het steeds moeilijker wordt om door strak georganiseerde verdedigingen met topatleten heen te komen. Het was allemaal knap op elkaar afgestemd met spelers als Vinnie Jones, Øyvind Leonhardsen, Robbie Earle, Dean Holdsworth en de topscorers Efan Ekoku en Marcus Gayle. Ze eindigden dat seizoen als achtste in de Premier League en Wimbledon haalde zowel de halve finale van de FA Cup als van de League Cup in 1997, met de laagste begroting van de hele Premier League!

Mijn antwoord bij Chelsea om ten koste van Wimbledon de finale van de FA Cup te halen, was ons 3-5-2 overboord te gooien en een strijdplan met een 4-4-2 te verzinnen. Ik moest voorkomen dat die lange bal naar voren gegeven kon worden, maar als hij toch kwam, dan had ik een rechts- en linksachter nodig om te verdedigen. Die twee heb ik op het hart gedrukt ten koste van alles corners, vrije trappen en ingooien te voorkomen. Laat ze liever voetballen vanaf de flanken, zei ik, want daar zijn ze lang niet zo bedreven in als in standaardsituaties. Dat lukte geweldig en Gayle kwam er nauwelijks aan toe om enige chaos te veroorzaken.

Nieuwe eisen aan de spits in 4-3-3

De evolutie van het voetbal heeft ertoe geleid dat 4-3-3 nu anders wordt ingevuld dan veertig jaar geleden, toen Nederland het systeem met Feyenoord, Ajax en Oranje succesvol lanceerde. Kijk maar naar FC Barcelona.

De aanvallende loopacties van hun middenvelders gaan bijna altijd door het centrum, waardoor de backs van de tegenpartij worden gedwongen rugdekking te geven in het centrum en hun positie aan de flank te verlaten. Daar ontstaat ruimte voor de van achteruit opkomende Jordi Alba en Dani Alves, afwisselend met Neymar en Messi die vanaf de linker- en rechterflank spelen.

Tegenwoordig zijn de vleugelverdedigers in 4-3-3 dus heel belangrijk in een aanvallende rol, eerst bij de opbouw en daarna in de aanval. Ze kunnen op de rechts- en linksbuitenpositie komen doordat tegenwoordig bijna alle teams die 4-3-3 spelen een linksbenige vleugelaanvaller op rechts hebben en een rechtsbenige vleugelaanvaller op links. Van nature trekt zo'n buitenspeler bij balbezit naar het centrum toe. Daarmee biedt hij de back de ruimte om in het ontstane gat op de flank te duiken terwijl twee middenvelders de controle houden achter deze twee aanvallend spelende ploeggenoten. Ideaal is als je het spel snel van de ene naar de andere kant kunt verplaatsen. Op de vleugel waar de bal niet is, ontstaat namelijk enorm veel ruimte omdat alle verdedigers opschuiven naar de kant van de bal.

Met vleugelverdedigers die als vleugelaanvallers spelen en buitenspelers die naar binnen trekken voor de combinatie of om zelf voor een doelpunt te gaan, komt de positie van spits in de verdrukking.

Spits zijn in het huidige 4-3-3 is de moeilijkste positie, terwijl het vroeger de gemakkelijkste was. Toen wachtte je op een voorzet van je buitenspeler, je maakte je voorbeweging en dan dook je volgens afspraak op bij de eerste of tweede paal om de voorzet af te ronden. Nu kan de spits niet meer in de punt van de aanval blijven lopen, maar moet hij juist ruimte maken voor zijn medespelers, vooral voor de vleugelspelers als die naar binnen trekken. Maar er is nauwelijks meer ruimte voor het doel, dus zie je de spits regelmatig terugzakken.

Het moderne 4-3-3 creëert dus nieuwe uitblinkers op de flanken, zoals Messi, Neymar, Ronaldo en Robben, en het kan tegelijkertijd grote spitsen de das omdoen, zoals Ruud van Nistelrooy bij het Nederlands elftal op het WK 2006 in Duitsland en Robert Lewandowski in zijn beginperiode bij Bayern München. Toch niet de minsten, maar ze hadden het moeilijk in die rol, waarin ruimte maken voor respectievelijk Robin van Persie en Arjen Robben, of Franck Ribéry en Arjen Robben, belangrijker was geworden dan hun eigen rol als afmaker.

Kortom, de spits in 4-3-3 is veranderd. Hij mag niet meer alleen in de spits blijven lopen. Zelfs Zlatan Ibrahimović laat zich vaak terugzakken naar het middenveld om aan voetballen toe te komen. Vooral in aanvallende teams is dat een welhaast onmogelijke combinatie. Je ziet niet voor niets dat spitsen in zo'n rol continu onder vuur liggen en heel vaak plaats moeten maken voor beweeglijke, balvaste middenvelders.

Op het WK 2006 in Duitsland kwamen bij het Nederlands elftal Arjen Robben en Robin van Persie continu vanaf de rechter- en linkerflank naar binnen lopen en wist die arme Ruud van Nistelrooy niet waar hij heen moest. Hij raakte er bijzonder gefrustreerd door, wat nog eens werd verergerd door bondscoach Marco van Basten die openlijk én keer op keer verkondigde dat Van Nistelrooy zijn positie niet goed invulde. Na dat WK nam Van Nistelrooy afscheid van het Nederlands elftal.

Robert Lewandowski belandde in 2015 bij FC Bayern onder Pep Guardiola aanvankelijk op de bank. Thomas Müller, van origine middenvelder, werd door Guardiola in de spits gezet, met wisselend succes. Totdat Lewandowski ineens vijf doelpunten maakte in een midweekse thuiswedstrijd tegen titelkandidaat VfL Wolfsburg, de nummer twee van de Bundesliga. Het was de zesde speelronde en Lewandowski startte op de bank. In het begin van de tweede helft verving hij bij een 1-0 achterstand in de Allianz Arena in München middenvelder Thiago Alcántara. Tussen de 51e en 60e minuut maakte Lewandowski vijf doelpunten (5-1 eindstand), wat hem diverse records opleverde: de snelste hattrick (drieënhalve minuut) en de snelste vier (in minder dan zes minuten) en snelste vijf treffers (binnen negen minuten) in de Bundesliga ooit. Terwijl hij het daarvóór juist verschrikkelijk moeilijk had om een basisplaats te veroveren. Simpelweg omdat hij niet wist wat hij precies moest doen in de ogen van Guardiola en niet de kwaliteiten had om de spitspositie in te vullen zoals Guardiola het graag zag.

Opvallend: in die wedstrijd tegen VfL Wolfsburg deden Arjen Robben en Franck Ribéry niet mee. Uitgerekend de twee buitenspelers die altijd naar binnen (moeten) trekken, Robben vanaf rechts met zijn linkerbeen en Ribéry vanaf links met zijn rechterbeen. Dat was natuurlijk geen toeval.

Zulke problemen voor een spits in het moderne 4-3-3 doen zich vooral voor in een team dat op de helft van de tegenstander probeert te spelen. Speel je het systeem meer op je eigen helft of vanuit de counter, dan blijft het ook moeilijk voor een spits, maar hij kan in ieder geval in zijn positie blijven. Wel moet hij dan in zijn eentje grote afstanden afleggen om achter de verdediging van de tegenpartij in balbezit te komen of om in een ondertalsituatie een bal bij zich te kunnen houden. In feite is hij dan een targetman, aanspeelpunt in de diepte.

Dat is weer een heel andere manier om de spitspositie in te vullen. Normaal, dat wil zeggen zo'n vijftien tot twintig jaar terug, verwachtte je steun van je buitenspelers. Alleen zijn bij balverlies de rechts- en linksbuiten nu bijna gedwongen om ook als rechts- en linksachter te spelen omdat zij achter hun directe tegenstander (de rechter- en linkervleugelverdediger) aan moeten hollen als die ten aanval trekken, want de 'echte' rechts- en linksachter moeten bij een tegenaanval naar binnen trekken, vaak tot de rand van het strafschopgebied. Soms zie je in zo'n situatie een verdediging staan met vijf of zes spelers op één lijn, of in een mooi 'kommetje'.

Strijdplan met 3-5-2

Toen ik in Engeland kwam, bediende Liverpool zich van 3-5-2. Dat kwam vooral door de aanwezigheid van John Barnes in dat elftal. Barnes was geen balafpakker, maar hij was verschrikkelijk goed aan de bal en bezat een geweldig overzicht. Wat moet je dus doen als trainer van Liverpool? Zorgen dat Barnes het spel kan verdelen. De verdedigers met de bal zochten Barnes dus zo snel mogelijk op en van de vijf middenvelders was hij degene die de aanval vormgaf en in een vrije rol zelf ook aanvallend mocht spelen.

Hetzelfde systeem gebruikten Juventus en het Italiaanse nationale elftal, La Squadra Azzurra, om optimaal de kwaliteiten van Andrea Pirlo te exploiteren. Afhankelijk van de tegenstander weken ze daar soms van af en kwamen in een 3-4-3-formatie op de proppen. Alles om Pirlo te ontzien bij balverlies en te beschermen bij balbezit.

Dat laatste is noodzakelijk, want het mag nooit zo zijn dat een heel team wordt lamgelegd als één speler uit de wedstrijd wordt gespeeld. In dat geval moet er ruimte ontstaan voor anderen om de kar te trekken, of moet je kunnen omschakelen naar een ander systeem waarmee je je kwetsbaarheid kunt verdoezelen.

Je kiest voor 3-5-2 als je voor je strijdplan veel mensen op je middenveld wilt hebben. Onvermijdelijk in dat geval is dat je aan de buitenkant twee spelers moet hebben die ontzettend goed kunnen lopen en er hun hand niet voor omdraaien om keer op keer vijftig tot zestig meter af te leggen. Afhankelijk van balbezit of balverlies bezetten zulke loopwonders aan de buitenkant feitelijk drie posities tegelijk: én vleugelverdediger én middenvelder én aanvaller. Bij Juventus hebben ze aan de rechterkant de Zwitser Stephan Lichtsteiner rondlopen. Die moet vijf paar longen bezitten.

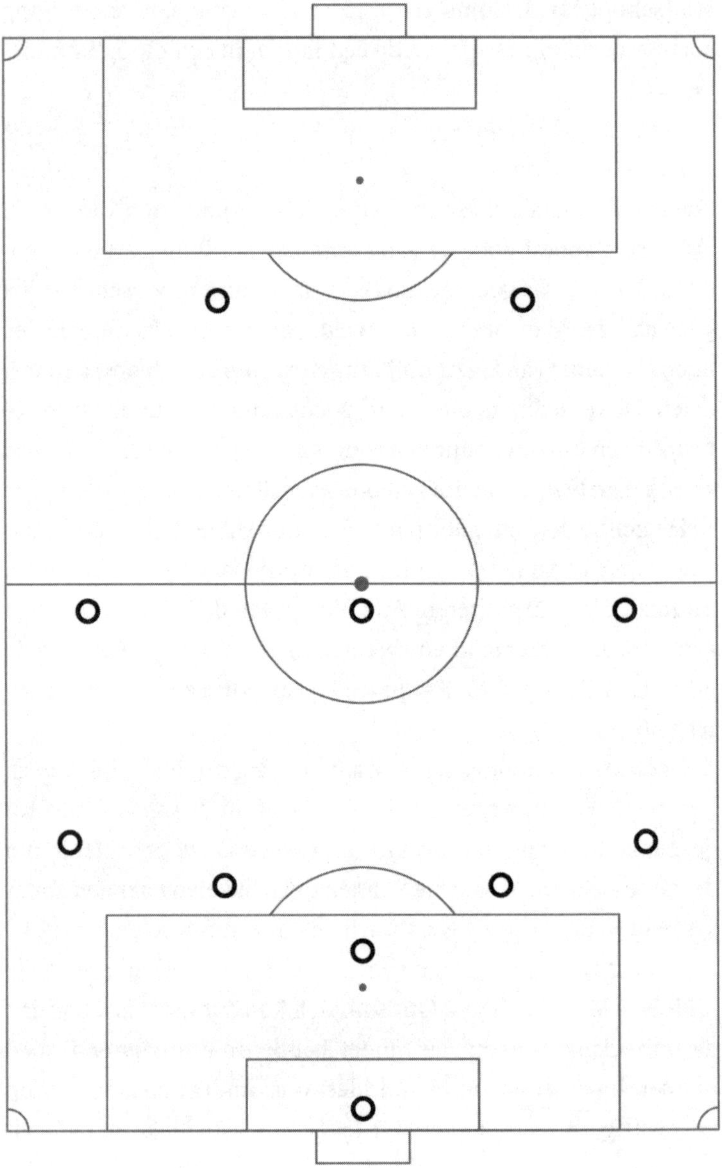

5-3-2 / 3-5-2
Als de vleugelverdedigers bij 5-3-2 doorschuiven, ontstaat er een 3-5-2.

Van Gaal op het WK in Brazilië

Tot afgrijzen van de puristen in Nederland speelde Louis van Gaal op het WK 2014 in Brazilië 5-3-2 om de zwakke verdediging extra te ondersteunen met mankracht. Hij liet zelfs een van de spitsen (Robin van Persie) nog een halve linie inzakken zodat het achterin organisatorisch volledig dicht stond. Van Gaal liet Oranje dus voetballen naar de aanwezige kwaliteiten.

Omdat Robben in offensieve zin alle ruimtes kon belopen, speelde Nederland weliswaar tegen de eigen historische spelopvatting van 4-3-3 in, maar werd daarmee wel derde van de wereld. Als trainer-coach moet je de kwaliteiten van je spelers goed analyseren alvorens je ze in een tactisch keurslijf drukt. In de aanloop naar het WK en tijdens het eindtoernooi zelf heeft Van Gaal dat uitstekend gedaan.

Het Nederlands elftal speelde de defensieve variant van 5-3-2, maar je kunt bij balbezit zo switchen naar de bijzonder aanvallende variant met 3-5-2, als de twee vleugelverdedigers doorschuiven. Dan creëer je op het middenveld bijna altijd een meerderheid, zeker wanneer de tegenstander 4-4-2 speelt. Bij balverlies vangen de twee vleugelverdedigers de diepgaande middenvelders op.

Om de kritiek van de buitenwacht te laten verstommen en de suggestie te tackelen dat hij van zijn offensieve geloof was gevallen, zei Van Gaal weleens dat hij geen 5-3-2 speelde, maar 3-5-2. Door die verklaring prikte iedereen heen.

Of een systeem offensief of defensief is, hangt af van het strijdplan van de ploeg en de trainer: met welke intentie wil de trainer de wedstrijd winnen? Ook hier bleef overeind dat een systeem niet heilig is, maar rendeert bij gratie van de individuele kwaliteiten van de spelers.

Van Gaal bij Manchester United

Verbazingwekkend was het dat Louis van Gaal na zijn transfer van het Nederlands elftal naar Manchester United het 5-3-2-systeem meenam naar Old Trafford. In Brazilië, met die bronzen medaille om zijn nek, is Van Gaal echt gaan geloven in deze spelwijze. Dat was verrassend, zeker vanuit de filosofie die Van Gaal altijd zo openlijk had beleden: hij had altijd gestaan voor 4-3-3, voor offensief aanvallend, dominant spel op de helft van de tegenstander.

De gedaanteverwisseling van Van Gaals voetbalvisie was juist zo opmerkelijk omdat hij zijn nieuwe geloof projecteerde op Manchester United, een van de offensiefste ploegen van Engeland. Op Old Trafford was onder Sir Alex Ferguson immers een veelzijdige voetbalstijl ontwikkeld met berekenend aanvallend voetbal, een stijl die veel dichter lag bij de vroegere visie van Van Gaal zoals hij die uitdroeg bij Ajax, Barcelona en Bayern.

Omdat Van Gaal vond dat hij over een kwetsbare verdediging beschikte, maar desondanks aanvallers kocht in plaats van verdedigers, werd het uitgelegd als een negatief systeem, ook al switchte hij tijdens de wedstrijd vaak naar vier verdedigers. Het is de Nederlandse trainer afgelopen twee seizoenen op veel kritiek komen te staan omdat er veel te weinig werd gewonnen en het spel bovendien volgens oudgedienden als Scholes en Ferdinand oersaai en slaapverwekkend was.

Strijdplan met 4-5-1

Een van de meest verdedigende tactieken is het 4-5-1. Van de vier verdedigers wordt in principe niet verwacht dat ze zich aanvallend inschakelen en twee middenvelders bekommeren zich voornamelijk om het defensieve evenwicht. Zo hou je vier spelers over voor het offensief, maar voornamelijk ter ondersteuning van die ene spits. Kies je voor een snelle spits, dan moet hij het in zijn eentje zien te rooien met de hulp van één of hooguit twee spelers. De rest blijft in zijn positie staan. Kies je voor een balvaste spits, dan moeten er grote afstanden worden afgelegd door het hele team om bij te sluiten. Gebeurt dat niet, dan krijgt de tegenstander te veel vrije ruimte om te counteren.

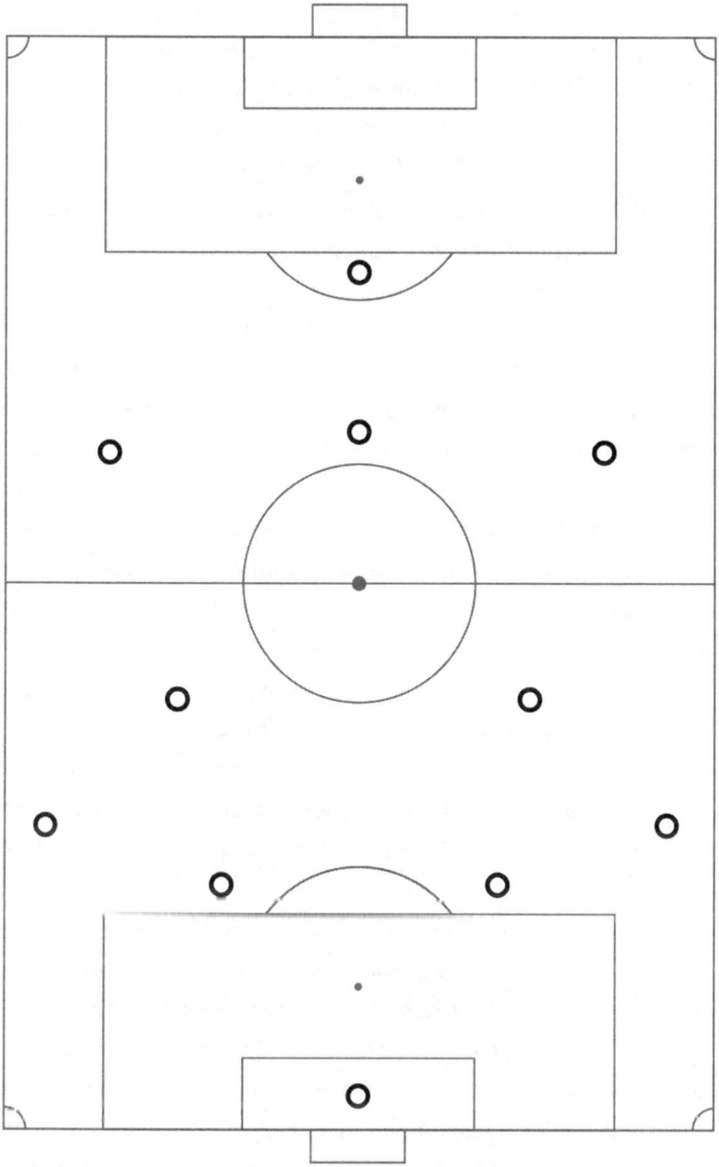

4-2-3-1

Zo sensationeel als Leicester City zich in het seizoen 2015-2016 heeft gemanifesteerd is ronduit waanzinnig. Kampioen van Engeland worden is een prachtige prestatie. De ploeg van Claudio Ranieri speelde goed countervoetbal omdat de speelstijl voortreffelijk paste bij de aanwezige kwaliteiten.

Bij balverlies vlogen alle spelers terug naar de verdedigende stellingen en mocht alleen de supersnelle spits Jamie Vardy voorin blijven. Zo stond er bij balverlies een 4-5-1, maar bij balbezit had je zomaar een 4-2-3-1-formatie. Dat kan als de afspraken goed zijn en iedereen zijn taak uitvoert bij balverlies. Vardy stoorde altijd de opbouw van de tegenpartij zodat zijn medespelers de tijd kregen om terug te vallen in de hechte, defensieve organisatie.

Leicester speelde niet alleen goed georganiseerd, maar ook met een hardheid in de duels en met een ongelooflijke energie, die de spelers negentig minuten lang konden opbrengen. Omdat die onderdelen van het spel zo goed werden ingevuld, konden de heus aanwezige voetbalkwaliteiten van onder meer Vardy, maar ook van de spelbepaler van Frans-Algerijnse origine Riyad Mahrez en de Malinese Fransman N'Golo Kanté optimaal benut worden. Omdat het team zo diep inzakte, kreeg het continu veel ruimte voorin, waar snelle spelers en snelle schakelaars optimaal van profiteerden. Elke keer lag de bal erin, terwijl je toch heel vaak dacht: nu is het sprookje over.

Bovendien was het leuk om te zien dat de tactiek en het systeem 'tailor made' waren, precies toegesneden op deze elf spelers, net als bij Wimbledon twintig jaar geleden. Had Leicester 4-3-3 gespeeld, dan was het niets geworden en hadden ze meer dan de helft van de wedstrijden verloren omdat spelen in de kleine ruimte op de helft van de tegenstander niet in de genen van deze spelers zit. En achterin stonden spelers die je niet met een zee van ruimte in hun rug moet laten spelen. Dat deed Ranieri dus ook niet.

Kortom: Leicester past zich niet aan aan de tegenstander, maar aan zichzelf. Dan moet je niet bang zijn voor de kritieken, die ongetwijfeld komen als de knuffelperiode voorbij is. Omdat Leicester City de top, en dus het grote geld en de grote spelers, zo succesvol uitdaagt, gaat dat weerstand oproepen bij de grote ploegen. En al helemaal omdat ze het low budget doen.

De ideale tactiek tegen Leicester City is eenvoudig: hanteer hetzelfde systeem als zij. Daarmee zijn ze te lokken. Loop maar met je team terug naar je verdediging en sla toe in de omschakeling. Ja, dat klinkt simpel, maar doe je dat als je Manchester City bent, of Arsenal of Chelsea of Manchester United, of Liverpool of Tottenham Hotspur? Welk team heeft het lef en het geduld om zo te spelen? Weinigen, maar het vergroot de kans op de overwinning. Dan moet je het dus doen. Het is toch topvoetbal? Geef het initiatief weg, kijk wat er dan gebeurt.

Leicester City is namelijk niet gewend om aan de bal te voetballen. Ze spelen vanuit een underdogrol. Als je die spelers aan de bal laat komen, geef je ze het gevoel dat ze echt goed zijn en zullen ze zichzelf gemakkelijk voorbijlopen. Dat zit er bij iedere voetballer in; elke speler is voetballer geworden om iets met een bal te doen in aanvallend opzicht.

Die grondhouding krijg je er nooit uit, bij niemand. Dat geldt ook voor de spelers van Leicester City. Ze bezitten goede kwaliteiten, want anders speel je sowieso niet in de Premier League. Daarnaast bezitten ze voldoende energie om iets te kunnen presteren. Maar echt moeilijk maak je het ze pas door ze zelf het initiatief in handen te geven.

Balans op het middenveld

Als je met een driemansmiddenveld speelt, is het ideaal als één speler op en neer gaat en voor het doel van de tegenstander komt, één speler het spel leest en het aanvalsspel bepaalt qua opzet en snelheid, en één speler met dynamiek controleert en ballen afpakt en inlevert bij de spelbepaler of de spitsen. Hij moet tevens de looplijnen van de tegenstander lezen.

Met zo'n bezetting heb je balans op het middenveld. Dat is essentieel omdat bijna iedere wedstrijd wordt beslist op het middenveld. Vandaar dat veel trainers daar graag vier man hebben lopen of zelfs vijf. Zo wordt tegenwoordig een 4-3-3 in verdedigend opzicht vaak 4-5-1, doordat de rechts- en linksbuiten terugzakken naar het middenveld.

In Engeland spreken ze van 4-1-4-1. In Nederland is drie de basis en spelen de meeste teams met de punt naar voren 4-2-1-3 of met de punt naar achteren 4-1-2-3.

Als je met een viermansmiddenveld speelt, zoals in 4-4-2, wordt de aanvallende variant een 4-2-4. Vaak versterken twee middenvelders de aanval en dat noodzaakt de twee overgebleven middenvelders op het middenveld te blijven voor als de bal wordt verloren.

Staat het middenveld bij een 4-4-2 in een ruit, dan staat een centrale middenvelder vlak voor zijn centrale verdedigingsduo en de andere centrale middenvelder vlak achter het centrale spitsenduo: 4-1-2-1-2. De twee buitenste middenvelders spelen in deze opzet iets meer naar binnen toe.

In alle gevallen is het van groot belang dat de middenvelders altijd 'wat als' in hun achterhoofd houden. Wat als we de bal verliezen? Staan we dan nog goed? Het verschijnsel 'hoe je staat' heet tegenwoordig 'restverdediging'. Omdat het voetbal en de analyse van tegenstanders zo geëvolueerd zijn, kan een moment van onoplettendheid over wat er kan gebeuren bij balverlies een ploeg noodlottig worden.

De punt naar achteren

Speel je op een driemansmiddenveld in 4-3-3 met de punt naar achteren, in een 4-1-2-3 dus, dan moeten de twee middenvelders dynamisch zijn, zowel naar voren als naar achteren. Gaat de een, dan blijft de ander daar schuin achter voor 'wat als'. Daar kan de afvallende bal uit de aanval worden opgeraapt. Van de rechts- en linkshalf wordt dus een zekere intelligentie verwacht omdat ze niet beiden kunnen aansluiten bij de aanvallers. Minimaal twee spelers zijn nodig om het middenveld in de breedte te blijven bezetten. Blijft er één over, dan valt er zo'n gat op het middenveld dat je bij balverlies volledig wordt weggecounterd door de omschakelende middenvelders van de tegenstander, die een vrij veld kunnen oversteken.

Voor de rechts- en linksbuiten geldt dat ze bij een voorzet van een medespeler van de andere kant altijd moeten bijsluiten op weg naar het doel, om een doorgeschoten voorzet of een weggewerkte bal op te vangen.

De punt naar voren

Speel je op een driemansmiddenveld in een 4-3-3 met de punt naar voren, in een 4-2-1-3 dus, dan moeten slechts twee middenvelders de hele middenlinie controleren. Vooral om defensief controle te houden bij balverlies van een van de aanvallers of van de middenvelder die in de punt naar voren staat, de zogenoemde nummer 10. Die nummer 10 moet in feite rond de spits spelen en bij balverlies direct storen, jagen en druk zetten op de tegenpartij. Verder is hij de verbindingsspeler van middenveld naar aanval.

De rol van zo'n nummer 10 is tegenwoordig moeilijker dan twintig jaar geleden omdat het 'takenpakket' is toegenomen en de ruimtes steeds kleiner zijn geworden, zodat je snel moet handelen. Juan Mata is iemand die zich thuis voelt op die positie. Alleen scoort hij weinig.

Eigenlijk is die positie door twee spelers in Nederland perfect ingevuld: door Dennis Bergkamp en Jari Litmanen bij Ajax. Ze kwamen altijd op het juiste moment op de goede plek terecht. De goals van Bergkamp waren spectaculair, van een hoog en bijna kunstzinnig niveau. Ze staan iedereen nog bij, zoals zijn geweldige doelpunt na een even geweldige individuele actie voor Arsenal tegen Newcastle United.

De positie van Rooney

Wayne Rooney is ook een speler die goed op de 10-positie als valse spits uit de voeten kan. Trainers van Rooney schipperen altijd tussen de nummer 10-positie, de spitspositie en een positie hangend aan de linkerkant. Ferguson gebruikte hem vaak op die laatste manier. Rooney kon zich daardoor nooit focussen op één positie. Het lag vaak aan zijn medespelers of tegenstanders waar Rooney door zijn trainers werd neergezet.

Ik begrijp zijn trainers, maar voor Rooney heeft het niet altijd positief uitgepakt. Alleen al omdat die wisselingen continu voer waren voor discussies over zijn ideale positie. Zolang Rooney op het hoogste niveau voetbalt, vragen de kranten zich af: is hij een spits of een nummer 10? Een oppervlakkige discussie, omdat die alleen gevoerd wordt op grond van zijn doelpunten. Scoort hij drie weken niet, dan is hij een nummer 10, en scoort hij twee doelpunten als nummer 10, dan hoort hij ineens weer in de spits.

Ik geloof niet dat Rooney in zijn actieve carrière ooit nog loskomt van deze discussie. Het gegoochel en geschuif tussen die twee posities heeft Rooney belemmerd om een van de beste spelers ter wereld te worden.

Iemand als Lampard

Bij Chelsea had Frank Lampard als middenvelder een enorme dynamiek zonder bal. Hij dient vanuit zijn middenveldpositie meestal niet als tussenstation naar de aanvallers, maar als eindstation in het strafschopgebied. Hij denkt niet als middenvelder, maar als spits die van ver komt. Knap van hem en van het team als je dit goed weet op te vangen bij balverlies. Daarvoor moet het hele elftal goed in balans zijn. Iemand als Lampard staat als middenvelder namelijk altijd voor de bal. En dus moet je een middenvelder hebben die het gat opvult dat Lampard achterlaat. Zonder balans op het middenveld verlies je de wedstrijd. Dit was natuurlijk het probleem dat ik eerder aankaartte bij de nationale ploeg van Engeland.

Was Chelsea veel beter dan de tegenstander, dan kon het probleem vrij simpel worden opgevangen omdat ze voldoende mensen op het middenveld hadden. Tegen sterkere ploegen moet je goed opletten, maar lukt het de balans te bewaren, dan is een speler als Lampard met zijn individuele kwaliteiten in staat binnen het systeem het verschil te maken. Een trainer-coach die Lampard of iemand als Lampard in zijn ploeg heeft, is constant bezig om hem in zijn ideale positie te manoeuvreren. Om dat voor elkaar te krijgen in dat betreffende systeem zoekt een trainer intern en desnoods extern spelers die Lampard laten renderen. Hij kan het verschil maken op topniveau.

Een meerderheid op het middenveld

Op het middenveld krijg je een meerderheid als een verdediger doorschuift of als een aanvaller terugzakt. Dan maak je offensief ruimte voor opkomende mensen om voor het doel van de tegenstander te komen.

Niet verwonderlijk dat FC Barcelona de beste middenveldbezetting heeft, zeker in de tijd dat Xavi daar nog speelde en hij het middenveldtrio vormde met Andrés Iniesta en Sergio Busquets. Belangrijk is de dynamiek zonder bal. Hoeveel arbeid willen ze voor elkaar leveren om elkaar beter te maken? Het is zaak om te blijven bewegen en altijd aanspeelbaar te zijn.

Busquets was de verdedigende middenvelder, Xavi de spelmaker die de balletjes overal links en rechts neerlegde en dan had je Iniesta als offensieve middenvelder van het trio. Hij speelde graag naar voren via zijn passing en dook zelf op rond de spits en het doel van de tegenstander.

Doorschuiven

Het Ajax van 1995 creëerde altijd een man meer op het middenveld door vrije verdediger Danny Blind of stopper Frank Rijkaard door te schuiven. Bij Barcelona stond Messi op die positie voordat Luis

Suárez in de spits ging spelen. Messi zakte dan vaak terug om op het middenveld genoeg spelers te hebben.

Centrale verdedigers verlaten zelden hun positie, en dus kregen Ajax en Barcelona met Blind en Messi getalsmatig altijd een meerderheid op het middenveld. En daar, zo hebben we al eerder vastgesteld, win je wedstrijden.

Als verdedigende partij moet je in zo'n geval goed vanuit de organisatie blijven spelen en de ruimtes klein houden, zoals Chelsea deed in de halve finale van de Champions League in 2012. Een man minder op het middenveld is op te vangen als een team direct anticipeert wanneer de bal van middenveld naar aanval gaat. Daarbij is het zaak de lopende mensen goed in de gaten te houden en op te vangen. Desnoods fysiek, door ze te blokkeren. Tevens belangrijk is dat er geen 'ballwatchers' (balkijkers) op je middenveld staan. Middenvelders hebben een ruimere blik nodig, moeten continu het hele spel overzien.

Johan Cruijff is zelf spits geweest en liet zich later in zijn carrière terugzakken om meer vanuit het middenveld de aanval te sturen en te bedienen. Die ontwikkeling voerde hij als trainer ook door bij zijn teams. Cruijff was een groot voorstander van het inzakken van de spits. Een middenvelder of de ingezakte spits kon dan het gat in duiken.

Tijdens een discussie met hem over een wedstrijd AC Milan-Ajax begin deze eeuw vond Cruijff dat Ajax zonder spits moest gaan spelen. 'Prima,' zei ik, 'maar dat maakt voor Milan niets uit. De defensieve organisatie verandert namelijk niet voor Milan. Het verdedigings- en middenveldblok staat als een vierkant in het hart van het veld met aan de buitenkant de backs en de buitenste middenvelders. Als Ajax naar links schuift, schuift het blok mee, en naar rechts precies zo.'

Dubbele harmonica

De organisatie van Leicester City in 2015-2016 was vergelijkbaar met die van AC Milan in mijn tijd: een hecht verdedigingsblok dat flexibel meebeweegt naar de kant van de bal. Zo blijven de ruimtes klein. Het vergt veel concentratie en discipline van de spelers om die harmonica te blijven uitvoeren. Het is niet alleen van links naar rechts en vice versa, maar net zo goed van voor naar achter en vice versa. Voor de tegenstander valt er nauwelijks doorheen te komen. Je speelt dat vierkante blok niet uit elkaar, want die blijven altijd bij elkaar met onderling altijd dezelfde afstanden. Daardoor zijn de gaatjes zo klein dat ze bijna altijd kunnen ingrijpen.

Dat hele tactische verdedigende plaatje bij Leicester City komt me dus bijzonder bekend voor. Trainer Claudio Ranieri, een Italiaan, heeft een moderne kopie van AC Milan geboetseerd in Leicester. Als je het zo bekijkt, waren wij bij Milan onze tijd twintig jaar vooruit.

De aanval van Leicester City begint bij de verdediging. Niet alle verdedigers zijn even snel. Iemand als Robert Huth is evenmin wendbaar. Hij heeft wel de fysiek om gemakkelijk op de been te blijven in de Premier League. Met iemand als Huth moet je niet tegen de middenlijn spelen of met veel ruimte in zijn rug tussen verdediging en de keeper. Dus wat doe je: je zet een blok neer rond je eigen strafschopgebied. Verder zorg je voor twee snelle schakelspelers defensief op het middenveld, drie (of twee) razendsnelle, doelgerichte spelers offensief op het middenveld en één (of twee) snelle aanvallers om de tegenstander kapot te counteren.

Tussen wal en schip

Het Arsenal van jaren geleden speelde ook met een sterke verdedigende as van vier man: Tony Adams, Martin Keown, Patrick Vieira en Emmanuel Petit. Daarachter stond David Seaman als keeper. Voorin stonden spits Ian Wright, snelle buitenspelers als Marc Overmars en Fredrik Ljungberg, en tot slot de stylisten Dennis Bergkamp en Thierry Henry. Omdat Henry ruimte nodig had om zijn rushes te kunnen maken, mocht het verdedigingsblok niet te snel naar voren lopen. Het gevaar bestond anders dat de spelers van Arsenal hun eigen ruimtes dicht zouden lopen. Naarmate ze beter op elkaar ingespeeld raakten, konden ze ook beter spelen op de helft van de tegenstander. Daarom vonden zij uiteindelijk de ideale combinatie van beide systemen: spelen op de helft van de tegenstander en vanuit de counter. Deze combinatie was ideaal en werkte vanaf 1998 uitstekend, met een karrenvracht aan prijzen: landstitels, FA Cups en de finaleplaats in de Champions League tegen FC Barcelona in 2006 in Parijs.

Arsenal verloor die finale. Vanaf dat moment wilde Arsène Wenger zijn ploeg en speelstijl graag doorontwikkelen. Het leek erop of hij FC Barcelona zag als ideaalbeeld. Met Alexis Sánchez erbij benadert Arsenal de speelstijl van die club al enigszins, en het liefst zou Wenger ook nog iemand als Sergio Agüero erbij willen hebben.

Ieder seizoen denk en hoop je: nu zal Arsenal het toch eindelijk wel een keertje doen, een prijs pakken. Je gunt het Wenger omdat hij een bijzonder positieve speelstijl en filosofie aanhangt. In de laatste tien jaar is het helaas alleen in de FA Cup en Community Shield gelukt. Misschien omdat Arsenal net tussen wal en schip valt met hun keus voor een middenweg tussen FC Barcelona en het oude Arsenal. Net geen pure counterploeg en net geen pure aanvalsploeg.

Tot slot

Tactiek kun je in je strijdplan als een wapen gebruiken. Maar je moet dan wel een systeem neerzetten dat voor jouw spelers als een tweede natuur voelt en dat past bij hun specifieke kwaliteiten. Ook dien je bij je tactiek uiteraard rekening te houden met de kwaliteiten van de tegenstander. Je overschat jezelf en je onderschat de tegenstander als je je daar niets van aantrekt. Zolang je niet het niveau van FC Barcelona hebt.

Niets is heilig, geen enkel systeem: de spelers bepalen het.

Moet ik op de middenlijn spelen met mijn verdediging als ik achterin onvoldoende snelheid heb? Nee, dus. Moet ik met twee spitsen spelen als ik er maar één heb? Nee, dan moet ik ervoor zorgen dat die ene spits in combinatie met de rest van het elftal optimaal rendeert. En soms is het belangrijk dat de spits zich ondergeschikt maakt aan de buitenspeler als die het verschil kan maken.

DE AFTRAP

De aftrap lijkt iets onbenulligs. Toch kijk ik altijd met veel interesse. Vaak geeft de ploeg die aftrapt het signaal af met welke intenties hij de wedstrijd begint: of hij de tegenstander naar de strot wil grijpen, eerst de kat uit de boom kijkt, wil combineren, of het gevecht wil aangaan.

Soms zie je drie of vier spelers klaarstaan om de verdediging te gaan bestormen nadat het 'balletje terug' met een lange trap naar voren is geschoten. Ze willen de tegenstander direct onder druk zetten, en komt die lange bal naar beneden, dan heeft de verdediger direct twee of drie man voor zijn neus staan die het duel aangaan. Ze geven het signaal af: wij zijn niet bang.

Sommige ploegen tikken na de aftrap de bal op eigen helft rond en wachten op de tegenstanders: hoe reageren ze op dit rondspelen? Zetten ze direct druk op de bal, of wachten ze zelf ook af?

Andere ploegen spelen de bal na de aftrap direct terug op de keeper en die houdt de bal vast of schiet hem met een knal naar voren. In zo'n geval krijg je gelijk strijd met duels. Als daar je kracht ligt als team, moet je wel direct aan de bak.

Spelpatronen

Als je als kind begint met voetballen, doe je maar iets. Langzamerhand leer je in de training diverse patronen van voetballen. Die zijn verwerkt in oefeningen, komen iedere keer terug, honderden keren, en raken op die manier zo ingesleten dat je ze nooit meer vergeet. In feite vormen ze de basis van het samenspel. Zeker de manier van samenspelen in een 4-3-3, zoals ik ben opgeleid in Nederland.

Lopende driehoekjes

Het driehoekje, het bekendste en makkelijkste patroon, vormt de basis van alle samenspel in het voetbal: de een heeft de bal, de tweede is aanspeelbaar en de derde loopt alvast vrij. In die drie zaken zit alles. De oefening is: aanspelen en doorlopen, kaatsen en doorlopen, derde man aanspelen en doorlopen. Een variatie is: aanspelen en doorlopen, kaatsen en doorlopen, voorzet geven en afwerken.

Het zijn patronen die je op het allerhoogste niveau ziet terugkomen met nog veel meer variaties. Belangrijk is dat je continu lopende mensen hebt, want dat blijft heel moeilijk om te verdedigen, ook in de zone. Twee man gaat nog wel, maar de derde, de lopende man, die uiteindelijk wordt gezocht om het verschil te maken, is moeilijker te verdedigen, vooral doordat deze derde

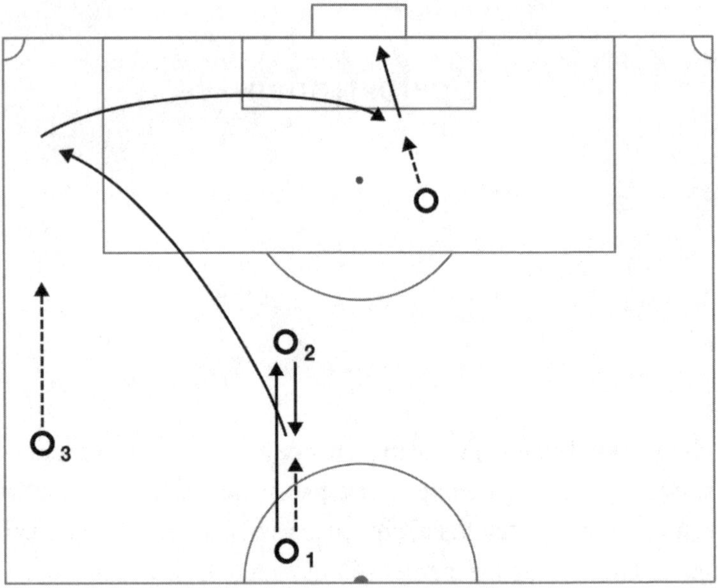

Spelpatroon 1. Speler 1 speelt op speler 2, die kaatst en speler 1 passt vervolgens op diepgaande speler 3. Speler 3 geeft voor op de spits.

man zich niet naar het tweede aanspeelpunt beweegt, maar juist altijd van hem wegloopt, de vrije ruimte in.

Dergelijke patronen moet je constant proberen te realiseren met bewegende driehoeken, desnoods twee of drie driehoekjes achter elkaar. In een goed elftal met goede spelers gaat dit vaak vanzelf omdat het automatismen zijn geworden door training uit het verleden en ervaring in combinatie met kwaliteit.

Ook in een 4-4-2 of 5-3-2 kun je deze patronen prima kwijt. Daarbij moeten de twee spitsen altijd tegendraads ten opzichte van elkaar bewegen. Nummer één speelt nummer twee aan en nummer drie gaat lopen. Die bal kan over de grond worden ingespeeld, maar ook door de lucht, en dan bij voorkeur in een pisboog zodat de spits deze op zijn borst kan aannemen en controle houdt over de bal. Anders is het risico van balverlies te groot. Al-

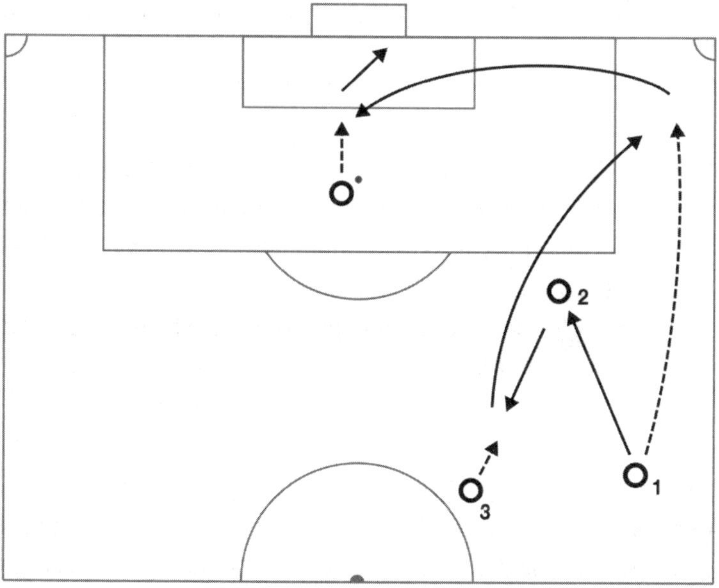

Spelpatroon 2. Speler 1 speelt op speler 2 en loopt zelf door. Speler 2 kaatst op inkomende speler 3, die diep geeft op lopende speler 1. Speler 1 geeft voor op de spits.

tijd moet iemand in de diepte aanspeelbaar zijn en het liefst moet diegene in beweging zijn.

Blijven de twee spitsen naast elkaar staan, dan is er misschien wel sprake van een driehoek, maar een statische driehoek, terwijl je juist een bewegende moet hebben om een verdediging uit elkaar te spelen. Dan moeten verdedigers een keuze maken en is er kans op een foute keus. Niets zo gemakkelijk voor een verdediger als een tegenstander die stilstaat. Die vraagt er dan ook om stevig te worden aangepakt met een tackle of een geniepige tik.

Verdedigend beweeg je in feite zoals de aanvallers van de tegenpartij. Komt er een bal op één spits, dan blijf je als centraal verdedigingsduo niet staan. De een gaat het duel aan en de ander geeft rugdekking voor het geval de tegenstander doorbreekt. Speel je met twee centrale verdedigers tegen twee spitsen, dan gaat de een het duel aan en laat de ander zijn tegenstander los om rugdekking te geven.

De lange bal

'Longball United', wie kent niet deze gevleugelde uitdrukking van Sam Allardyce? Big Sam was trainer van West Ham United in het eerste jaar van Louis van Gaal bij Manchester United. Van Gaal prees zichzelf altijd om het combinatiespel van zijn ploeg. Hij sloeg zich op de borst voor het hoge percentage balbezit en vond het daarom per definitie onterecht als Manchester United punten verspeelde tegen ploegen die er een andere spelopvatting op nahielden.

Bij West Ham United kaapte Manchester United twee seizoenen geleden een puntje weg na een slotoffensief met ouderwets kick-and-rushvoetbal. Van Gaal reageerde als door een adder gebeten toen Big Sam na afloop zei dat juist Manchester United 'longball football' speelde. Enkele dagen later haalde Van Gaal er allerlei statistieken bij om te proberen het verhaal van Allardyce te ontkrachten. Tevergeefs. Helemaal toen bleek dat West Ham United de bal weliswaar vaker naar voren speelde, maar dat de ballen naar voren van Manchester United veel meer lengte hadden.

Ik heb nooit begrepen waarom Van Gaal reageerde. De lange bal is een tactisch wapen en dus een onderdeel van het spel. Er zit veel meer achter dan de gedachte die erover heerst in Nederland en bij Van Gaal. Het is meer dan een bal blind naar voren schieten, waarna de spits het maar moet uitzoeken voorin.

Voor Wimbledon bijvoorbeeld was de 'longball' geen middel in een alles-of-nietsoffensief, maar een basistactiek waarop ze veel trainden en waar alles in het elftal op was afgestemd. De club kocht zelfs spelers om dat spelletje te kunnen perfectioneren.

Belangrijk is dat je een of meer spelers voorin hebt staan, die een lange bal van achteruit goed kunnen opvangen, onder controle krijgen en vasthouden tussen tegenstanders in. Zo'n balvaste

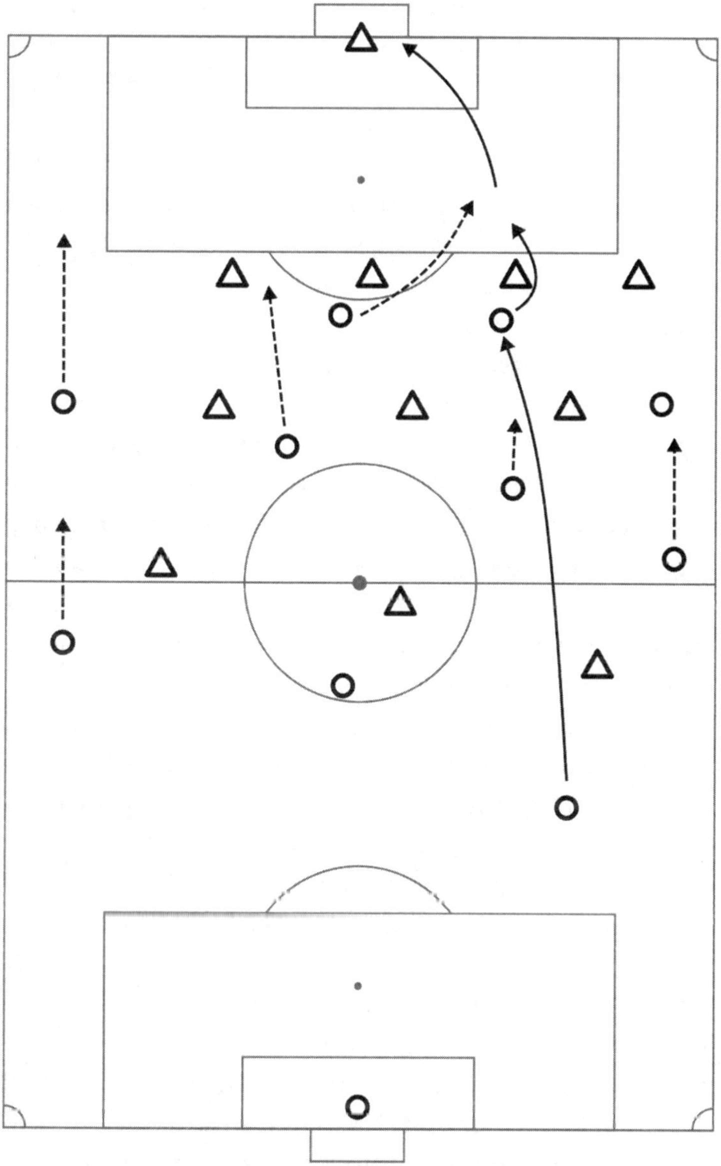

De lange bal van achteruit op een aanvaller diep op de helft van de tegenstander. Het hele elftal schuift door en zet de tegenstander direct vast op eigen helft.

actie van een speler biedt middenvelders de tijd om aan te sluiten zodat de spits de bal kan kaatsen. Achter de middenvelders sluiten ook de verdedigers weer aan. Je zet een tegenstander zo direct onder grote druk op zijn eigen helft.

Het aansluiten luistert heel nauw, want bij balverlies kan er veel ruimte ontstaan tussen de aanvalslinie en middenlinie en tussen de middenlinie en verdedigingslinie. Een ploeg die dergelijke vrije ruimtes tussen de linies goed kan bespelen, kan een 'langebalteam' zo weg counteren.

Sommige ploegen geven de lange bal op de spits in het centrum, andere laten de spitsen uitwijken naar de buitenkant om daar (in de 'channels', zoals ze in Engeland zeggen) aangespeeld te worden. Het gaat er niet eens zozeer om dat je in die positie diep op de helft van de tegenstander in balbezit komt. Soms hoop je zelfs dat een verdediger de bal wegkopt zodat die kan worden opgevangen door aansluitende middenvelders. Tevens is de bijvangst van een corner, ingooi of vrije trap vaak van grote waarde, en soms zelfs de eigenlijke opzet.

Bijkomend voordeel van een bal de hoek in pompen is dat je bij balverlies minder kwetsbaar bent. Neemt de tegenstander de bal over, dan dient hij vanuit de hoek van het veld op te bouwen. Hij kan in dat geval maar één kant op en dat is eenvoudig te verdedigen. Verlies je de bal in de as van het veld, dan heeft de tegenpartij de keus om via de linker- of rechterkant op te bouwen en moet je snel keuzes maken als verdedigende partij. Als je de verkeerde keus maakt, ligt de weg open voor de tegenstander.

Het gevaar van de langebaltactiek is dat je de spits te snel opzoekt terwijl er elders een betere oplossing ligt. Bij een grote kerel zoals Andy Carroll van West Ham United is dat gevaar extra aanwezig omdat je hem zo duidelijk ziet staan, zodat je eerder geneigd bent om Carroll met een lange, hoge bal aan te spelen. Een en ander vraagt overigens wel voetbalgogme van de medespelers en veel techniek van de spits. Zlatan Ibrahimović is de meest complete spits. Met hem kan je ook heel goed lange ballen spelen. Hij beheerst alle facetten, onder druk en op het hoogste niveau.

De lange bal zelf kan je ook op diverse manieren geven: strak of in een boog. Strak heeft alleen zin als er ruimte achter de verdediging ligt, en je hebt natuurlijk lopende spelers achter de spits nodig. Zo'n strakke bal kun je tevens laten doorkoppen door een spits en dan is het zaak dat de tweede spits of de middenvelders de gok nemen om blind over de verdedigingslinie heen te gaan, de doorgekopte bal op te vangen en mee te nemen naar het vijandelijke doel.

Voor de pisboog heb je wel een sterke spits nodig, die lang is of een goede timing en sprongkracht heeft om de bal onder druk op de borst aan te nemen. Mark Hughes had die kwaliteiten als geen ander. Mark was niet groot, maar wel met een ijzersterke body. Niemand kreeg hem van de bal. Het mooie aan deze spelopvatting is dat het spectaculair is om te zien omdat er veel fysieke strijd wordt geleverd in de onderlinge duels.

Bij AC Milan werden wij vaak geconfronteerd met teams die de lange bal speelden. Geen enkele ploeg durfde voetballend de strijd met ons aan te gaan op het middenveld. Met Frank Rijkaard, Carlo Ancelotti, Alberigo Evani en mijzelf waren we zo sterk in die linie dat we iedereen de baas waren. Om onder onze druk uit te komen, hanteerden tegenstanders de lange bal.

Onze achterhoedespelers moesten dus keer op keer het persoonlijk gevecht aan met een spits, een schaduwspits of een buitenspeler. Ook als ze die duels wonnen, duurde het lang voordat ze de opbouw van achteruit weer helemaal op poten hadden. Het was een afdoende tactiek om ons een beetje af te schudden. Wij konden op die manier niet verrassen in de omschakeling en de tegenstander verschafte zichzelf zo extra tijd om zijn defensieve organisatie op te tuigen.

Ons zakte de moed weleens in de schoenen. Vooral omdat we door die simpel naar voren geknalde bal in feite continu zonder enig succes druk hadden gezet. En na zo'n lange bal moest je gelijk veertig, vijftig meter terug sprinten. Je moest je er soms echt toe zetten om wéér die aanvalsopbouw van achteruit uit te voeren. En veel geduld hebben.

Zo zie je dat de lange bal zowel een aanvallend als een verdedigend wapen kan zijn. Een onmisbaar ingrediënt is strijdlust: spelers moeten de strijd willen en durven aangaan. Ongeschonden het veld af lopen na negentig minuten kun je vergeten.

Het verbaast me dat zo weinig ploegen de lange bal spelen tegen FC Barcelona, maar juist proberen te voetballen en zelfs van achteruit willen opbouwen. Misschien leeft de gedachte dat je eenvoudig door een linie aanvallers met Messi, Neymar en Suárez heen voetbalt? In theorie is dat zo. Maar als Barça de bal niet heeft en deze binnen zes seconden moet veroveren, dan denderen ze met het hele elftal over je heen. Die tactiek hanteren ze juist vanwege dat trio voorin. Op die manier hoeft het elftal de minste meters te maken om in balbezit te komen. Barcelona lokt je dus uit om van achteruit op te bouwen door je verdedigers een metertje ruimte te geven.

Het is je keeper die beslist of zijn ploeg moet opbouwen of dat hij lang uittrapt. Ik zou zeggen: 'Trap de bal gewoon zo ver mogelijk naar voren, dan gaan we daar de strijd aan met Barcelona.' Immers, dat vinden die Catalanen helemaal niet leuk, net zoals wij van AC Milan het verschrikkelijk vonden. Hun kwaliteiten liggen niet op het gebied van fysieke duels, maar juist in hun voetballend vermogen aan de bal.

De lange bal is dus een zeer geschikt wapen om terrein te winnen en zo onder de druk uit te komen. Alleen moet je daarin natuurlijk wel variatie vinden, anders ben je uiteindelijk toch gemakkelijk te verdedigen.

Manchester United had eind jaren negentig met Peter Schmeichel onder de lat de perfecte balans gevonden tussen de lange bal en de opbouw van achteruit via combinatievoetbal. Stond de ploeg onder druk, dan nam Schmeichel geen enkel risico en kegelde de bal naar voren op Andy Cole, Dwight Yorke, Teddy Sheringham of Ole Gunnar Solksjaer. Die moesten de duels aangaan met de verdedigers. Deed Manchester United dat een paar keer, dan nam de druk van de tegenstander vanzelf af. Die zagen dat het geen zin had om United op te jagen en deden een paar passen terug. En dan koos Schmeichel weer voor de opbouw van achteruit via de rechter- en linkerflank.

Dat variabele gebruik van de lange bal zie ik niet veel terug in het hedendaagse topvoetbal. De slimmigheid om hier gebruik van te maken, ontbreekt vaak. Dat heeft ook met de coaches te maken, die het bijna minderwaardig vinden, zoals Louis van Gaal en zelfs Sam Allardyce, die in zijn discussie met Van Gaal over 'Longball United' maar wat graag wilde benadrukken dat zijn West Ham United zo niet speelde, maar juist de voetballende ploeg was.

Tiki-taka

Tiki-takavoetbal is 'uitgevonden' door Pep Guardiola met FC Barcelona. Uitgevonden staat tussen aanhalingstekens omdat het een voortborduursel is op het spel dat Johan Cruijff eerst als speler en later als trainer heeft ingevoerd en geperfectioneerd in Barcelona. Het is het spel van de driehoekjes, het is Hollandse School-plus, zou je kunnen zeggen. Guardiola heeft er extra dimensies aan gegeven, vooral door gebruik te maken van de uitzonderlijke kwaliteiten van jongens uit de jeugdopleiding van Barcelona als Lionel Messi, Xavi Hernández, Andrés Iniesta en Sergio Busquets.

Iedereen wil tiki-taka zien, maar weinigen kunnen het spelen, zeker niet op het niveau van Barcelona, dat in de wereld op eenzame hoogte staat. Een tiki-takaspeler moet technisch en tactisch volgroeid zijn, goed in de kleine ruimte, ook onder druk een actie kunnen maken of combineren, en in staat zijn tot onverwachte wisselingen van het baltempo. Daar zijn ze stuk voor stuk mee opgegroeid bij La Masia, de jeugdopleiding. Opvallend genoeg allemaal spelers die in de as van het veld spelen, terwijl de jongens aan de flanken van andere clubs zijn gehaald, zoals Ronaldinho, Neymar en Dani Alves, of teruggehaald zoals Jordi Alba.

Alles is bij tiki-taka gebaseerd op balbezit. Bij balverlies zullen dus ook de technische en offensieve voetballers, die zoals alle aanvallers per definitie een tikje lui zijn, de bal moeten afpakken. Daar heeft Guardiola indertijd de zesseconderegel voor bedacht: het hele team jaagt zes seconden vol op de bal om die te heroveren. De gedachte hierachter is dat iedere speler, hoe goed ook, als hij wordt opgejaagd moeite heeft om de bal vast te houden of de juiste keus te maken bij het afspelen. Daarom herovert FC Barcelona negen van de tien keer de bal als ze zo'n 'raid', zo'n jacht starten. Mislukt het onvoorzien toch, dan trekt de ploeg zich twintig, dertig meter terug, gaat in de organisatie staan en laat de tegenstander iets meer komen.

Aanvallers van Barça zijn tot zo'n drukexplosie bereid omdat ze weten dat ze anders tientallen meters extra moeten afleggen. De keus tussen tien meter in zes seconden of dertig meter in zes seconden is snel gemaakt. Zeker als je Messi, Neymar of Suárez heet en je zoveel mogelijk energie wilt sparen voor die paar geweldige individuele acties.

Je ziet aan Bayern München hoe moeilijk het spelen van tiki-taka is. De ploeg benadert het wel vaak, maar is te veel afhankelijk van Ribéry en Robben.

Gaat Guardiola het tiki-taka ook introduceren in de Premier League bij Manchester City, dan mag hij de individuele kracht en de duelkracht in die competitie niet onderschatten. Het lijkt me onmogelijk om een jaar lang zo goed te voetballen dat je je in Engeland onder alle strijd en alle persoonlijke duels uit kunt spelen. Arsenal probeert het, maar je ziet hun spelers in fases van het seizoen ineens wegzakken. Dan valt het niet meer op te brengen om al die arbeid voor jezelf en voor je medespelers te leveren zodat je persoonlijke duels kunt blijven ontwijken. Zeker in het drukke programma van de Premier League is dat onbegonnen werk.

Het overkwam Arsenal in 2015-2016 bij Southampton en Newcastle United. Beide teams gingen thuis geweldig tekeer en er werd – ook door de scheidsrechter – niet gekeken op een schop meer of minder. Elk ander team in Engeland zou terug hebben geknokt, maar niets van dit alles bij Arsenal. De ploeg mist nu spelers als Adams, Keown, Petit en Vieira, mannen die altijd als eerste een kleun gaven. Het grote Arsenal van Wengers beginperiode in Londen had die kwaliteit wel.

Als je het Engelse voetbal zo analyseert, is het voor mij zelfs de vraag of FC Barcelona de Premier League zou overleven. Een vraag die nooit beantwoord zal worden. In Europese bekerwedstrijden kan het wel, omdat het maar twee wedstrijden zijn en scheidsrechters veel minder accepteren dan op de Engelse velden. Techniek geeft in Europa bijna altijd de doorslag. Maar over een heel seizoen? In de Premier League in Engeland? Ik betwijfel het.

Hoge pressing en lage pressing

'Pressing' is druk zetten, storen, afjagen. Aanvallers kunnen druk zetten op verdedigers en andersom. Hoge pressing wil zeggen heel aanvallend op de helft van de tegenstander, lage pressing wil zeggen druk zetten als je tegenstander tien, vijftien meter over de middenlijn is. Complete pressing is iets wat bijvoorbeeld FC Barcelona doet, dat wil zeggen direct druk zetten ongeacht waar je op het veld balverlies lijdt. Dit vraagt opperste concentratie van iedere speler omdat je anders wordt uitgespeeld en vervolgens snel een paar doelpunten om je oren krijgt. Er ontstaan namelijk grote open ruimtes als iemand verzaakt.

Als trainer-coach moet je met je team de pressing variëren, want druk zetten kost veel energie en het lukt nooit negentig minuten lang. Hoge of lage pressing hangt ook af van de kwaliteiten van de eigen spelers. Speel je met een team dat ruimte voor zich-

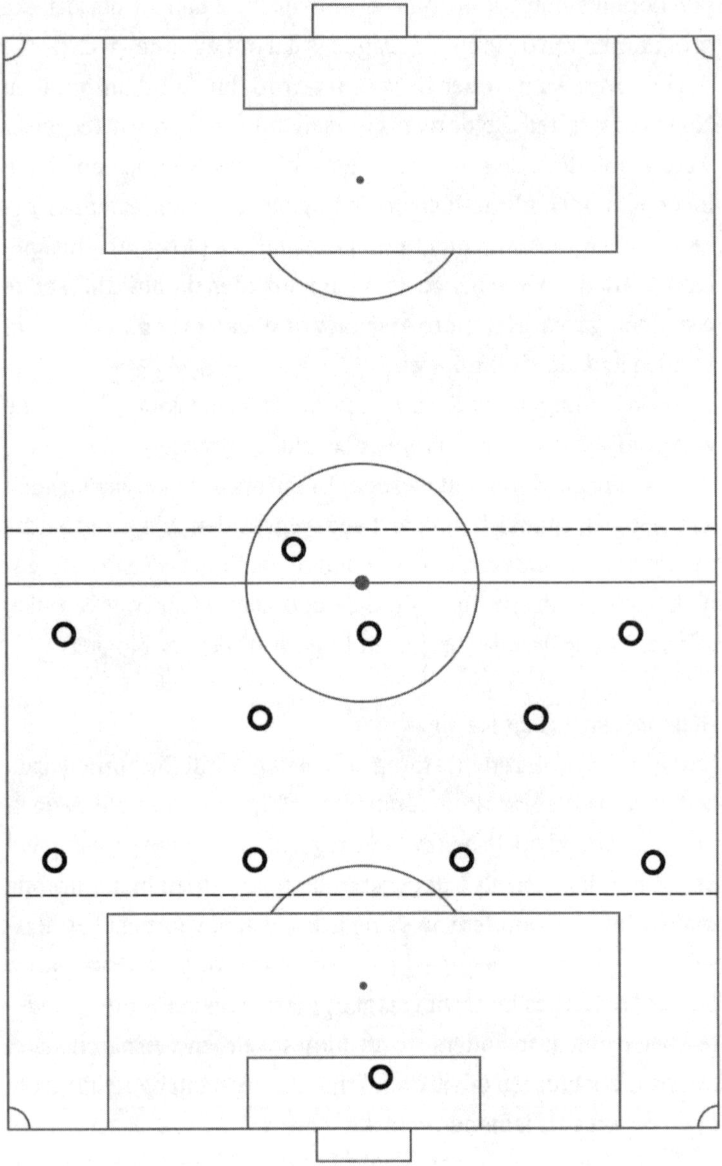

Bij lage pressing wordt de tegenstander iets over de middenlijn opgewacht en dan direct vastgezet. Hiermee lok je de tegenstander en creëer je ruimte voor de counter.

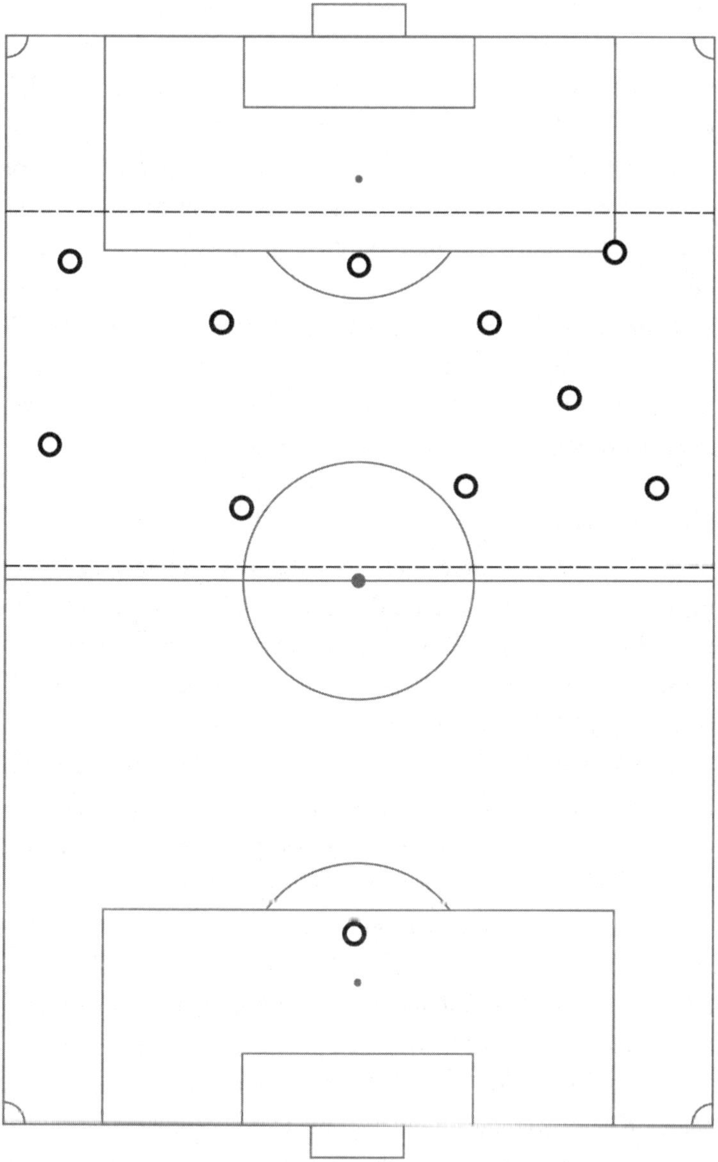

Bij hoge pressing wordt de tegenstander diep op eigen helft vastgezet. Hiermee geef je de tegenstander geen ruimte om rustig op te bouwen. Bij balverovering ben je dicht in de buurt van het vijandelijke doel, maar het risico bij balverlies is dat de tegenstander veel ruimte achter je verdediging heeft om gevaarlijk te worden.

zelf moet creëren, zoals Leicester City in het seizoen 2015-2016, dan moet je niet hoog pressen. Laat de tegenstander dan maar wat meer komen, zodat er automatisch ruimte ontstaat als je de bal verovert. Dan kan Jamie Vardy die ruimte in rennen.

Ideaal is als je team allebei beheerst. Dan kun je variëren door af en toe de tegenstander te verrassen met hoge pressing. Manchester United varieerde met lage en hoge pressing, maar bediende zich in moeilijkheden in het laatste kwartier altijd van complete pressing. Ze bliezen tegenstanders dan finaal van het veld, op welk niveau ook. In 1999 wonnen ze er zoals gezegd zelfs de Europacup I mee in de finale tegen Bayern door twee doelpunten in blessuretijd.

Slim verdedigen

Jürgen Kohler, de Duitse international uit de jaren tachtig en negentig, had als verdediger altijd een slimmigheid bij een lange bal van achteruit. Hij ging eerst in je rug staan; dat vinden aanvallers prima omdat ze dan exact weten waar de verdediger is zodat ze hem eventueel als draaischijf kunnen gebruiken om vrij te komen. Maar zodra de bal eraan kwam, stapte Kohler snel weg, om opeens vlak voor je neus op te duiken. In zo'n geval kun je als aanvaller niets meer; zelfs niet als de verdediger de bal mist omdat je het zicht op de bal hebt verloren.

Mij ging dat na twee keer vervelen en in plaats van dat hij mij verdedigde, ging ik hem verdedigen. Zijn shirt beetpakken zodat hij niet weg kon lopen uit mijn rug, maar daar kan de scheidsrechter je voor affluiten, of ik ging half gedraaid naar hem toe staan. Zo zag ik hem altijd en kon ik hem met mijn armen weghouden als hij in beweging kwam om voor me te kruipen. Het gogme van een verdediger is dat hij weet wat voor spits hij tegenover zich heeft staan; wat die spits graag wil en waar hij een hekel aan heeft.

Spitsen die groot en sterk zijn, maar niet zo mobiel, willen het liefst continu contact houden met de verdediger. Als verdediger is het dan zaak om contact te vermijden. Zo'n aanvaller raakt dan snel in paniek omdat hij het niet gewend is dat zijn verdediger hem durft los te laten. Het is dan gemakkelijker om op zo'n aanvaller te anticiperen.

Spitsen als Marco van Basten, de beide Ronaldo's, Didier Drogba en Zlatan Ibrahimović, die de individuele techniek hebben om een man uit te spelen, een actie te maken en te scoren, zijn altijd vervelend voor een verdediger, net als kleine, beweeglijke aanvallers zoals Romário, Messi, Agüero en Suárez. Zaak is erbovenop te zitten zonder het duel met hem aan te gaan als hij met zijn rug naar je toe staat, anders gebruikt hij je als draaischijf. Je moet hem op een andere manier fysiek benaderen. Hij mag je voelen, maar niet zo dat hij bij je kan wegdraaien. Boezem hem angst in. Lukt het zo'n spits toch om je te passeren, dan moet de organisatie redding brengen door rugdekking te geven.

Speler met vrije rol

Bij Feyenoord heb ik met Johan Cruijff gespeeld en zijn we kampioen en bekerwinnaar geworden. Hij was een valse spits, of beter een valse aanvaller. Op papier stond Cruijff – het was het laatste jaar van zijn carrière en hij was zesendertig jaar – linksbuiten. Maar daar stond hij bijna nooit. Hij zwierf door de voorhoede, achter de voorhoede en rond het offensieve gedeelte van het middenveld. Als geen ander kon Cruijff tussen de linies spelen. Hij heeft die ongrijpbare positie zo'n beetje uitgevonden. Die positie vulde hij in met en zonder bal. In dat kampioensjaar stond hij te boek als aangever en afmaker. We praten nu over het seizoen 1983-1984, en daarmee was Cruijff zijn tijd ver vooruit. Zulke spelers zie je tegenwoordig veel vaker, maar toen was hij vernieuwend, zoals hij vaker is geweest, eerst in zijn loopbaan als speler en later als trainer.

Om zo'n vrije rol te kunnen spelen, had Cruijff wel iemand nodig die het vuile werk voor hem kon en wilde opknappen. Bij balverlies moest zo iemand dan de ruimtes dicht lopen en de opkomende tegenstanders opvangen. Dat werd Stanley Brard, een modale linksachter, die linkshalf kwam te staan achter Cruijff.

Brard begreep goed hoe je moest omgaan met de speler Cruijff en compenseerde diens tekortkomingen. Hij bleef altijd weg bij de bal als Cruijff zich aanbood en bekommerde zich slechts om de situatie bij balverlies. Je moest Cruijff niet de diepte in sturen; hij maakte juist ruimte voor anderen om de diepte in te gaan. Hij viel op die manier nauwelijks te verdedigen, want zijn directe tegenstander durfde niet met Cruijff mee te zakken naar het middenveld uit angst voor die diepgaande spelers. Zo kwam Cruijff vrij tussen het middenveld en de aanval en was hij altijd aanspeelbaar. Vreemd natuurlijk dat de beste speler ook het meest aan de bal kon komen.

Bij balbezit van Cruijff begon rechtermiddenvelder André Hoekstra automatisch te lopen. Cruijff bood hem de bal vervolgens op een presenteerblaadje aan. De variatie zat 'm erin dat Hoekstra met zijn loopactie ook ruimte maakte voor een andere medespeler, die vervolgens de bal ook van Cruijff kon krijgen.

Hoekstra was individueel geen uitmuntende speler; hij had geen gave techniek en geen dodelijke afronding. Wel bezat hij de kwaliteit om op het juiste moment diep te gaan en zijn directe tegenstander te snel af te zijn. Ben je ergens op tijd, dan geef je jezelf de tijd en de ruimte om iets goeds met de bal te doen. Alleen een man-tegen-manduel met de keeper was niet de specialiteit van Hoekstra. Dan lukte het hem bijna nooit om te scoren. Maar kwam hij in een moeilijke situatie terecht, waarbij je geen tijd had om na te denken, dan handelde hij intuïtief en knalde hij vaak raak.

Iedereen zette vraagtekens bij Hoekstra, maar zonder hem speelden we altijd een stuk minder. Dan misten we hem echt. Gelukkig was Hoekstra zo sterk als een os, want de hem door Cruijff opgedragen manier van spelen kostte verschrikkelijk veel kracht.

Met Brard en Hoekstra had je dus niet de beste spelers, maar wel de beste spelers om het team optimaal te laten functioneren met iemand als Cruijff in de ploeg. Cruijff, die op zijn beurt heel vaak het verschil voor ons maakte.

Onmisbare schakels

Spelers als Brard en Hoekstra zou je kunnen vergelijken met latere bekende Nederlandse internationals als Edgar Davids en Clarence Seedorf. Dat waren belangrijke teamspelers. Davids had een ongekende drive om naar voren te gaan, maar tegelijkertijd verzaakte hij nooit zijn defensieve arbeid. Hij pakte veel ballen af om ze vervolgens in te leveren bij bijvoorbeeld een geweldige speler als Zinédine Zidane bij Juventus. Seedorf had meer in zijn mars omdat hij altijd de volledige controle had. Door zijn geweldige techniek kon hij ook spelbepalend zijn. Toch vond ik hem meer een teamspeler dan iemand die individueel het verschil maakte op het hoogste niveau.

Davids en Seedorf waren onmisbare spelers die het puzzeltje compleet maakten. Spelers die je pas miste als ze niet beschikbaar waren.

Individueel zijn dat soort spelers misschien niet de allerbeste, maar in een elftal wel vaak de nuttigste. En dus in zekere zin de belangrijkste.

Claude Makélélé was er ook zo een. Niet de meest technische speler, maar de belangrijkste schakel in het elftal van Real Madrid toen dat bekendstond als 'Los Gálacticos', met jongens als Ronaldo, Zidane, Beckham, Figo, Raul en Roberto Carlos. Makélélé had dezelfde functie bij het nationale elftal van Frankrijk en later bij Chelsea.

Jan Wouters was van hetzelfde belang bij Ajax, Bayern München en het Nederlands elftal. Paul Scholes was ook zo iemand, en kon bovendien ook nog verschrikkelijk goed voetballen. Michael Carrick van Manchester United, niet de meest verfijnde voetballer, bewaakte wel heel goed de balans tussen aanval en verdediging.

Roy Keane was voor mij een van de allerbesten. Hij benaderde de perfectie. Sowieso bewaakte hij als eerste de balans in het elftal. Keane kon goed voetballen, was een onbetwiste leider, kon een balletje afpakken en had het vermogen om een niet-draaiend elftal weer op gang te krijgen. Als het niet liep, kon hij individuele spelers en daarmee het team op scherp zetten. Iemand als Keane was het ideale verlengstuk van een trainer op het veld. Een zeldzame kwaliteit.

Zulke zelfredzame spelers zie je steeds minder. Spelers denken zelf te weinig na en dat begint al bij de jongste jeugd, waar alles wordt voorgezegd en een paar coaches langs de lijn staan te schreeuwen wat die jonge spelertjes moeten doen. En wel op zo'n manier dat ze bang worden om buiten de lijntjes te kleuren, waardoor ze ieder eigen initiatief verliezen. Dit is de doodsteek voor het voetbal, samen met het gegeven dat kinderen tegenwoordig niet veel meer op straat kunnen voetballen, en dus niet zelf elftallen maken en partijtjes kiezen, maar meer achter de computer zitten of met hun telefoon zitten te spelen.

Frank Rijkaard vond ik meer een stille leider. Hij stond op het niveau van Keane, met als extra wapen zijn scorend vermogen. Rijkaard speelde iets verder naar voren dan Keane en scoorde vrij vaak. Carlo Ancelotti secondeerde Rijkaard en nam meer de defensieve taken voor zijn rekening. Hij speelde als een echte controleur.

De beste van de huidige generatie is Sergio Busquets van FC Barcelona. Hij heeft alleen niet de leiderskwaliteiten van iemand als Keane. Keane was het boegbeeld van Manchester United, waar niemand omheen kon en iedereen bij wijze van spreken bang voor was. Zo is Busquets gewoon niet.

Alle genoemde spelers zijn belangrijk voor de balans in het elftal. Zij zorgen voor yin en yang in een elftal. Zonder die spelers ontbreekt vaak de onderlinge link in een elftal en kunnen spelers met uitzonderlijke kwaliteiten het verschil niet maken.

Je moet er trouwens geen twee van in je elftal hebben. Ancelotti en Rijkaard waren complementair aan elkaar bij AC Milan, maar bij Chelsea had je vorig seizoen met Nemanja Matić en John Obi Mikel te veel van hetzelfde in één elftal.

Haperende schakels

Aan spelers als Cruijff en Messi wil iedereen zich ondergeschikt maken omdat zij wedstrijden voor je winnen, prijzen voor je pakken, je marktwaarde verhogen en dus geld voor je verdienen. Iets onder die topcategorie heb je een andere categorie spelers, die anderen het verdedigende werk laten opknappen en die net doen of ze op een haar na overal te laat komen.

Ik denk aan middenvelders als Cesc Fàbregas en Wim Jonk. In een elftal kan met zulke spelers zomaar irritatie opkomen als de prestaties wat minder zijn, want verdedigend lopen ze de kantjes eraf. Ze laten anderen veel vuil werk opknappen om zelf aan het voetballen te komen. Jonk en Fàbregas mochten zo'n rol vervullen bij Ajax en Arsenal, maar na hun transfers naar Internazionale en FC Barcelona werd die manier van spelen niet meer gepikt.

Zulke spelers doen altijd alsof ze heel druk bezig zijn, vol de duels in gaan en meeverdedigen. Het publiek ziet het vaak niet, maar jij als voetballer, als medespeler, weet dat ze geen poot uitsteken. Regelmatig laten ze hun directe tegenstander juist opzettelijk los, om daarna vertwijfeld weg te lopen met een gebaar van 'ooh, net niet gelukt'.

Maar omdat ze positioneel sterk zijn, gaan ze zó staan dat ze vrij en direct aanspeelbaar zijn als de bal wordt onderschept door medespelers. Krijgen ze die bal vervolgens aangespeeld, dan beginnen ze te voetballen en benutten ze de vrijheid om iets beslissends te doen. Aan de bal hebben types als Jonk en Fàbregas onmiskenbaar talent.

Zo ontpopte Jonk zich met zijn scherpe oog en snelle passing in de diepte tot een spelbepaler van achteruit bij Ajax, Internazionale en PSV. Met de twee eerstgenoemde clubs won hij de UEFA-cup. Op deze manier ontstond bij Ajax de tandem Jonk-Bergkamp, aangever-afmaker.

Internazionale kocht beiden, maar het lukte Jonk en Bergkamp nooit om de hen vooruitgesnelde reputatie in Italië waar te maken. Alleen in de UEFA-cup waren ze beslissend, maar in de Serie A werd veel meer van ze gevraagd en geëist.

In de Nederlandse kranten las je altijd dat de mindere prestaties van Jonk en Bergkamp aan de spelers van Internazionale lag, maar daar dachten ze in Italië heel anders over. Jonk keerde terug naar Nederland, naar PSV, en Bergkamp gaf zijn carrière een enorme boost bij Arsenal met dank aan de Franse trainer Arsène Wenger.

Fàbregas' tekortkomingen kwamen pas echt aan het licht bij Chelsea. Bij Arsenal en Barcelona stond er een onvoorstelbare hoeveelheid voetbalkwaliteit om hem heen, dat hem vaak onbewust ontzag met hun oplossingen. Bij Chelsea ging het in het seizoen 2015-2016 niet meer zo goed, en als het minder gaat valt de rol van dit type speler extra op, want juist dan moet je balafpakkers hebben in je team. In zo'n geval kun je vooral op het middenveld geen speler hebben die verzaakt. Aan de bal is Fàbregas fantastisch, maar op topniveau kijk je naar het volledige plaatje: bij Arsenal en Barcelona was hij oké, bij Chelsea in vorm komt hij ermee weg, maar bij een Chelsea uit vorm gaat het opvallen.

Toen Chelsea bijvoorbeeld tegen Paris Saint-Germain speelde in de Champions League, was Terry er niet bij en Diego Costa viel geblesseerd uit. Je zou verwachten dat Fàbregas in zo'n wedstrijd opstaat als leider, maar dit gebeurde niet. Zo'n speler is hij gewoon niet. Kun je het Fàbregas kwalijk nemen? Nauwelijks, want Chelsea kocht hem met de intentie dat hij zijn ding zou gaan doen aan de bal.

Zo zie je dat het niet altijd zo eenvoudig is als het lijkt om de puzzel passend te maken.

RUST

De stemming in de kleedkamer in de rust van een wedstrijd is sterk afhankelijk van de eerste helft. Het gedrag van de trainer evenzeer. Vaak worden wat tactische aanwijzingen gegeven, eventuele wissels besproken en doorgevoerd en soms voert de trainer een toneelstukje op, naargelang hoe tevreden hij is met het vertoonde spel, de tussenstand en de strijd in de eerste helft. Legendarische verhalen doen daarover de ronde. Vooral over ontevreden coaches die deuren intrappen, massagetafels in tweeën schoppen, kopjes thee door de kleedkamer smijten en meer van die onzin om spelers wakker te schudden en op scherp te zetten. Sommigen blijven uit onvrede helemaal weg.

Met extreem gedrag speel je als trainer-coach met je eigen houdbaarheidsdatum. De eerste keer maakt een woede-uitbarsting indruk, maar dat neemt bij iedere uitbarsting daarna af. Stampvoetende trainers hebben ook iets komisch. Je moet dus heel selectief omgaan met je gedrag in de rust.

Zelf heb ik als trainer van Chelsea eens de krant zitten lezen in de rust van de FA Cup-wedstrijd tegen Liverpool in 1997. Ons spel leek nergens op en we stonden thuis met 2-0 achter. Vanuit mijn ooghoeken zag ik dat de spelers zich totaal geen houding wisten te geven. Niemand nam initiatief en het bleef doodstil. Vlak voor het belletje rinkelde ten teken dat de tweede helft ging beginnen, voerde ik enkele tactische omzettingen door en zei heel rustig: 'Jullie hebben vijfenveertig minuten om je wanprestatie goed te maken.'

Het trucje werkte geweldig. We liepen over Liverpool heen, wonnen met 4-2 en uiteindelijk pakten we dat jaar de FA Cup. De eerste prijs voor de club sinds zesentwintig jaar. Daarna heb ik nooit meer een krant gelezen in de rust. Wil je iets losmaken bij je spelers, dan moet je ze verrassen.

Elftalposities

Toen ik als achtjarig jochie begon met voetballen, was de keeper een buitenbeentje. Dat is hij nog steeds. Het zijn andere persoonlijkheden dan veldspelers, veel meer eenlingen, op zichzelf gefocust, en in mijn tijd ook slechte voetballers, want anders werd je door je vriendjes op het schoolplein niet tussen de palen gezet. Dat is zo'n vijfentwintig jaar geleden sterk veranderd.

De keeper

Keepers die niet konden voetballen, kwamen na 1 juli 1992 in grote problemen, want ze mochten een terugspeelbal niet meer oppakken. Tegelijkertijd moesten de verdedigers de oplossing in de opbouw van de aanval vaker vooruit zoeken. Het gemiddeld aantal doelpunten vloog vlak na de invoering van die spelregel omhoog en overal zag je keepers trainen op het wegschieten van terugspeelballen. Het was de tijdelijke terugkeer van het ouderwetse Engelse kick-and-rushvoetbal. Je geeft de bal een peer naar voren en ze zoeken het maar lekker uit daar voorin of op het middenveld.

Al snel werden keepers dan ook verplicht mee te doen met de spelerstrainingen, vooral met positiespelletjes. Hun handelingssnelheid en vertrouwen aan de bal kreeg een impuls. Langzamerhand groeide de keeper uit tot de elfde veldspeler. Keepers hebben nu de rol van vrije verdediger en gaan soms zó op in die rol, dat ze gepasseerd worden met een lob van afstand als ze te ver voor hun doel staan.

In het Nederlands elftal dat in 1974 tweede van de wereld werd op het WK in West-Duitsland, stond niet de beste keeper, maar juist de best meevoetballende keeper op doel bij Oranje. Daarom zat Piet Schrijvers op de bank en verdedigde Jan Jongbloed het doel.

Johan Cruijff was aanvoerder van dat Nederlands elftal dat in Brazilië bekend werd als 'Laranja Mecânica' en in Engeland als 'Orange Machine'. Later koos hij als trainer bij Ajax ook voor een meevoetballende doelman in de persoon van Stanley Menzo, die zelfs het niveau had om ook als profspeler het betaald voetbal te halen.

Bij Barcelona koos Cruijff opnieuw voor een voetballer onder de lat, Carles Busquets, de vader van de huidige middenvelder Sergio Busquets. Hij haalde de raarste capriolen uit, passeerde tegenstanders of ging ver buiten het strafschopgebied duels aan. Klemvast was hij niet altijd, maar Cruijff hield hem altijd de hand boven het hoofd, want hij kon heel behoorlijk voetballen.

Extreem voorbeeld is de Colombiaan René Higuita. Hij voetbalde echt mee en was zelfs regelmatig ver buiten zijn strafschopgebied te vinden. Higuita overdreef wel een beetje. Dan begon hij zelfs spelers te passeren op zijn weg naar het middenveld. Zijn 'finest moment' beleefde Higuita op Wembley in 1995. Hij kon een schot van Jamie Redknapp makkelijk opvangen, maar dook bewust onder de bal door en schoot hem met zijn hak net voor de doellijn uit het strafschopgebied. Een waanzinnige actie, waar hij tot in lengte van dagen aan zal worden herinnerd.

Topkeepers

De Deen Peter Schmeichel kwam in 1991 naar Manchester United en bleef daar tot medio 1999. De nieuwe terugspeelregel leek op hem geen enkele invloed te hebben. Hij is de meest complete keeper die ik ken en tegen wie ik ooit heb gespeeld. Een grote persoonlijkheid, die een heel hoog niveau haalde in alle facetten van het keepen.

Schmeichel was een imposante keeper, een leider, een goede lijnkeeper, sterk voor de goal en bij corners, en een redelijke voetballer. Als team ben je zielsgelukkig met zo'n doelman. Hij straalt zoveel zelfvertrouwen uit dat je als verdediger blindelings op hem vertrouwt. Met Schmeichel achter je schoffel je een doorgebroken speler niet onderuit. Eén tegen één viel hij nauwelijks te passeren. Daarmee heeft hij ontzettend veel punten gepakt en wedstrijden gewonnen. Op het EK 1992 in Zweden stond hij voor Denemarken onder de lat. In de halve finale versperde hij het Nederlands elftal de weg naar de eindstrijd en in de finale werd hij uiteindelijk met Denemarken Europees kampioen.

Schmeichel had een hekel aan risico's. Als zijn ploeg onder druk stond, koos hij steevast voor de lange trap naar voren. Hij weigerde zijn verdedigers in de problemen te brengen door een voetballende oplossing te zoeken. Hetzelfde eiste Schmeichel van zijn medespelers, anders gaf hij ze op een verschrikkelijke manier de wind van voren. Sommige van zijn woede-uitbarstingen zijn legendarisch. Vraag het zijn medespelers van toen, ze waren in veel gevallen letterlijk bang voor hem.

In mijn tijd bij het Nederlands elftal stond Hans van Breukelen op doel. Hij speelde ooit bij Nottingham Forest onder Brian Clough. Van Breukelen was geen natuurtalent, maar een ongelooflijk trainingsbeest en daardoor een van de beste en belangrijkste keepers in de historie van Oranje. Van Breukelen benaderde Schmeichel nog het meest.

De beste allroundkeeper van het tegenwoordige topvoetbal is Manuel Neuer. Hij voetbalt goed mee met zijn hoofd, figuurlijk gezien dan. Hij voorziet situaties en anticipeert daarop, zowel in de verdedigende organisatie als bij de opbouw. Aan de bal is hij soms wat onzeker.

Een van de opvallendste doelmannen is Rogério Ceni. In Europa is hij nauwelijks bekend, maar hij stond op doel bij de Braziliaanse topclub São Paulo. Deze Ceni stond jarenlang hoog op de topscorersranglijst, niet alleen omdat hij de penalty's mocht nemen, maar vooral omdat hij veel vrije trappen nam rond het strafschopgebied van de tegenstander. Ceni was een echte specialist; hij scoorde meer dan 130 doelpunten en loste daarmee de Chileen José Luis Chilavert af als topscorer onder de doelmannen (62 doelpunten). In 2015 is Ceni gestopt op tweeënveertigjarige leeftijd, en dat is bijzonder op topniveau, ook voor keepers.

Dino Zoff, de doelman van Juventus en het Italiaanse elftal, maakte indruk door geen indruk te maken onder de lat. Een heel droge keeper, waarbij het leek of hij alleen maar rollertjes hoefde op te rapen of schoten kon opvangen die recht op hem af kwamen. Je zag hem nooit een spectaculaire duik maken, daar hield hij niet van. Zoffs grote kwaliteit was dat hij altijd op de goede plaats stond, omdat hij alle situaties twee seconden voordat ze plaatsvonden goed inschatte. Hij voelde aan waar de bal zou komen.

In feite betekent duiken dat de keeper verkeerd staat en de situatie verkeerd heeft ingeschat of de verdediging verkeerd heeft neergezet. Persoonlijk vind ik 'saaie' keepers de beste. Kun je goed inschatten waar de bal komt, dan ben je altijd overal op tijd en hoef je niet spectaculair te zijn. Je kunt natuurlijk niet alles tegenhouden, maar als je voelt waar de bal komt, kun je wel anticiperen. Het coachen van je verdedigers is daarbij ook van essentieel belang. Zet je die goed neer, dan heb je zelf minder problemen.

Gianluigi Buffon van Juventus daarentegen is spectaculair in zijn manier van keepen. Hij is luidruchtig, leidt zijn defensie en staat continu in contact met zijn centrale verdedigers. Een keeper die zijn mond opendoet, heeft présence. Daarnaast moet je een beetje gek zijn, want je moet het maar durven om steeds weer op de voeten van een aanstormende spits te duiken met het risico dat je een trap tegen je hoofd krijgt, of noppen in je wang, of een bal vol in je maag of je kruis, of dat je een pols of wat vingers breekt. Buffons handen zijn vaak helemaal ingetapet om alles een beetje op zijn plaats te houden.

De keeper als coach

Je doelman is belangrijk voor de opstelling waarin je speelt. Een lijnkeeper voelt zich niet thuis met een verdediging die tegen de middenlijn speelt. Een één-tegen-éénspecialist juist wel, omdat die niet bang is om zijn hele strafschopgebied te bestrijken. Zo iemand vindt het juist vervelend als bij een corner vijf spelers voor zijn neus staan. Daar houdt een kleine keeper evenmin van.

De keeper stuurt de achterhoede aan, de achterhoede coacht de middenvelders, die op hun beurt de aanvallers coachen. Wat de keeper helemaal zelf bepaalt, is de tactiek bij corners en vrije trappen. Hij moet zich lekker voelen. Een trainer kan zijn inzichten aandragen, maar mag de tactiek van de keeper niet bepalen.

De spelers bij de palen staan er voornamelijk omdat bij een corner de bal van zó dichtbij wordt geschoten of gekopt dat de keeper onvoldoende tijd heeft om te reageren, zeker als de bal in de hoek wordt geplaatst. Aan de doelman dus de keus of hij een man bij één paal wil of bij alle twee, of dat hij juist geen medespelers op de doellijn wil omdat die hem hinderen bij het duiken. Uit het oogpunt van de keeper valt voor alle keuzes iets te zeggen. Uiteindelijk is hij het die op tegendoelpunten wordt afgerekend.

De keeper bepaalt dus, in overleg met de coach, of zijn team bij een corner kiest voor zonedekking, mandekking of een combinatie daarvan. Bij zonedekking laat je spelers een gebied dekken, waarbij ze moeten ingrijpen als de bal daar komt. Mandekking houdt in dat elke tegenstander in het strafschopgebied wordt opgevangen door een eigen speler. Dan gaat het om het man-tegen-mangevecht. Wie is het sterkst of juist het slimst? En bij een combinatie van zone- en mandekking zet je bijvoorbeeld een mandekker op de beste kopper van de tegenpartij en de rest van de verdedigers in hun zone.

Van zonedekking ben ik geen voorstander, omdat je als verdediger bij vrije trappen en corners in principe stilstaat. Als de corner genomen wordt, stá je in je zone. Daardoor ben je makkelijk te ontwijken en bovendien kom je vanuit stilstand nauwelijks van de grond. Vanuit de beweging spring je veel hoger. Daarom kiest een Italiaan het liefst voor mandekking, want hij is goed in het vasthouden van de tegenstander en sterk in het duel.

FC Barcelona kiest, bij een corner tegen, vaak voor de optie om drie spelers voorin te houden. Dat is een verdedigende en tegelijk aanvallende tactiek, vooral omdat FC Barcelona veelal kleine mannetjes heeft. Daarom hanteren ze zelf aanvallend een korte corner en niet een hoge bal.

Verdedigend durft geen enkele trainer met zijn ploeg tegen FC Barcelona slechts drie man achterin te houden. Eén tegen één is zelfmoordvoetbal, dus je sleept een vierde verdediger erbij om als slot op de deur te fungeren. Voor dat trio zet je ook iemand neer om de passlijn naar die drie af te sluiten. In dat geval is zo'n club met de keeper erbij zes spelers kwijt en heb je hooguit vier aanvallers in het strafschopgebied en een op de rand. Dat is overzichtelijk voor de keeper en blokkeert hem nauwelijks bij het uitkomen.

Maak je als aanvallende ploeg van corners je specialiteit, zoals destijds Wimbledon, dan ga je daaruit veel scoren: hun corners, hun vrije trappen en hun ingooi (al meer dan een halve corner) waren dodelijke wapens.

De eerste bal op het hoofd van de man bij de eerste paal is nauwelijks te verdedigen en bovendien kan die bal overal in het strafschopgebied terechtkomen. Dat is een volslagen verrassing voor de verdedigende partij, maar net zo goed voor de aanvallende partij. Die laat dus gewoon drie of vier spelers blind het doelgebied in lopen in de hoop dat de bal op iemands hoofd valt.

Hugo Sánchez, de Mexicaanse spits van Real Madrid eind jaren tachtig, begon altijd in de buurt van de keeper en belemmerde diens zicht zonder een overtreding te maken. Werd de corner genomen, dan liep hij snel naar achteren weg, en omdat veel verdedigers en aanvallers de bal volgden, verloren ze Sánchez zo uit het oog. Iedere bal die voorbij de keeper kwam, kon hij zo intikken bij de tweede paal. Op die gluiperige manier heeft hij legio doelpunten gemaakt. Ik sprak er eens over met Gary Lineker en die vertelde me dat hij het ook had gezien en daarna vaak op de Sánchez-manier had gescoord.

De korte corner met twee man heeft als doel om een of twee tegenstanders uit de doelmond weg te trekken. Dat geeft meer ruimte voor inlopende aanvallers als de corner wordt voorgegeven. Met een slimme loopactie bij de eerste paal lok je vaak ook nog de man bij de paal weg en gaat de keeper bewegen.

Ook de verdediging traint natuurlijk intensief op standaardsituaties. Daarbij heeft de keeperscoach een steeds grotere rol gekregen. Alle situaties kunnen aan bod komen: de corner die bij de eerste paal neerkomt of juist bij de tweede, indraaiend of uitdraaiend, of situaties waarin een lange speler vlak voor de keeper komt staan, of dat een schutter op de rand van het strafschopgebied staat, of dat de tegenstander goede koppers heeft enzovoort.

De rechtsachter

De achterspelers van tegenwoordig zijn bijna allemaal omgeturnde middenvelders die goed kunnen lopen en aanvallend een idee hebben wat ze moeten doen als ze over de middenlijn komen. Ze zijn belangrijk omdat ze het meeste balbezit hebben van alle spelers. Dan moet je wel goed kunnen voetballen.

In mijn jeugd zag ik bij Ajax vaak Wim Suurbier opstomen, helemaal vanaf zijn rechtsachterplaats naar de rechtsbuitenpositie, tenminste, als Sjaak Swart, de rechtsbuiten in dat 4-3-3-systeem, niet zoals meestal aan de kalklijn stond geplakt, maar naar binnen trok. Eind jaren zestig, begin jaren zeventig waren die rushes van Suurbier sensationeel en nauwelijks vertoond in Europa. In Brazilië is het van alle tijden. Bekende voorbeelden zijn Carlos Alberto, Leandro en Cafu op rechts en Francisco Marinho, Junior, Leonardo en Roberto Carlos op links.

Tegenwoordig zijn hele voetbalsystemen ingericht om spelers als Dani Alves en Jordi Alba alle ruimte te geven om niet als verdediger, maar juist als aanvaller het verschil te laten maken. Het gaat zelfs zo ver dat de rechtsbuiten een speler is met een linkerbeen, die naar binnen trekt om ruimte te maken voor de opkomende rechtsachter. En op links is dat precies zo. Wel blijft de buitenspeler leidend en de back zorgt in eerste instantie voor de afleiding.

De beste voorbeelden zie je bij Barcelona: Lionel Messi met Dani Alves op rechts en Neymar met Jordi Alba op links. Deze eigentijdse backs bestrijken de hele flank zodat je uiteindelijk ergens wel een één-tegen-tweesituatie krijgt en de tegenstander moet kiezen. Laat je het als verdediger aankomen op dat specifieke moment om een keus te maken, dan ben je in feite al te laat.

In een 4-4-2 zijn de rechts- en linksachter meer verdedigend, maar kunnen ze opkomen als de middenvelders hun positie overnemen. Ik vormde bij AC Milan als rechtshalf zo'n combinatie met Tassotti achter me en Ancelotti of Rijkaard naast me. Met die driehoek vielen we aan en verdedigden we.

Een bijzondere rechtsback was Gary Neville. Geen begenadigd technicus of de sterkst opkomende rechtsachter, maar toch kon Sir Alex Ferguson nooit om hem heen. Neville had een fabelachtig inzicht en koos altijd precies het juiste moment om anderen te ondersteunen, diep te gaan of zich op het veld aanspeelbaar te maken. Hij wist precies waar het gevaar dreigde bij balverlies. Neville was altijd overal op tijd en kon meedogenloos zijn.

Ik begrijp goed waarom Gary Neville niet uitgroeide tot de populairste speler van Engeland, maar daarin school zijn kracht. Hij kon zoveel irritatie opwekken bij tegenstanders, dat hij hele teams uit hun spel haalde en zelf altijd de controle hield. In zijn eentje had hij soms een compleet elftal in zijn zak. Hoe meer ik naar hem keek, hoe meer bewondering ik voor hem kreeg. Het is niet moeilijk om betere voetballers te noemen voor de rechtsachterpositie, maar geen van hen heeft het karakter van Gary Neville.

De linksachter

Paolo Maldini was het summum van een linksachter. Toen ik met hem speelde bij AC Milan was hij nog erg jong, negentien jaar, maar hij had al de inhoud en body van een ervaren speler. Uitzonderlijk was zijn tweebenigheid. Tot op de dag van vandaag weet ik niet of hij nu van origine een rechts- of een linkspoot is. Maldini bezat de power om de hele linkerflank te bespelen en de intelligentie om het juiste moment te kiezen om zich offensief in te zetten.

De intelligentie van Maldini beperkte zich niet tot de speler Maldini, maar kenmerkte de mens Maldini. Hij keek op een bepaalde manier naar de wereld, niet zoals de standaardvoetballer. Hij wilde wat van de wereld zien, maar heeft als voetballer opvallend genoeg nooit een stap buiten Italië gezet. Ik vroeg hem eens of hij daar nooit spijt van had. 'Ik heb het gewoon goed gedaan. Natuurlijk had ik best elders willen spelen, bijvoorbeeld in Engeland, maar spijt heb ik niet. Ruud, ik heb alles gewonnen.' Dat was tekenend voor de Italiaan Maldini, want winnen is alles in Italië. Als je zijn erelijst ziet, schrik je van de lengte. Als clubspeler bij AC Milan heeft hij alles gewonnen wat er te winnen valt, en niet één keer, maar twee- of zelfs driemaal. Alleen met Italië ging de hoofdprijs steeds aan zijn neus voorbij en verzamelde hij slechts vier troostprijzen met een tweede plaats op een EK en een WK en een derde plaats op een EK en een WK.

De Duitser Andi Brehme was een van de betere linksachters in mijn tijd. Opvallend genoeg een rechtsbenige speler. Bij hem begonnen alle aanvallen van Internazionale en hoewel hij niet echt snel was, had hij een feilloos gevoel voor het juiste moment van opkomen. Doorslaggevend waren vaak ook zijn inzicht en zijn vrije trappen. Ik vond Brehme altijd een moeilijke tegenstander en ik kwam hem nogal eens tegen bij AC Milan tegen Inter en met Nederland tegen Duitsland. Een man met een enorm uithoudingsvermogen.

Marcelo, de linksachter van Real Madrid, heeft datzelfde uithoudingsvermogen en is individueel een prima voetballer. Als linksback passeert hij tegenstanders als een ware linksbuiten. Hij blijft maar gaan aan die linkerkant. Je mist echt zijn offensieve inbreng bij Real Madrid als hij niet speelt. Ronaldo zal zo ook redeneren, want Marcelo is vaak de ideale bliksemafleider voor hem.

Maxwell van PSG springt niet zo in het oog, maar als je zijn werkgevers op een rijtje zet – Ajax, Barcelona, Internazionale en PSG – dan is deze Braziliaan, die overigens ooit begon als middenvelder, bezig met een geweldige carrière. Aan de bal is hij technisch bijna volmaakt, zo zuiver, zoveel schoonheid, zoveel rust, dat het mij altijd weer bekoort. Tegenover snelheid moet hij het afleggen. Toch ben ik blij dat er ondanks de evolutie binnen het topvoetbal naar meer kracht, snelheid en duurvermogen nog steeds plaats is voor zo'n mooie, technische speler naar wie je graag kijkt.

Bekijk ik het met mijn trainersblik, dan zou ik direct een 'Speedy Gonzales' tegenover hem zetten, en ik zou dan zeggen: 'Ga maar, loop over hem heen. Onze rechtshalf en rechtsachter vangen hem wel op als hij de aanval zoekt. Pak maar een paar meter en als je de bal krijgt, ben ik benieuwd of Maxwell later nog een keertje over je heen durft te gaan of dat zijn trainer hem beveelt achterin te blijven.'

Als trainer zou ik Maxwell altijd opstellen. Met zijn achtergrond als middenvelder heeft hij het inzicht om een offensieve rol goed in te vullen. En linksachters die niet bang zijn om aan de bal te komen onder druk en zich daar ook nog eens vrij eenvoudig onderuit kunnen voetballen, zijn schaars. Zelfs op het niveau van de laatste acht van de Champions League.

De centrale verdediger

Er zijn nog steeds rechts- en linksachters die goed kunnen verdedigen, maar tegenwoordig worden ze vooral op hun aanvallende kwaliteiten geselecteerd en beoordeeld. Maar voor een speler centraal in de achterhoede staat verdedigen voorop. Een Italiaan wil iemand in de verdediging die kan verdedigen, een Nederlander iemand die kan voetballen. Het is eenvoudiger om een verdediger te leren passen. Als verdedigen er niet in zit bij een speler, krijg je het er ook nooit in. Verdedigen is een kwaliteit. Je kunt er wel beter in worden, maar je zult er nooit in uitblinken als je geen talent hebt.

Tony Adams vond ik goed met een enorme persoonlijkheid en Claudio Gentile is volgens mij de enige verdediger die de grote Diego Maradona volledig kon lamleggen. Hij speelde bij Juventus en Italië en had het vermogen om een wedstrijd lang de concentratie op te brengen zijn tegenstander het voetbal onmogelijk te maken. Op welke manier dan ook. Hij kleefde aan zijn tegenstander en zou hem zelfs volgen tot op het toilet.

Zelf heb ik onder meer met Alessandro 'Billy' Costacurta gespeeld, een droge verdediger en tegelijkertijd een meedogenloze mandekker van wie dankzij zijn babyface niemand zag hoe meedogenloos hij was. En van zijn lengte moest hij het evenmin hebben. Zijn zakelijkheid vond ik bijzonder. Hij had het vermogen om met zo min mogelijk risico het maximale rendement te boeken. Costacurta kon goed voetballen, maar speelde die ballen gewoon allemaal zonder risico naar een speler in een shirt met dezelfde kleur als het zijne. Veel spitsen onderschatten hem en dachten: daar valt wel iets te halen. Toch kregen ze het bijna nooit voor elkaar beslissend te zijn met hem als directe tegenstander.

Een van de allerbesten die ik heb gezien was Pietro Vierchowod, mijn ploeggenoot bij Sampdoria. Dat Van Basten in alle persoonlijke duels met hem maar één keer een doelpunt heeft gemaakt, zegt voldoende. En Van Basten werd toentertijd drie jaar op rij verkozen tot beste speler van de wereld.

Maar tegen Vierchowod beleefde geen enkele spits een fijne dag. Gezien zijn forse, wat lompe postuur verbaasde Vierchowod zijn tegenstanders met een supersnelle eerste vijf meter en een onverwachte wendbaarheid. Hij stond niet als gemeen bekend, wel als bikkelhard. Hij paste zorgvuldig op zijn lichaam, een echte voorbeeldprof, die in april 2000 pas op zijn eenenveertigste stopte op het hoogste niveau.

Jürgen Kohler speelde profvoetbal van 1983 tot en met 2002 bij onder meer Bayern München, Juventus en Borussia Dortmund. Hij stond bekend als iemand op wie je als ploeg kon bouwen. Zo iemand die geen onnodige risico's neemt, waardoor het vertrouwen van zijn medespelers groeide. Hij zou nooit een mannetje passeren, tenzij hij echt geen andere uitweg meer zag. Zijn leus was: waarom dribbelen als je de bal ook zo naar je medespeler kunt passen? Verdedigend was hij slim en vervelend met een duwtje of even aan je shirtje trekken en een tikkie hier en daar tegen je benen.

Zulke types zie je nu minder. John Terry, Martin Keown, Rio Ferdinand, Nemanja Vidić en Gary Cahill zijn een beetje vergelijkbaar. Je hebt zulke spelers hard nodig omdat je altijd op ze kunt bouwen. Ze maken weleens fouten, maar verzaken nooit. Hun motto is: 'Don't mess with me!'

Zo'n verdediger kom je vooral in Nederland weinig tegen, en dat ligt voor een groot deel aan de huidige scouting: een achterhoedespeler moet tegenwoordig kunnen voetballen en meedoen aan de bal. Maar in mijn ogen is dat niet het enige wat hij moet kunnen. Immers, een mandekker is boven alles een verdediger om de spits uit te schakelen; hij moet vooral geen risico nemen, af en toe inschuiven en vooral de bal inleveren bij de man die wel een aanval kan vormgeven. Een mooie lange bal van rechts naar links of andersom is een welkome bijkomstigheid, maar als dat facet ontbreekt in het pakket, is er geen man overboord. Met training kun je iemand een hoop bijleren.

In de jeugd bij de Amsterdamse club DWS. Privécollectie

Gullit als 19-jarige speler van Haarlem in duel met Johan Cruijf, die zijn rentree maakt in stadion De Meer. Amsterdam, 6 december 1981. © Hans Heus / Hollandse Hoogte

Met Cruijff op de training bij Feyenoord. 'Johan heeft mij de ogen geopend over mijn persoonlijke rol in het voetbal.' © Nationaal Archief

Met Feyenoord tegen PSV in De Kuip. Rotterdam, 7 mei 1985. © VI Images

Met PSV tegen Frank Rijkaard van Ajax. Eindhoven, 29 maart 1987.
© C. Barton van Flymen / Hollandse Hoogte

Met AC Milan tegen Ascoli. Milaan, 4 oktober 1987. © VI Images

Met bondscoach Rinus Michels in aanloop naar het EK 1988. © VI Images

Gullit scoort de 1-0 in de EK-finale tegen Rusland. München, 25 juni 1988. © VI Images

Met de beker. V.l.n.r.: Ruud Gullit, Berry van Aerle, Ronald Koeman, Gerald Vanenburg, Arnold Mühren en Jan Wouters. © VI Images

Trainingskamp Milanello. Frank Rijkaard, Marco van Basten en Ruud Gullit. Milaan, 15 maart 1990. © Hans Heus / Hollandse Hoogte

Met Sampdoria tegen zijn oude club AC Milan. Genua, 31 oktober 1993.

Met Chelsea tegen Dennis Bergkamp van Arsenal. Londen, 30 september 1995.

Met de FA Cup, de eerste grote prijs voor Chelsea in 26 jaar, op Wembley.
Londen, 17 mei 1997. © Camera Press Ltd / Hollandse Hoogte

Langs de lijn als coach van Feyenoord tijdens de klassieker tegen Ajax.
Rotterdam, 17 april 2005. © VI Images

Met BBC *Match of the Day*-presentator Gary Lineker en analisten Alan Shearer en Kevin Kilbane. Privécollectie

In de Champions League-studio van SBS6 met Ronald de Boer. © Jan Bijl

Soms worden verdedigers overmoedig. Ze denken dat ze kunnen voetballen, nemen onverantwoorde risico's en dan gaat het fout. Risico moet je op de helft van de tegenstander nemen, nooit op je eigen helft.

Centraal achterin staat vaak, als het goed is, een combinatie van een pure verdediger en een vrije verdediger. Die vrije verdediger is iemand die iets meer kan met de bal en zich met meer bezighoudt dan alleen het uitschakelen van een spits. Hij verzorgt vaak als eerste pion vanaf de keeper mede de opbouw, zet de organisatie neer, schuift door naar het middenveld of kruipt juist achter zijn collega-verdedigers voor de rugdekking als echte laatste man. Vaak zijn het de leiders van een selectie en ook aanvoerders van hun team.

Ideaal zou zijn als allebei de centrale verdedigers al die facetten onder de knie hebben.

Franco Baresi, de Italiaanse vrije verdediger, is de beste die ik ken en met wie ik heb mogen samenspelen bij AC Milan. Zijn kwaliteitenpalet was compleet. Hij bezat de intelligentie om het van AC Milan zo bekende harmonicaspel te spelen: met het hele team meebewegen om bij balverlies zowel in de diepte als in de breedte de bal weer te veroveren. Dat luisterde bijzonder nauw, want als iemand niet meedeed, ontstond er direct een gat waardoorheen de tegenstander kon opbouwen. Keek je van bovenaf, dan zag je het hele elftal drie meter naar rechts schuiven, vier meter naar voren, vijf meter naar links, tien meter naar achteren enzovoort.

Baresi gaf daar leiding aan en deed dat op een heel dwingende manier. Verzaakte je, dan werd je luidkeels tot de orde geroepen, zonder aanziens des persoons. Daarnaast kon Baresi goed voetballen. Hij was tweebenig en legde de bal over lange afstand op iemands stropdas. Verdedigend speelde hij meedogenloos en qua persoonlijkheid gaf Baresi AC Milan wat Schmeichel United zou geven: leiderschap.

Bij Chelsea was John Terry ook zo'n zekerheidje. Je zet hem op het wedstrijdformulier en hebt er geen omkijken meer naar. Verdedigend staat hij zijn mannetje en in de opbouw doet hij geen gekke dingen. Bovendien geeft hij sturing aan het elftal en zet een strakke defensieve organisatie neer. Met Terry in je ploeg heb je een extra wapen bij corners en vrije trappen. Hij is een geweldige kopper, zo goed dat hij één-tegen-éénluchtduels met keepers in zijn voordeel kan winnen. Zo hoog springt hij en zo goed is zijn timing.

Javier Mascherano, de Argentijn, vertolkt de rol van vrije verdediger bij FC Barcelona op een heel andere manier. Tot zijn komst naar Spanje speelde Mascherano op het middenveld bij Liverpool en het nationale team van Argentinië. Hij is een terriër die zijn werk doet bij balverlies, en bij balbezit aantoont dat hij wel degelijk kan voetballen. Omdat Mascherano beseft dat anderen bij FC Barcelona dit nog beter beheersen, levert hij de bal toch vaak snel in. Hij zit altijd boven op de tegenstander en onderschept veel ballen omdat hij een neusje heeft voor waar de bal gaat komen.

Zijn vermogen te anticiperen op een situatie is ongekend. Continu loert hij – dat zie je bijna letterlijk – op het moment dat zijn eigen medespelers de bal verliezen, om dan direct toe te slaan en de bal zo snel mogelijk terug te veroveren. Balverlies komt nogal eens voor met creatieve spelers als Messi, Neymar en Suárez, die er graag een individuele actie uit gooien.

Je ziet Mascherano soms geheel tegengesteld aan zijn elftal bewegen. Dan weet hij: als Messi daar of daar de bal verspeelt, komt de tegenstander uiteindelijk in de tegenaanval in die-en-die zone bij ons terecht. Die kant loopt Mascherano dan op. Hij zwenkt vervolgens als Messi op Neymar speelt en die de individuele actie inzet. Dan zou de bal bij balverlies weer elders kunnen komen. Als geen ander doorziet Mascherano de aanvalslijnen van de tegenstander naar de spits.

Zo'n vrije verdediger past geweldig bij het spel van FC Barcelona, dat zich vooral op de helft van de tegenstander afspeelt in een zeer kleine ruimte. Daarom valt het ook te belopen voor Mascherano. Daarom geeft hij leiding aan het druk zetten van zijn ploeg bij balverlies.

Bij FC Barcelona ging Carles Puyol Mascherano voor in die rol. Puyol had als voordeel ten opzichte van de Argentijn dat hij zuiver gezien meer kwaliteiten als verdediger bezat en meer persoonlijkheid. Hij was een teamleider en met zijn Catalaanse achtergrond een boegbeeld van de hele club.

Het verschil tussen een goede en slechte verdediger is het verschil tussen een verdediger die de bal niet volgt en eentje die de bal wel volgt. Een 'balkijker' kan nooit een goede verdediger zijn. Die staat bij wijze van spreken te genieten van een mooie actie, hij zou willen applaudisseren, en schrikt pas wakker als de bal in één keer bij zijn directe tegenstander komt. Ja, dan ben je altijd te laat.

Een goede verdediger denkt vooruit: hij is continu bezig met 'wat als'. Spelers als Baresi, Puyol en Vierchowod focussen op mógelijk balverlies: wat als we daar de bal verliezen? Waar moet ik dan zijn? Dat noem ik verdedigen en je taak oppakken. Te veel verdedigers denken pas in balbezit. Je kunt het ze vaak niet eens kwalijk nemen, want ze zijn gescout en geselecteerd op wat ze kunnen in balbezit. Ik vind dat echt een groot probleem. Je ziet zulke verdedigers naar de bal toe bewegen, zich aanspeelbaar opstellen om de pass te kunnen geven. Op zich voldoen ze daarmee aan de verwachtingen, maar je verliest de prioriteit uit het oog als je verdedigend de organisatie aantast.

Het ideale centrale duo is complementair: ze sturen elkaar, communiceren onderling, en denken als één. Je ziet zo of het klopt of niet. Lopen ze allebei naar achteren bij een diepe bal, of pakt de een de bal en de ander de vrije ruimte en anticipeert hij op eventueel in de diepte bewegende aanvallers? Dat moet automatisch goed gaan, wil je spreken van een complementair duo.

Zoiets kan groeien. Zie Real Madrid met Sergio Ramos en de

Portugees Pepe. De kwaliteiten van Pepe als mandekker zijn bekend. Toen Ramos van de rechtsachterpositie in het centrum kwam te spelen, moest hij wennen aan het samenspel met Pepe, aan de ruimte, aan de coaching, aan het inschuiven, aan alles eigenlijk. Ramos had als rechtsachter een prima klik gehad met voorstopper Pepe, maar dat bleek voor hem een totaal andere dan zijn relatie met Pepe als vrije verdediger.

Ramos heeft geleerd te spelen in het centrum, maar in het begin maakte hij veel fouten. Continu zag je hem weer 'lijmen' en daardoor een rits gele en rode kaarten incasseren. Veel te laat dacht hij aan 'wat als'. De opbouw aan de bal was goed verzorgd en nu hij beter anticipeert, de ervaring van de vrije verdediger krijgt en daarmee extra vertrouwen tankt, zie je dat hij nauwelijks nog tegen gele en rode kaarten aanloopt. Door schade en schande wijs geworden, is het kaartenrisico bijna verdwenen. Je ziet hem steeds vaker denken: verliezen we hier de bal, dan moet ik dáár staan om de counter eruit te halen.

In een 5-3-2-systeem is Giorgio Chiellini als centrale verdediger op links een geweldenaar in het driemansblok. Hij speelt bij Juventus en in het Italiaanse elftal en is een heerlijke speler. Hij verzaakt niet, nooit. In Italië is dat vrij normaal, en toch bewonderen ze hem om die eigenschap. Zo iemand moet iets speciaals hebben. Chiellini geeft zijn medespelers een gevoel van: val gerust aan, ik sta achter je. Trouwens niet alleen als centrale verdediger in een 5-3-2, tevens in een 4-4-2 of 4-3-3 en zelfs in een 3-5-2 speelt hij die rol. Je voelt je veilig met hem, want hij gaat risico's uit de weg.

Risico nemen hoort niet bij een achterhoedespeler. Als je denkt dat het fout gaat: weg die bal. Wég! Dan is er in ieder geval niets gebeurd. Ik hou niet van spelers die risico nemen achterin. Geen enkele speler of trainer is daar een liefhebber van. Het publiek misschien, maar wat schiet je ermee op als je daardoor wedstrijden verliest? Van een achterhoede wil ik zekerheid krijgen, zodat ik als middenvelder of aanvaller vrijuit kan spelen zonder dat ik me zorgen hoef te maken over wat achter me gebeurt. Speelt een verdediger op safe, dan kan een aanvaller met risico spelen. Moet Messi met de handrem erop spelen omdat FC Barcelona defensief grote steken laat vallen, dan haalt ook hij zijn topniveau niet.

De middenvelder

Wie het middenveld in handen heeft, heeft de wedstrijd in handen. Bijna alle trainer-coaches redeneren volgens deze stelregel. Daarom zijn veel spelsystemen erop gericht om zoveel mogelijk man te verzamelen op het middenveld. Het grote Ajax van Louis van Gaal uit de jaren negentig van de vorige eeuw bewerkstelligde dit door centrale verdediger Danny Blind door te schuiven naar het middenveld. FC Barcelona doet het door Messi vanuit de voorhoede terug te laten vallen naar het middenveld. Het belangrijkste is de balans op het middenveld. Afhankelijk van het systeem (4-4-2 of 4-3-3) moet je de posities invullen.

Bij een viermansmiddenveld heb je aan de buitenkant spelers met diepgang nodig; de twee posities centraal zijn voor meer verdedigende types. Ze moeten niet naast elkaar staan, maar schuin ten opzichte van elkaar positie kiezen. De achterste is alleen bezig met de organisatie terwijl de tweede bij voorkeur iets creatiever is en het spel naar voren kan verplaatsen. Hij mag zelfs voor het doel van de tegenpartij opduiken. Een voorbeeld van de verdedigende middenvelder is Carlo Ancelotti, Frank Rijkaard van de aanvallende.

Bij een 4-3-3 moet je drie verschillende types hebben die elkaar goed aanvoelen, en vooral qua kwaliteit complementair aan elkaar zijn. Ideaal is een defensieve man, een creatieve middenvelder en een diepgaande man. Veel ploegen komen in de problemen als ze dit niet goed invullen of de juiste combinatie niet onder contract hebben staan. Dan begint het schipperen.

Op links

Glenn Hoddle van Tottenham Hotspur, AS Monaco, Swindon Town en Chelsea (1975-1995) zou ideaal zijn geweest links op het middenveld in 4-3-3, maar bij 4-4-2 moest hij in het centrum spelen. Probleem voor Hoddle was dat hij eigenlijk in het verkeerde land is geboren, of te vroeg. Vandaar misschien de miskenning. In Nederland waren we lyrisch over Hoddle, maar in Engeland vonden ze hem te technisch, hij miste loopvermogen.

John Barnes, de vroegere speler van Liverpool, kwam met zijn begenadigde linkerbeen goed tot zijn recht in een 4-4-2, maar nog beter in een 3-5-2 met de punt naar achteren. Hij stond net voor zijn achterhoede gepositioneerd en verzorgde van daar de opbouw van het elftal. Hij was een spelverdeler, een slimme speler die het spel overzag.

Twee geweldenaars, in mijn ogen, waren de Spanjaard Rafael Gordillo van Real Madrid en Davie Cooper van Glasgow Rangers. Cooper, die in maart 1995 op negenendertigjarige leeftijd overleed aan een hersenbloeding, was technisch perfect, met een schitterend overzicht, en hij scoorde gemakkelijk. Gordillo had een enorm uithoudingsvermogen en ging maar op en neer langs de lijn in een 4-4-2. Hij speelde altijd met afgezakte kousen.

Van die twee spelers, Cooper en Gordillo, was ik echt gek, zoals ook van de Franse middenvelder José Touré, die bij Nantes en AS Monaco heeft gespeeld. Ik zag hem voor het eerst op een jeugdtoernooi in Oostenrijk en stond met open mond te kijken. Later is hij helemaal aan de grond geraakt door privéomstandigheden. Van wie ik ook zo intens kon genieten, was de Spaanse Belg Juan Lozano.

Voor verschillende systemen heb je verschillende spelers nodig, zelfs al lijken de posities vergelijkbaar. Dat heeft te maken met de andere posities daaromheen. Zo stond Edgar Davids binnen het 4-3-3 van Ajax en Juventus altijd op links, al trok hij iets naar binnen. Edgar was eveneens onvermoeibaar en bleef maar lopen, tackelen en ballen veroveren. Daarbij kon hij geweldig voetballen in balbezit, al liet hij dat in belang van het team meestal over aan iemand als Zinédine Zidane. Ook dat is een grote kwaliteit: je ondergeschikt kunnen maken.

Op rechts

Frank Rijkaard en Carlo Ancelotti waren bij Milan de besten om centraal op het middenveld te spelen in een 4-4-2. Zij konden goed uit de voeten in de kleine ruimte, waren sterk en konden een bal afpakken. En hun mindset stond altijd op 'wat als'. Wat als het fout gaat in de spits, op het middenveld, op rechts, op links? Hoe anticiperen we daarop? Omdat bij AC Milan zes spelers met die gedachte rondliepen, waren we altijd gedekt als het voorin of elders fout liep.

Frank Rijkaard was een geweldenaar. Het kostte mij persoonlijk veel moeite om de leiding van AC Milan te bewegen hem op te halen bij Real Zaragoza. Ze wilden alles van hem weten en waren niet helemaal overtuigd. Ik heb Sacchi en de leiding wel honderd keer gezegd: 'Haal hem!' Ons elftal bij AC Milan stond al goed, maar met Frank erbij vielen inderdaad alle puzzelstukjes in elkaar en wonnen we twee jaar lang alles wat er te winnen viel.

Frank had de dynamiek en de power om op het middenveld naar voren en naar achteren te blijven gaan. Toch was hij veel meer dan sterk alleen. Hij kon in de kleine ruimte verschrikkelijk goed voetballen en pikte gemakkelijk zijn doelpuntjes mee. Opvallend veel voor een defensieve speler. Frank scoorde zelfs in de finale van de Europacup I tegen Benfica, in Wenen.

Hij ontwikkelde zich bij AC Milan, het Nederlands elftal en later in zijn tweede periode bij Ajax tot een speler die ervoor zorgde dat zijn elftal won. Soms door een doelpunt, maar veel meer nog door zijn aanwezigheid en zijn kwaliteiten als speler en zelfs motivator. Zeker bij het jonge, zo succesvolle Ajax medio jaren negentig.

Een uitstekende verdedigende middenvelder in mijn ogen was de Fransman Claude Makélélé van Chelsea en Real Madrid. Hij stelde zichzelf ook continu de vraag in het veld: 'Wat als?' Hij had een scherp oog voor dreigend gevaar. Op het eerste gezicht deed Makélélé niet meer dan de bal veroveren en vervolgens inleveren bij degene die kon voetballen. Maar met zijn voetbalintelligentie en zijn positiekeuze op het veld haalde hij meer dan eens bij voorbaat de angel uit de counter van de tegenpartij. Evenals Davids offerde Makélélé zich op, hoewel hij aan de bal goed mee kon op het hoogste niveau.

Een heel ander type middenvelder was Bryan Robson. Iemand die een geweldige dynamiek bezat en daarbij een echte leider van zijn elftal was. Als iemand vooropging in de strijd, was het Robson. Tegelijkertijd kon hij het elftal een 'spark' geven, een flits. Hij combineerde het bal afpakken met goed voetballen en scoren.

Een mooie speler om te zien is David Silva van Manchester City, een spelbepaler die ik niet inschat als een pure middenvelder, maar evenmin als een pure aanvaller. Hij kan het allebei en speelt ook vaak tussen de linies. Zo iemand is vaak moeilijk te verdedigen, maar defensief kan hij zijn team ook problemen geven. Daarom wordt hij vaak als linksbuiten opgesteld, ook al komt hij het best tot zijn recht in het centrum.

Zinédine Zidane is een absolute uitzondering. Een natuurlijke leider met zijn aanwezigheid, want van zijn praten moest hij het niet hebben: hij sprak met zijn voeten, zoals ze zo mooi zeggen. Zidane kreeg bij zijn ploegen alle vrijheid. Veel trainers waren logischerwijze bereid extra aanpassingen te doen in hun team om Zidane het verschil te laten maken.

In het veld praatte Zidane misschien niet veel, maar hij zag alles. In beweging leek het of Zidane alles op zijn gemak in de derde versnelling deed en toch gleed hij langs tegenstanders die al vol in de vijfde versnelling zaten. Als een elegante ballerina, en met een grandeur... Naar Zidane kijken was puur genot.

Ook sterk van Zidane was de manier waarop hij tegenstanders gebruikte om zijn actie te maken, weg te draaien en los te komen, als waren zij een katapult. Terwijl hij niet van lichamelijk contact hield. Als geen ander kon Zidane met een voorbeweging of een kleine lichaamsschijnbeweging een tegenstander uit evenwicht brengen om dan over het verkeerde been te passeren. Het ging hem zo eenvoudig af dat het bijna simpel leek, terwijl het toch een kwestie is van ultieme timing. Zo maakte Zidane in balbezit talrijke malen het verschil bij Bordeaux, Juventus, Real Madrid en het Franse elftal.

Je neemt Zidane niet voor zijn verdedigende kwaliteiten, maar daarvoor had hij bij Real Madrid dus Claude Makélélé lopen. Ze konden niet zonder elkaar en groeiden met elkaar uit tot een topspan, een kampioensduo.

Types als Zidane, Platini, Maradona, Cristiano Ronaldo en Messi denken 'out of the box'. Dat zijn de spelers die we in de voetballerij moeten blijven koesteren. Met hen moeten trainers geen discussies voeren: je moet ze vertrouwen en vrijheid geven. En luisteren. Ik denk dat je met allerlei filosofische teksten om de oren wordt geslagen als je met ze van gedachten wisselt. Koester hen, want zij zijn de uitzonderingen, die voetbal zo prachtig maken.

Diego Maradona brak door als middenvelder, maar vulde dat op zo'n manier in dat hij eigenlijk niet op één positie viel te vangen. In welk systeem hij ook speelde, Maradona viel overal buiten en vulde eigenlijk z'n eigen systeem in: 9-1. Iedereen moest in zijn dienst spelen en dan maakte hij steevast het verschil. Met als ultiem voorbeeld het Argentijnse elftal dat in 1986 in Mexico City wereldkampioen werd ten koste van West-Duitsland.

Regelmatig heb ik met Maradona op het veld gestaan. Ik heb in vriendschappelijke potjes gespeeld met hem als ploeggenoot, maar veel vaker stond ik tegenover hem. In alles was hij een leider. Hij kon verschrikkelijk tekeergaan als zijn medespelers niet deden wat ze in zijn ogen moesten doen. Eenmaal werd een ploeg genoot van Maradona gewisseld – waarschijnlijk op zijn gezag – en hij schold hem net zo lang verrot tot hij bij de reservebank was aangekomen. Maradona ging tot het gaatje om te winnen. Hij spaarde zichzelf evenmin. Raakte hij geblesseerd, liep hij gewoon door. Zoals tijdens het WK 1990 in Italië toen hij het hele toernooi lang schoppen kreeg te incasseren, maar pas in de finale moest capituleren voor Duitsland. Wie zich als een zacht ei gedroeg, kreeg onherroepelijk bonje met Maradona.

Hoe goed hij was? Bij AC Milan liepen de beste verdedigers van de wereld, maar Maradona kregen ze niet van de bal af. Net als Zidane gebruikte hij zijn tegenstander vaak als katapult. Als iemand hem aanpakte, leunde hij tegen hem aan en gebruikte diens kracht om weg te schieten.

Fysiek en snelheid zijn in deze tijd nog belangrijker geworden dan twintig, dertig jaar geleden. Toch zou Maradona tegenwoordig ook een superster zijn. In die tijd kon hij nog ongestraft neergeschopt worden. Herhaaldelijk vloog hij door de lucht na weer een afschuwelijke overtreding, maar even vaak ontweek hij schoppen door meters de lucht in te springen. Zou Maradona van de arbitrage de bescherming hebben gekregen die Messi nu ontvangt, dan hadden we nog veel meer van hem kunnen genieten.

Maradona is voor mij de beste voetballer ooit. Hij was het complete plaatje, de speler die alles snapte van tactiek, techniek, inzicht, alles. Soms was hij zo geniaal dat je bij jezelf dacht: wat is dit... wat gebeurt hier nou? Ik heb dat als tegenstander van Maradona zo ervaren, en eveneens als medespeler. In een benefietwedstrijd speelden jongens als Gianfranco Zola, Gustavo Poyet en veel andere oud-toppers, maar iedere bal ging naar Maradona. Bijna vanzelfsprekend. Uit respect ook. Omdat Maradona nu eenmaal Maradona is.

Als we onder elkaar waren, buiten het veld, dan was het echt gezellig. Hij is een leuke gozer en Maradona wilde heel graag bij iedereen geliefd zijn. Dat maakte hem vaak een gemakkelijk doelwit. Mensen wisten hoe ze hem moesten bespelen om hem voor zich te winnen en vervolgens te misbruiken. Daar trapte hij vrij eenvoudig in. Maar de voetballer Maradona was geweldig, de beste speler die ik ooit heb gezien.

Over Pelé kan ik niet oordelen, want ik heb hem nooit live zien voetballen. Op filmpjes doet hij waanzinnige dingen, maar of hij beter was dan Maradona, kan ik niet zeggen. Ik geloof alle superlatieven over hem, weet dat zijn prijzenkast uitpuilt met onder andere drie WK-titels met Brazilië. Maar ik heb hem – helaas – nooit live in actie gezien en kan dus moeilijk een objectief oordeel vellen.

Tot dusver hou ik het bij Maradona. Wie weet draai ik over een paar jaar bij als de carrière van Messi is afgelopen en moet ik wellicht concluderen dat iemand nog beter is geweest dan Maradona, namelijk zijn landgenoot Messi. Al blijf ik altijd volhouden dat het in het tijdperk van Maradona veel moeilijker was om je als speler staande te houden. De bescherming die Messi nu geniet, ontbrak voor Maradona. Hij was vogelvrij. Had Maradona dezelfde bescherming genoten, dan zou hij ook niet zo lang en zwaar geblesseerd zijn geweest door een ontmoeting met de slager van Bilbao, Goikoetxea.

In het centrum

Michel Platini had een vrije rol op het middenveld, meestal in het centrum. Een geweldige speler die veel goals maakte en weinig hoefde mee te verdedigen. Hij werd altijd ontzien door spelers als Alain Giresse, Jean Tigana en Luis Fernandez. Dat middentrio zorgde voor de balans in het team. Zij konden zelf heel aardig voetballen en voelden bovendien precies aan hoe ze eventueel dreigende problemen moesten oplossen als Platini naar voren was gegaan. Dat getuigde van pure voetbalintelligentie en opofferingsgezindheid.

Daarom plakken sommige trainers spelers als Platini het liefst aan de zijkant, waar ze bij balverlies zo min mogelijk kwaad kunnen. Dat overkwam Platini's opvolger Zinédine Zidane ook, in de nadagen van zijn carrière. Maar in de tijd van Platini was dat niet nodig omdat de omschakeling bij balbezit veel langzamer ging dan tegenwoordig.

Om Platini's kwaliteiten optimaal te laten renderen, keek de Franse bondscoach Michel Hidalgo gewoon wat hij nodig had: welke medespelers, welke tactiek en welke speelstijl pasten het best bij Platini? Uiteindelijk kwam Hidalgo met 'Le Carré Magique' (de magische ruit): Giresse, Tigana en Genghini (WK 1982) en later Luis Fernandez (EK 1984). Platini maakte op het EK 1984 in eigen land negen doelpunten in vijf wedstrijden, een record dat nog steeds staat, hoewel het aantal deelnemers tegenwoordig groter is en er dus meer wedstrijden worden gespeeld. Met het EK 2016 werd het aantal deelnemende landen zelfs verhoogd van 16 naar 24.

Voor zo'n ouderwetse spelbepaler in de as van het veld is nauwelijks nog ruimte in het hedendaagse topvoetbal. Het wordt steeds moeilijker om je met alleen die kwaliteit staande te houden in de internationale top. De laatste die dat is gelukt, is in mijn ogen Andrea Pirlo.

Nu draait het vooral om uithoudingsvermogen, fysieke kracht en snelle omschakeling. Het is niet zo moeilijk om een dergelijke verzameling kwaliteiten bijeen te sprokkelen, maar spelers als Platini en Pirlo zouden zich tegenwoordig alleen in extreem technische teams kunnen handhaven. Je mag nooit meer een bal kwijtraken, anders sneeuwen zelfs de beste spelers onder. Vandaar dat zulke spelbepalende types zijn verbannen naar de aanvallende posities op de vleugels, waar balverlies minder kwaad kan.

Dilemma's op het middenveld (1)

Gerrard (Liverpool) en Lampard (Chelsea) speelden allebei als offensieve middenvelder. In het Engelse elftal stonden ze samen op het veld en voor elke bondscoach was de grote vraag: hoe kun je die twee uitmuntende middenvelders nu samen laten voetballen, en wel zó dat beiden het maximale rendement halen uit hun kwaliteiten? Dat dat nooit echt is gelukt, is misschien wel een van de grootste teleurstellingen in de geschiedenis van het Engelse voetbal.

Voor Lampard bestaat geen vaste positie in welke tactische variant dan ook, omdat hij overal doorheen banjert. Je moet voor hem in feite een positie creëren zonder dat je te ver van je systeem of tactiek afdwaalt. Dus wie zet je naast en achter hem?

Op de een of andere manier vulden Lampard en Gerrard elkaar niet aan, terwijl het beiden geweldige spelers zijn. In het Engelse spelsysteem moest je de een aan de buitenkant van het middenveld zetten en de ander in het midden. Dus moest een van beiden zich opofferen. Beiden denken ze vooruit, maar als je 4-4-1-1 speelt, kom je met die twee in het centrum in de problemen bij balverlies voorin. Er is zelfs geprobeerd om Lampard achter de spits te zetten, maar hij moet juist vanuit het middenveld opkomen. Daarom was de 4-3-3 van Chelsea geknipt voor Lampard.

Jammer genoeg hebben de bondscoaches van Engeland nooit lang geëxperimenteerd met een 4-3-3 met de punt naar achteren op het middenveld. Daar zou een ijzersterke middenvelder als Paul Scholes optimaal tot zijn recht zijn gekomen. Maar zelfs hij werd soms naar de buitenkant verbannen, waardoor hij in mijn ogen veel te vroeg bedankte voor het nationale elftal van Engeland.

Gerrard ging naderhand bij Liverpool veel meer als verdedigende middenvelder spelen. Vanuit die positie werd hij steeds meer de man van de pass. Natuurlijk kan hij dat, maar het is niet de kwaliteit die je het liefst van hem ziet. Gerrard is een te goede voetballer om alleen maar een beetje voor die achterhoede rond te lopen. Gerrard hoort dieper te spelen, daar ligt zijn kracht. Uiteindelijk ging hij toch met die verdedigende rol akkoord.

Over Lampard-Gerrard zijn nogal wat Engelse bondscoaches gestruikeld. In feite waren ze zelfs opgelucht als een van de twee geblesseerd was, want geen enkele bondscoach had zoveel status dat hij zonder gevolgen óf Lampard óf Gerrard kon passeren – het publiek en de Engelse pers pikten dat eenvoudig niet.

De kwaliteiten van deze twee spelers vloekten met elkaar. Desondanks weigerden de betrokken bondscoaches te kiezen. Kies je voor de een, dan ben je tegen de ander, en andersom. Kies je als bondscoach voor Gerrard, dan heb je een probleem met de fans, verslaggevers, trainers en teamgenoten van Lampard bij Chelsea. En andersom net zo goed.

Ik kan je vertellen dat het voor een trainer, ook voor een bondscoach, een verschrikking is om met zo'n duivels dilemma opgezadeld te worden. Je kunt het nooit goed doen, onmogelijk. Met de verantwoordelijke bondscoaches had ik altijd een beetje medelijden. Dat geldt net zo goed voor Lampard en Gerrard, want zij wisten natuurlijk ook donders goed: wij kunnen niet met en niet zonder elkaar.

Alleen pikte de buitenwacht het niet dat Lampard bij Engeland niet presteerde en in het shirt van Chelsea wel. En dat de Gerrard bij Engeland geen gelijke tred kon houden met de Gerrard van Liverpool. *Waarom scoort die Lampard zo weinig?* Die vraag heb ik zo vaak gehoord. Ik snap wel waarom. Frank kon nooit zichzelf zijn bij het Engelse elftal en miste de voetballers om hem heen die hem aanvulden. Hetzelfde gold voor Gerrard.

Voor een bondscoach is dat een hel, als je een generatie spelers hebt die top zijn, maar waarvan de beste twee niet met elkaar kunnen spelen. Zo'n situatie als met Lampard en Gerrard ondermijnt ook de stelling dat twee goede voetballers altijd automatisch goed samen kunnen spelen, dat ze elkaar zogenaamd zo goed aanvoelen omdat ze op hetzelfde niveau bezig zijn. Niet dus.

Gerrard speelde tussen 2000 en 2014 114 interlands, waarin hij in totaal 21 goals maakte. Bij Liverpool kwam hij tot 120 treffers in

504 duels. Lampard speelde tussen 1999 en 2014 106 interlands en maakte 29 goals. Bij Chelsea kwam hij tot 147 treffers in 429 duels.

Achtereenvolgens beten de volgende bondscoaches zich stuk op dit vraagstuk: Kevin Keegan (1999-2000), Sven-Göran Eriksson (2001-2006), Steve McClaren (2006-2007), Fabio Capello (2007-2012) en Roy Hodgson (2012-2014). Niemand had er een antwoord op, en ik trouwens ook niet.

Dilemma's op het middenveld (2)

Ondanks de tragiek ervan vind ik zo'n twistpunt Gerrard-Lampard wel interessant. Je komt het vaker tegen. Bij het Nederlands elftal had je hetzelfde vraagstuk met Rafael van der Vaart en Wesley Sneijder. Daar is ook lang gezocht naar de manier waarop de twee samen optimaal konden renderen. Bij allebei lag hun sterke punt opgesloten in de positie van aanvallende middenvelder. Van der Vaart maakte iets eerder dan Sneijder zijn debuut nadat ze samen de veelgeroemde jeugdopleiding van Ajax hadden doorlopen. Uiteindelijk kozen trainers en bondscoaches voornamelijk voor Wesley Sneijder als spelbepalende middenvelder.

Zowel bij Ajax (Ronald Koeman) als in het Nederlands elftal (Bert van Marwijk) kreeg de gifkikker en straatvechter Sneijder de voorkeur boven de stilist Van der Vaart. Bij Ajax werd Van der Vaart van hot naar haar geschoven op alle posities in de aanval en op het middenveld, en altijd speelde hij tweede viool achter Sneijder.

Een vervelende keus voor een trainer en een bondscoach, maar samen ging gewoon niet. De verhouding tussen Van der Vaart en bondscoach Van Marwijk is daarom nooit optimaal geweest, terwijl hij eerder met bondscoach Marco van Basten kon lezen en schrijven.

Als je een keuze maakt, raak je als coach bijna automatisch een speler kwijt. Dat dien je je wel te realiseren. Maar blijft het bij één speler? Wat voor jongen is het? Sleurt hij andere spelers mee in zijn misère? Als hij tegen zijn vriendjes gaat zeuren van 'die trainer is klote' heb je echt een groot probleem, zeker als hij medespelers meekrijgt. Dan ontstaat er zomaar een desastreuze, negatieve sfeer in een spelersgroep en in de kleedkamer. Zo'n sfeer kun je bij een nationaal elftal niet gebruiken. Gelukkig zat Van der Vaart zo niet in elkaar.

Wat te doen? Beiden opstellen, zoals de diverse Engelse bondscoaches deden met Lampard en Gerrard? Terwijl het voetbaltechnisch en -tactisch eigenlijk niet kan. Bij het Nederlands elftal heeft Van der Vaart zelfs de rol van verdedigende middenvelder vervuld. Aan de bal vanzelfsprekend geen enkel probleem, maar zonder bal, defensief en in de organisatie natuurlijk minder. Sneijder heeft het uiteindelijk overleefd en zit nog steeds bij Oranje. Maar de discussie heeft bijna de hele interlandcarrière van het duo geduurd, en dat is natuurlijk veel te lang.

Het is niet goed geweest voor die spelers en evenmin voor het Nederlands elftal. Terwijl ik Sneijder en Van der Vaart allebei goede spelers vind. Uiteindelijk koos bondscoach Bert van Marwijk voor een systeem (4-3-3 met Sneijder in de punt naar voren) met Van der Vaart als linksbuiten. In die rol haalde hij niet het rendement dat hij gewend was bij zijn clubs.

Van der Vaart speelde tussen 2001 en 2013 109 interlands en maakte 25 goals. Sneijder speelde vanaf 2003 tot nu meer dan 120 interlands en scoorde 29 goals.

Middenveld FC Barcelona

Waar twee middenvelders als Lampard en Gerrard of Van der Vaart en Sneijder niet optimaal met elkaar functioneerden, konden de drie topmiddenvelders van FC Barcelona – Xavi, Iniesta en Busquets – wel samenspelen bij hun club én het nationale elftal van Spanje. Dat trio was complementair: Xavi als de bedenker, Iniesta als de aanvallende en diepgaande speler en Busquets als de verbindingsspeler en degene die de offensieve looplijnen van de tegenstander blokkeerde.

Hoewel ze vaak met z'n drieën met een schoon broekje van het veld kwamen, was Busquets de enige die af en toe een sliding maakte. Het broekje van Iniesta moest soms in de was omdat ze hem vloerden, maar Xavi was zo uitgekookt dat hij geen slidings nodig had en evenmin in duels terechtkwam.

Xavi was het beginpunt op het middenveld, leed nooit balverlies en zorgde ervoor dat de bal uiteindelijk bij de aanvallers terechtkwam. Hij wist exact het juiste moment te bepalen wanneer het spel van het middenveld naar de aanval kon worden verlegd, zonder dat de aanvallers een groot risico liepen om de bal in een duel te verspelen.

Iniesta denkt meer naar voren, aanvallender, vanaf de linkerkant, met meer risico. Hij heeft de genialiteit om de eindpass te geven op een van de drie aanvallers. Ondanks het beetje extra risico lijdt hij nauwelijks balverlies en is hij sowieso niet van de bal te krijgen. Hij draait zo gemakkelijk en zo kort weg dat het onverdedigbaar is. Hij draait altijd de goede kant op, alsof hij een paar extra ogen in zijn rug heeft.

Iniesta is niet een speler die grote afstanden aflegt of kan afleggen, maar dat is bij FC Barcelona ook niet nodig. Bij balverlies, waar op het veld ook, wordt direct druk gezet. Dat houdt in dat de ruimtes klein blijven en dat je eigenlijk maar een paar metertjes hoeft te lopen.

Dat spel eist opperste concentratie en continu bewustzijn van balverlies lijden. Dat betekent altijd goed om je heen blijven kijken wie waar staat van de tegenpartij en je ploeggenoten, zodat je weet welke tegenstander je moet oppakken bij balverlies. En net als Xavi is Iniesta een speler die je altijd in de voeten moet aanspelen. Zoek je die twee spelers in de diepte of door de lucht – ze zijn niet langer dan één meter zeventig – dan lever je de bal in.

Sergio Busquets staat achter dit duo. Alleen bij corners en vrije trappen mag hij mee naar het strafschopgebied van de tegenstander. Busquets' primaire taak is om de balans in de gaten te hou den; hij is het wat-alsmannetje van Barcelona. Overigens is Busquets net zo goed ijzersterk aan de bal. Toch levert hij iedere bal in, niet bij de tegenstander, maar altijd bij Xavi of Iniesta.

Je begrijpt: als de drie spelers op het middenveld nooit de bal kwijtraken, hoeven ze ook nauwelijks op jacht om de bal te heroveren. In de opbouw van achteruit zocht iedereen meteen Xavi, die sneller diepte maakte in het aanvalsspel. Dat gaf tegenstanders minder tijd om zich te reorganiseren. Soms switchten Busquets en Xavi, maar opvallend genoeg liepen ze elkaar nooit in de weg en vulden elkaars taken foutloos in.

In conflict met de coach (1)

De rol van Messi is in de loop van de seizoenen veranderd, in elk geval na de komst van Luis Enrique als trainer-coach en later spits Luis Suárez. Onder Guardiola stond Messi echt als spits opgesteld. Af en toe liet hij zich terugzakken om ruimte voor zichzelf of medespelers te creëren. Tegenwoordig speelt hij vanuit de rechtsbuitenpositie, dat wil zeggen: hij zoekt *vanuit* die beginpositie de vrije ruimte en maakt zo automatisch ruimte voor de opkomende rechtsback Dani Alves.

Met deze speelstijl wordt het middenveld van FC Barcelona eigenlijk altijd bezet door vier spelers en bewegen de twee aanvallers Neymar en Suárez zich in vrijheid door de hele aanvalslinie. Zo maken zij ruimte voor al hun ploeggenoten, die continu de voorhoede insnijden. Dat kunnen ze bijna blind doen omdat Messi, eenmaal in balbezit op het middenveld, de bal eigenlijk nooit kwijtraakt. Sterker, hij legt de bal van daaruit exact neer waar hij wil. Gemakkelijker kun je het niet krijgen. Ga maar rennen en Messi kiest de juiste man uit.

Deze speelwijze heeft Luis Enrique twee seizoenen gekost. Niet voor niets sijpelden er in de beginmaanden van Enrique berichten door dat hij het gevecht was aangegaan met Messi, iets wat Pep Guardiola niet kon opbrengen na alle successen die ze samen hadden gevierd. Daarom stapte Pep ook op in 2012.

Guardiola's opvolger, de Argentijn Gerardo Martino – hij kwam op voorspraak van Messi naar FC Barcelona en was een goede vriend van de vader van Messi – weigerde het gevecht aan te gaan met sterspeler Messi en ging juist zoete broodjes bakken, gaf Messi inspraak en veel te veel invloed. Als een speler het voor het zeggen krijgt binnen een team, begeeft een club zich op een hellend vlak. Er mag geen sprake zijn van een gelijkwaardig niveau tussen trainer en speler. De hiërarchie tussen trainer en speler moet ten koste van alles worden gewaarborgd. Je kunt zelfs geen vrienden van elkaar zijn of bij elkaar over de vloer komen.

Na Martino's vertrek en de komst van Luis Enrique ging Messi aanvankelijk de strijd aan en werden er af en toe wat kleedkamergeheimen gelekt. Toen dreigde zelfs even het ontslag voor Luis Enrique, maar uiteindelijk won de trainer-coach de strijd met Messi, waarbij hij werd gesteund door het bestuur van FC Barcelona. Terecht. Geweldig dat Luis Enrique bij zijn filosofie is gebleven en Messi ervan heeft overtuigd dat hij de spitspositie in het belang van het team, en dus in het belang van FC Barcelona, uit zijn hoofd moest zetten.

Ineens zag je de switch in de aanval. Bij zijn komst van Liverpool was Luis Suárez aanvankelijk drie maanden geschorst omdat hij Giorgio Chiellini had gebeten tijdens de WK-wedstrijd in Brazilië tussen Uruguay en Italië. Eenmaal speelgerechtigd voor FC Barcelona speelde Suárez zo'n drie maanden als rechtsbuiten. Eind 2014, begin 2015, na een half seizoen in Catalonië, dook Suárez ineens op in de spits. De positie die hij al zijn hele leven bekleedde en waar hij bij FC Groningen, Ajax en Liverpool ook altijd stond.

De Argentijn Messi, de beste speler van de wereld, moest plaatsmaken voor de Uruguayaan Suárez.

Luis Enrique heeft Messi er uiteindelijk van overtuigd dat hij zijn plaats in de spits moest afstaan, ook in het belang van Messi zelf. Alle gewonnen prijzen sindsdien zijn het bewijs, met het winnen van de Champions League 2015 als kroon op de in praktijk gebrachte opofferingsgezindheid. Tevens zie je dat Messi en Suárez elkaar inmiddels alles gunnen, elkaar zoeken in het veld om de combinatie aan te gaan en met elkaar het grootste plezier beleven. Ook voor Neymar geldt dat. Ze liggen af en toe in een deuk met z'n drieën.

Messi is ook veel minder bezig met het scoren van drie, vier of vijf doelpunten of met de race met Ronaldo wie topscorer van Spanje en Europa wordt. Het maakt hem niet meer uit. Vorig seizoen gaf Messi zelfs strafschoppen en vrije trappen 'cadeau' aan Suárez en Neymar. Zulke kleine voorbeelden zeggen heel veel over de onderlinge verstandhouding en de omgang met elkaar. Het supertrio heeft in de gaten dat ze elkaar nodig hebben en dat ze als trio, als som der delen, veel beter zijn dan als individu.

Dat Messi zich deze metamorfose heeft laten aanleunen, verdient alle respect, omdat hij als een van de grootste spelers aller tijden zijn ego opzij heeft gezet voor het teambelang. Daarom is de Argentijn nog beter en nog completer dan hij al was. Al hoop ik dat hij zijn dribbels altijd zal blijven maken.

Nu Messi zich veel meer profileert als teamspeler, is hij tegelijkertijd veel meer een leider geworden van dit FC Barcelona. Samen met Iniesta is hij echt het hart van het huidige elftal, terwijl hij in het begin meer de reddende engel was op moeilijke momenten. Nu kan bijna iedere speler het team redden als het in zwaar weer verkeert.

Het beste bewijs daarvoor was toen Messi een paar wedstrijden moest missen door een blessure. Barcelona bleek zonder Messi ook te kunnen winnen. Suárez, en vooral Neymar, maakten in die periode het verschil.

Toen Messi terugkwam van zijn afwezigheid kreeg hij meteen weer de bal van zijn medespelers. Mede uit respect voor Messi, omdat ze weten dat híj het hart van FC Barcelona is en niemand anders.

Zijn landgenoot Martino maakte hem leider, liet hem minder trainen en als de tegenstander onder druk gezet diende te worden, mocht Messi zich afzonderen. Dat werkt niet in een voetbalelftal.

Gelukkig greep de leiding in en maakte een einde aan Martino's dienstverband en aan de privileges voor zijn landgenoot Messi, de sterspeler. Luis Enrique aanvaardde daarna een lastige klus, maar is de strijd aangegaan en heeft de oorlog gewonnen. Inmiddels is Messi op eigen benen doorgegroeid naar de rol van breed geaccepteerde leider.

In conflict met de coach (2)

Ikzelf ben als trainer-coach ook weleens gedwongen geweest een dergelijke strijd aan te gaan. Je moet spelers dan zien te overtuigen van je gelijk. Soms win je dat en soms verlies je het. Als je het niet kunt winnen en het lek nooit boven water krijgt, moet je afscheid nemen. Zo'n dilemma heb ik ook gehad bij Newcastle United.

De strijd die ik wel gewonnen heb, was met Dennis Wise, centrale middenvelder bij Chelsea. Wise kwam van Wimbledon en dacht bij Chelsea dat hij nog steeds deel uitmaakte van de 'crazy gang', zoals Wimbledon in die tijd gekscherend werd genoemd. En mij verdacht Wise ervan dat ik als buitenlandse coach van Chelsea alleen maar met buitenlanders wilde spelen. Ik zag in Wise veel potentie, een van mijn betere spelers, maar niet op de manier die hij zelf voor ogen had.

Uit bij Leicester City was voor mij de maat vol. We stonden 1-0 achter en Wise ging verschrikkelijk tekeer op het veld. Tackelend, rennend, vliegend, scheldend en schreeuwend speelde hij volledig zijn eigen wedstrijd en toen heb ik hem in de rust in de kleedkamer achtergelaten. Uiteindelijk wonnen we de wedstrijd en keek Wise me niet meer aan.

Twee dagen later hoorde ik van een gezamenlijke golfvriend

van Wise en mij dat hij weer klaagde en het verhaal afstak dat ik alleen maar buitenlanders zou willen. Die vriend wist wel beter en zei: 'Dennis, het is niet zo, geloof me. Ik spreek Ruud heel vaak. Je ziet het verkeerd, het klopt niet. Als ik jou was, zou ik hem gewoon bellen.' En dat heeft Wise gedaan.

Toen heb ik hem uitgenodigd voor het eten en verteld: 'Dennis, jij bent een van mijn beste spelers, maar je bent alleen maar aan het rossen en rauzen en krijgt om de haverklap gele en rode kaarten. Daar heb ik niets aan. Je bent te goed om zo te blijven spelen. Ik heb jou op het veld nodig, niet erbuiten. Jij moet gaan voetballen. Als jij gaat voetballen zoals ik denk dat je kunt, dan word je mijn aanvoerder en mijn beste speler. Wil je dat voor me doen?'

Kijkt die Dennis me stomverbaasd aan en zegt: 'Ja.'

Ik zeg: 'Oké, geen gele en rode kaarten meer en geen domme dingen. Aanvoerder zijn en spelen zoals je het beste doet. Ik beloof je dat je dan zelfs in aanmerking komt voor het Engels elftal.'

'Jaja,' zei hij, 'jaja.'

Maar uiteindelijk heeft dat scenario zich voltrokken.

Zo'n gevecht van een speler en zijn natuur winnen, is bijzonder moeilijk. Je moet die strijd wel aangaan en er niet voor weglopen, want er wacht een geweldige speler op je, als zo iemand oppikt wat je met hem voor ogen hebt.

De buitenspeler

Sjaak Swart van Ajax, de aangever van Johan Cruijff in de gouden tijd, had altijd krijt aan zijn schoenen; buitenspelers hoorden op de lijn te lopen. Spelers als Sjaak Swart zie je nauwelijks nog. De rechts- en linksbuiten van toen zijn compleet andere spelers geworden.

David Beckham was meer een rechtshalf en valse rechtsbuiten. Iemand die met zijn passes en zijn voorzetten een elftal van extra kwaliteiten voorzag. Beckham hoefde zijn tegenstander niet voorbij om een gevaarlijke bal op de spits te geven. Hij durfde ook aan de binnenkant te spelen om zo ruimte te maken voor Denis Irwin of Gary Neville. Je moest Beckham in de voeten aanspelen en niet in de diepte. Daarom bood hij zich ook altijd aan in de combinatie.

Chris Waddle speelde dieper aan de rechterkant van het veld dan Beckham, maar ook hij haalde nauwelijks de achterlijn. Als linksbenige speler aan de rechterkant trok Waddle volgens zijn instinct altijd naar binnen. Hij en zijn trainer Raymond Goethals bij Olympique Marseille waren vijfentwintig jaar geleden hun tijd daarmee ver vooruit. Waddle stelde ons bij AC Milan altijd voor grote problemen.

Pep Guardiola is een van de pleitbezorgers van een linkspoot op rechts en een rechtspoot op links in de aanval. Bij Bayern München bracht hij dat in praktijk met Arjen Robben en Franck Ribéry.

Je zou denken dat dit soort spelers de drukte opzoekt met hun beweging naar binnen terwijl je als aanvaller juist ruimte nodig hebt om aan te vallen. Dat het toch een wapen is, komt omdat ze snel zijn en als ze eenmaal naar binnen dribbelen, gaan ze over het zwakke been van hun tegenstander heen, wat ze vaak net die halve meter ruimte verschaft om op doel te schieten.

De verklaring voor het feit dat Arjen Robben en Lionel Messi zo vaak vanuit eenzelfde soort actie kunnen scoren – naar binnen trekken en schieten – is simpel: omdat ze op volle snelheid zijn en toch controle houden. Als verdediger denk je iedere keer dat je ze hebt, maar je hebt ze niet. Jongens als Robben en Messi zetten ook heel kleine pasjes, waardoor ze sneller kunnen schieten. Op het moment dat de verdediger het schot niet kan blokken omdat hij op het verkeerde been staat of juist zijn benen open heeft staan, schieten zij.

Robben en Messi hebben zoveel gevoel dat ze precies op het juiste moment de trekker overhalen. En omdat je moet meelopen

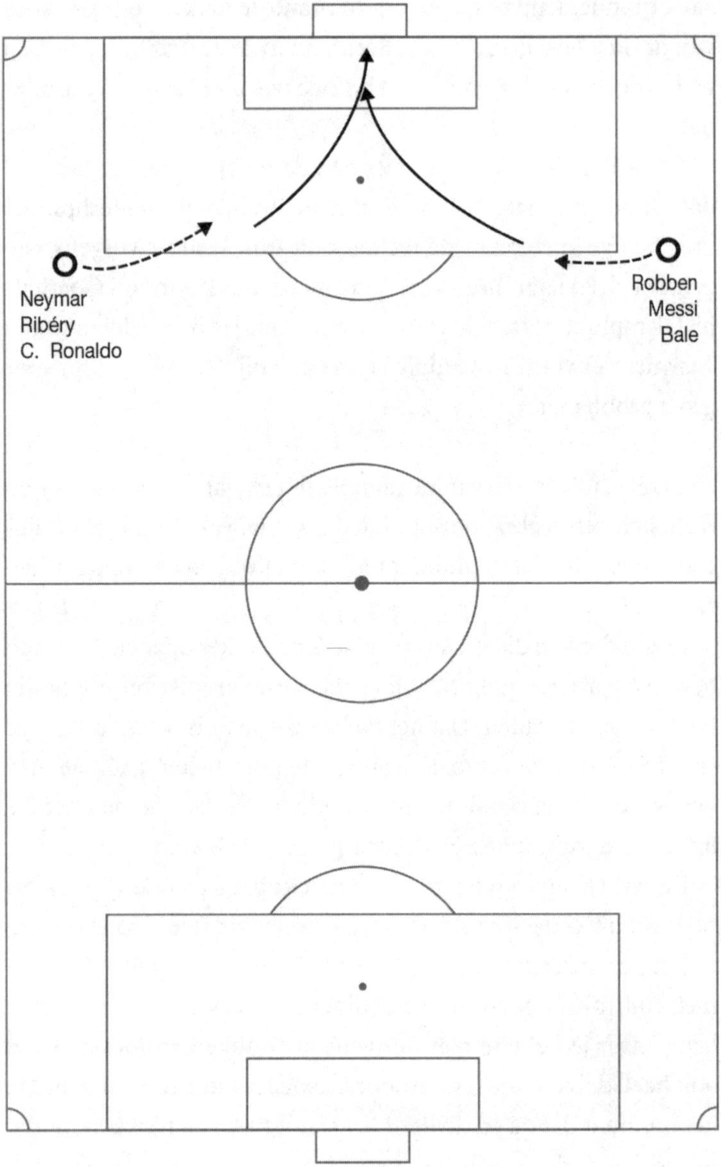

Met een rechtsbenige speler linksvoor en een linksbenige speler rechtsvoor ontstaat de mogelijkheid om naar binnen te trekken voor een schot met het sterke been. Bij deze opstelling wordt bijna nooit de achterlijn gehaald door de aanvaller op die positie. Een voorzet vanaf de achterlijn komt dan eerder van een opkomende vleugelverdediger.

als verdediger, komt er altijd een kritiek moment waarop je kwetsbaar bent voor de individuele kwaliteit van Robben of Messi. Zij anticiperen hierop en hebben zoveel inzicht dat ze juist dan op doel schieten. Daarom lukt hun kunstje keer op keer.

De trainer-coach van de tegenpartij zou zo'n aanvallende actie misschien kunnen verhinderen door op de rechtsachterpositie een verdediger met een linkerbeen te zetten en omgekeerd aan de andere kant. Toch heb ik dat nog nooit iemand zien doen, omdat ze bij hun backs niet defensief denken, maar juist uitgaan van hun aanvallende kwaliteiten, en dan heeft een rechtspoot op rechts en een linkspoot op links het makkelijker. Die twee worden geacht vaak naar voren te trekken en bijvoorbeeld goed getimed (anders lopen ze de ruimte dicht voor de aanvaller) achterlangs te gaan bij naar binnentrekkende aanvallers als Robben, Ribéry en Messi.

Steve McManaman (Liverpool, Real Madrid, Manchester City) was een technische dribbelaar op de rechterkant. Hij kon net zo gemakkelijk buitenom als binnendoor passeren en had een goede voorzet. Je ziet spelers soms met een mooie actie iemand passeren, maar falen in het vervolg. Sommigen doen maar wat er in ze opkomt: een voorzet geven of op doel schieten. Voor medespelers zijn dit soort onvoorspelbare jongens lastig om mee samen te spelen omdat je geen automatismen hebt.

Ryan Giggs was een linkshalf en valse linksbuiten. Giggs had snelheid, een goede passeeractie – hij leek af en toe een slangenmens zoals hij langs tegenstanders kronkelde – en een goede actie naar de goal toe als hij naar binnen trok. Ging hij buitenom, dan volgde er negen van de tien keer een puike voorzet. Niet voor niets staat hij bekend als een van de beste spelers ooit in Groot-Brittannië. Helaas is het hem als Welshman nooit gelukt om zich met Wales te kwalificeren voor een groot toernooi.

Zelf speelde ik in de 4-4-2 bij AC Milan half rechtermiddenvelder en half rechtsbuiten. Puur rechtsbuiten spelen in 4-3-3 vond ik een regelrechte crime. Alleen al omdat je afhankelijk was en moest wachten op de bal als je medespelers je over het hoofd zagen of je niet konden bereiken, meestal buiten jouw schuld. Een rechtsbuiten in het 4-3-3 van die tijd – tegenwoordig zie je het alleen nog bij Ajax – mocht niet zomaar gaan zwerven, dus was je volledig afhankelijk en dat geeft een verschrikkelijk gevoel, zeker voor iemand als ik, die alles graag in eigen hand heeft.

Soms sta je op een eiland omdat je geen bal krijgt. In die gevallen had ik geen prettige wedstrijd. De groepswedstrijd tegen West-Duitsland op het EK 1992 staat me bij. Ik werd door bondscoach Rinus Michels als rechtsbuiten opgesteld. We wonnen met 3-1 en gingen door naar de halve finale tegen Denemarken. Ik was blij met de zege, maar had een klotewedstrijd achter de rug. Anderhalf uur lang had ik achter Michael Frontzeck aan gelopen, hun linksachter nota bene. Zijn opdracht was mij zo ver mogelijk van hun doel af te houden. Had hij de bal, dan stond hij bijna linksbuiten en ik rechtsachter.

Meer op mijn gemak voelde ik me op rechts in een 4-4-2. Vanuit die positie kon ik gelukkig mijn eigen ruimte creëren, want ik was geen speler die in de kleine ruimte even twee man mijn hielen liet zien. Ik hoefde niet zo diep te staan. Ik kon naar binnen toe of naar buiten, kon mijn energie kwijt en mijn loopvermogen benutten. Heerlijk.

De spits

Over spitsen zijn hele boeken te schrijven. Je had en hebt ze in alle soorten en maten, maar uiteindelijk is de gemene deler: een spits wil scoren, een spits móét scoren. Hij leeft van en voor doelpunten. Zelfs de aanspeelpunten die anderen kunnen laten scoren, willen uiteindelijk zelf ook hun doelpuntje meepikken om vertrouwen te tanken.

De Braziliaan Ronaldo vond ik een fenomeen omdat hij op volle snelheid – hij was echt verschrikkelijk snel – de totale controle over zijn lichaam en de bal hield: een zeldzame combinatie. Zelf kon hij met een onverwachte actie een doelpunt forceren. Snelheid en controle vormden zijn basis. Hij was geen goalgetter.

Paolo Rossi of Romário of Ruud van Nistelrooy waren dat wel. Zij leefden in het zestienmetergebied. En altijd die focus op de goal. Romário wilde nooit rennen, niet in het veld en niet erbuiten, niet op de training en niet tijdens wedstrijden. Romário was altijd moe. Tegelijkertijd vertoonde hij de kenmerken van een sluipmoordenaar, een katachtige die in een boom ligt en uit het niets toeslaat. Dat was Romário. Paolo Rossi evengoed.

Romário en Rossi hielpen met hun doelpunten hun land aan de wereldtitel: Brazilië in 1994 in de VS en Italië in 1982 in Spanje. Voor zulke spelers moet je wel een team hebben dat vooral op de helft van de tegenstander speelt. Dan hoeft de goalgetter niet zoveel arbeid te leveren en niet zoveel te rennen.

Dennis Bergkamp kreeg van zijn trainers altijd een vrije rol. Je laat Bergkamp niet verdedigen en je laat hem geen slidings maken, dat wil je niet zien. Los van het feit dat hij ze nooit maakte, trouwens, want Dennis kwam altijd met een schoon broekje van het veld. Maar hij werd door Arsène Wenger en zijn ploeggenoten bij Arsenal wel in staat gesteld om te laten zien waar hij goed in was: met zijn individuele klasse het verschil maken met doelpunten en assists.

Thierry Henry was het ook waard om te ontzien. Officieel stond hij in de spits, maar hij liet zich altijd terugzakken naar links tussen de positie van linkshalf en linksbuiten. Dat vergde een teamaanpassing. Bij Arsenal speelden toen spelers die het gogme hadden om die positie altijd vrij te laten voor Henry en de aanval aan de andere kant – de rechterkant – op te zetten, met als uiteindelijke doel dat Henry tegelijk met de bal bij het eindstation kwam om de boel af te maken. Daar gingen enorm veel trainingsuren aan vooraf, en dan nog wisten ze bij Arsenal niet hoe de tegenstander zou reageren. Wat doen de centrale verdedigers als ze Henry eerst zien wegtrekken uit de spits naar de linkshalfpositie? Blijven ze gewoon staan, wat meestal het geval is, dan zul je op andere manieren het centrale verdedigingsduo uit elkaar moeten trekken om gaatjes te vinden en tussendoor naar het doel te voetballen. Variatie is noodzakelijk, anders ben je te gemakkelijk te verdedigen. Aanvallen moet onvoorspelbaar blijven.

Bij Barcelona brak het gebrek aan ruimte en tijd Henry op in zijn eerste maanden. Hij moest na het 'verticale' voetbal van Arsenal ook wennen aan het combinatievoetbal, het tiki-taka van de ploeg van Pep Guardiola. Met Lionel Messi in de gelederen was Henry ook niet meer de onbetwiste vedette van de ploeg. De teamprestatie stond in Catalonië sowieso hoger genoteerd dan ieder willekeurig individueel talent. Zo luidde de filosofie van Guardiola. Ook Messi moest direct terug in zijn positie om binnen zes seconden de bal terug te veroveren, conform Guardiola's zessecondenregel.

Henry moest bij FC Barcelona aan de buitenkant blijven, wat zijn speelruimte nog verder verkleinde. Hij had in het begin dus grote moeite zich aan te passen, maar gelukkig had hij verschrikkelijk veel voetbaltalent om zich heen. Veel van zijn medespelers snapten wel hoe zij een bal binnendoor bij verdedigers moesten steken, zodat Henry alleen maar hoefde te rennen.

Uiteindelijk maakte Henry zich de speelstijl van FC Barcelona eigen. Heel knap als je zijn specifieke kwaliteiten ziet en die naast de spelstijl van Barcelona legt. Niet voor niets dachten velen vooraf dat Henry zou mislukken in Catalonië. Dat is niet gebeurd, dankzij zijn intelligentie. Hij moest status inleveren, is gaan nadenken over zijn aanpassing en heeft zichzelf weten te veranderen als speler. Heel bijzonder op zijn leeftijd. In Catalonië ging het niet alleen over Henry, maar ook over Messi, Eto'o en anderen.

Toch zag ik Thierry Henry het liefst in zijn dominante rol, met zijn mooie rushes zoals bij Arsenal.

Thierry Henry en Cristiano Ronaldo zijn zwervers, spitsen die wegtrekken uit de punt van de aanval om daarna opeens weer op te duiken. Spelers die zich laten terugzakken om ruimte voor zichzelf te creëren omdat ze met hun lichaam en techniek niet uit de voeten kunnen in de kleine ruimte van het strafschopgebied.

Eenmaal op snelheid hebben ze wel voldoende controle over hun lichaam en voldoende baltechniek om tegenstanders keihard voorbij te lopen naar het doel toe. En ze kunnen zo'n rush ook zelf afronden doordat ze altijd net genoeg tijd hebben om de keeper met een vooropgezet plan te passeren. Als je zo'n actie wilt navertellen, doe je er honderd keer zo lang over.

Messi trekt net zo goed weg uit de spits, maar hij doet het vooral om vanuit de tactische discipline ruimte te maken voor zijn medespelers. In de kleine ruimte en in de afronding bestaat er geen betere speler dan Messi. Wat hem niet verhindert om doelpunten op snelheid te maken, want zijn lichaamscontrole is ongeëvenaard. Zijn zwaartepunt ligt bovendien heel laag en dan blijf je makkelijker in evenwicht.

Daartegenover staat de klassieke afmaker, die zijn goals altijd in de 'box' maakt. Spitsen als Didier Drogba, Ruud van Nistelrooy, Luis Suárez en Pippo Inzaghi duiken graag achter de verdediging op. Daarmee trekken ze een elftal uit elkaar in de lengterichting. Teams die graag op balbezit spelen, moeten zo'n spits erbij hebben. De verdediging van de tegenpartij gaat een keer ruimte weggeven, en dan gaat het erom dat je zo'n spits die diep gaat op het juiste moment aanspeelt. Deze spelers staan daardoor vaak buitenspel, maar als de interactie met de medespelers goed is, wordt de pass op tijd gegeven. Dan is zo'n spits weg en kan hij scoren.

Gary Lineker heb ik altijd een afmaker pur sang gevonden. Hij gaf mij altijd het gevoel dat hij eigenlijk helemaal niet van voetbal hield, maar slechts een verhouding had met doelpunten scoren. Dat maakte een fenomeen van hem. Hij scoorde zó gemakkelijk. Op de eerste meters was hij bliksemsnel, niet bij te houden. Hij had ook een laag zwaartepunt, zodat hij bij het wegdraaien altijd zijn evenwicht behield. Die grote, boomlange en sterke Engelse centrale verdedigers hadden daar grote moeite mee. Lineker tolde er zo omheen.

Ronaldinho speelde bij Paris Saint-Germain in de spits, maar grappig genoeg kwam hij in Barcelona op de linksbuitenpositie terecht. Als een volkomen vreemde op die positie gaf hij een geheel eigen invulling aan de linksbuitenpositie. Hij vulde het in op de manier zoals Cristiano Ronaldo nu doet bij Real Madrid. Ronaldinho werd door zijn acties en doelpunten een fenomeen.

De Mexicaan Hugo Sánchez vormde samen met de Spanjaard Emilio Butragueño een dodelijk spitsenduo bij Real Madrid. Sánchez was een kleine, technisch goede speler die als uit een katapult kon versnellen. Een slimme speler en een echte klerelijer die op je hielen of je tenen ging staan, die liep te klieren en zuigen en geregeld de scheidsrechter probeerde te bewerken.

Mark Hughes vond ik bij Manchester United en Chelsea als aanspeelpunt uniek, een klasse apart. Vergelijk ik hem met een speler van deze tijd dan kom ik uit bij Zlatan Ibrahimović, beresterk en eveneens altijd aanspeelbaar. Met Hughes of Zlatan in je elftal draag je de medespelers maar één ding op: 'Speel hem aan. Constant.' Als hij in balbezit is, komt niemand aan de bal. Hij staat geen muisje toe in zijn buurt. Van alle topspelers is hij het meest balvast.

Marco van Basten is voor mij een van de meest complete spitsen die ik ken en zeker de beste met wie ik heb gespeeld. Het ging hem allemaal zo gemakkelijk af. Hij kon zijn eigen goal maken, was goed in de kleine ruimte, sterk met het hoofd, niet bang in de duels, technisch, snel, en een koude kikker in de afronding. Vaak stond ik in het veld te kijken en dacht: wat flikt die Bassie nou weer, dat heb ik nog nooit gezien, niet normaal.

Marco had voldoende aan een half metertje om de bal erin te leggen. Hij oogde ook mooi en sierlijk als spits. Tegelijkertijd kon hij een etterbak zijn in het veld, hard en gemeen. En bovendien een rasegoïst. Had hij niet gescoord, maar wij als ploeg wel, dan ging hij schreeuwen: 'Hé, ik wil die bal, hier die bal, geef hier!' Ik hoorde hem altijd brullen. Geweldig, een heus fenomeen.

Spitsen in landenteams

Heb je als landenteam een goede keeper en negen topspelers, maar geen topspits, dan win je geen groot kampioenschap. Heb je een goede keeper, negen goede spelers én een topspits, dan word je Europees of wereldkampioen. Samen met het Nederlands elftal in 1974 is het Braziliaanse elftal van 1982 het beste elftal dat ooit op een WK heeft gevoetbald zonder wereldkampioen te worden: een verzameling weergaloze Brazilianen legde het toen af tegen een goede ploeg met een wereldspits.

Junior, Leandro, Cerezo, Falcao, Zico, Sócrates en Eder zijn Braziliaanse voetbalnamen die klinken als een klok, zelfs nu nog. Ze werden naar huis geschoten door Paolo Rossi, een iele Italiaanse spits met een bleek, ingevallen koppie. Iemand die als geen ander de Italiaanse school van spitsen vertegenwoordigde. Je krijgt iedere wedstrijd misschien maar één kans en die moet je benutten. Falen is geen optie. Brazilië gaf Rossi drie kansen. Drie doelpunten later mocht Brazilië als beste ploeg op dat WK van 1982 naar huis en werd Italië na overwinningen op Polen en Duitsland wereldkampioen.

Brazilianen zijn per definitie technische voetballers, maar zonder superspits zijn ze nooit wereldkampioen geworden. In 1982 liep de onbekende slungel Serginho te falen in de spits. Wanneer Brazilië de beschikking had over een superspits, werd het steevast wereldkampioen, omdat die de trekker kon overhalen voor een verzameling prachtige spelers. Pelé was er zo een en met hem werd Brazilië drie keer wereldkampioen: 1958, 1962 en 1970. Met Romário (WK 1994) werden ze wereldkampioen in de VS en Ronaldo bezorgde de Brazilianen het wereldkampioenschap in 2002 op het WK in Zuid-Korea en Japan.

Op het laatste WK in 2014 in eigen land ontbrak wederom een topspits in de Braziliaanse gelederen, en opnieuw ging het mis. Neymar was veel te jong en onervaren – zoals Ronaldo in 1998 in Frankrijk – om die zware last te dragen. Hij is ook meer een flankaanvaller. Zonder slimme afmaker, die zich niets van de Braziliaanse voetbalcultuur aantrekt maar slechts leeft van doelpunten, spelen nagenoeg alle Braziliaanse voetballers naar de bal toe. In een winnend team kun je echter niet alle ballen in de voeten krijgen.

Je hebt diepgang in je elftal nodig. Slechts met een gezonde mix kun je resultaten boeken. Alleen onderkenden de Brazilianen dit te laat en hadden zij zichzelf in slaap laten sussen met nietszeggende overwinningen in oefeninterlands. Ze hadden Ramires, maar die werd op het WK van 2014 nooit opgesteld. Met enig geluk reikte Brazilië toch tot de halve finale. Daarin werd de ploeg afgeslacht door Duitsland (7-1), waarna Nederland het met 3-0 nog eens dunnetjes overdeed in de strijd om de derde en vierde plaats.

Brazilië onderkent inmiddels dat het alles moet doen om een topspits te fabriceren. Alleen is deze nog steeds niet gesignaleerd als je de internationale topscorerslijsten analyseert. Jonas scoort er lustig op los, maar dat is bij Benfica, en hij is al tweeëndertig jaar. Dan heb je Alex Teixeira Santos, die het geweldig deed bij Shakhtar Donetsk. Deed, want in de winter moest hij van zijn manager een lucratief miljoenencontract tekenen in China. Dodelijk voor de sportieve ontwikkeling van deze Braziliaanse spits. Daarachter komt Neymar. Toch blijft hij meer een man van de actie en daar is in de spitspositie nauwelijks ruimte voor in het hedendaagse topvoetbal.

Portugal kampt met hetzelfde euvel. Je zou zeggen dat de Portugezen toch een geweldige spits hebben in de persoon van Ronaldo. Alleen is hij niet iemand die continu in de spits aanwezig is. Hij wil graag meedoen en vanaf de flanken zijn acties maken.

De weg naar het doel is dan veel langer en de kans is veel groter dat je onderweg de bal verliest dan wanneer je in het strafschopgebied blijft staan. Enkele jaren geleden speelden Nuno Gomes en Pauleta nog in de aanval. Die twee met Ronaldo zou een perfecte combinatie zijn geweest. Portugal heeft een goed elftal, maar zolang er een spits ontbreekt die Ronaldo ondersteunt en tegelijkertijd de aandacht van hem afleidt, gaan Portugal en Ronaldo geen grote prijzen winnen. Terwijl de tijd dringt, want Ronaldo wordt er niet jonger op.

Engeland heeft in Wayne Rooney een prima spits, maar hij raakt langzaam op leeftijd. In zijn gloriejaren kon hij de Engelse ploeg niet aan succes helpen vanwege andere problemen, zoals het duivelse dilemma tussen Steven Gerrard en Frank Lampard. Rooney heeft altijd naar behoren gefunctioneerd en is niet voor niets met meer dan vijftig doelpunten all-time topscorer van Engeland. Harry Kane van Tottenham Hotspur, Jamie Vardy van Leicester City of Marcus Rashford van Manchester United, Engelse goalgetters zoals vroeger Gary Lineker, moeten in de voetsporen van Rooney treden.

Nederland kende met Patrick Kluivert en Ruud van Nistelrooy twee spitsen die allebei in de absolute top hebben gespeeld en over de hele wereld bekend waren. Twee geweldige spelers die alleen bij het Nederlands elftal samen hebben gespeeld. Echt klikken op het veld deed het niet, vooral omdat 4-3-3 belangrijker was dan het spelsysteem aanpassen aan de kwaliteiten van Kluivert en Van Nistelrooy.

Dat ze voor topclubs speelden als Ajax, AC Milan en FC Barcelona (Kluivert) en PSV, Manchester United en Real Madrid (Van Nistelrooy) was voor de bondscoaches van Nederland nooit een overweging om een heel elftal om die twee of één van die twee heen te boetseren. In feite waren ze elkaars concurrenten, terwijl ieder land een moord zou hebben gedaan om slechts één van die twee in de spits te hebben staan.

Johan Cruijff is de beste Nederlandse speler ooit en Kluivert is na Marco van Basten de beste spits ooit. Een bijzonder complete spits. Van Nistelrooy was juist een laatbloeier, als speler minder compleet, maar meer een goalgetter. Hij was dodelijk in het strafschopgebied, volledig gefocust op het maken van doelpunten. Iets anders bestond er voor hem niet.

Kluivert en Van Nistelrooy zijn allebei op 1 juli 1976 geboren. Grof gezegd hebben ze elkaar desondanks afgewisseld bij Oranje. Kluivert debuteerde in 1994 op zijn achttiende in Oranje, en op zijn zevenentwintigste speelde hij zijn laatste interland in de aanloop naar het EK van 2004 in Portugal. Van Nistelrooy speelde in 1999 op zijn tweeëntwintigste zijn eerste wedstrijd voor Oranje, maar daarna heeft hij in totaal bijna twee jaar buiten de lijnen gestaan vanwege ernstige knieblessures. Zijn laatste interland speelde Van Nistelrooy in 2011, vierendertig jaar oud. Hoewel Kluivert en Van Nistelrooy dus exact even oud zijn, hebben ze in hun hele carrière ruw geschat zo'n drie tot vier jaar samengespeeld bij Oranje.

Op het WK 2006 in Duitsland kwam Ruud van Nistelrooy niet uit de verf omdat zoals gezegd Arjen Robben en Robin van Persie continu naar binnen trokken. Die tactiek deed Van Nistelrooy de das om. Hij was geen kaatser, maar een afmaker, een eindstation. Hij liep hopeloos verloren rond en heeft op dat WK nooit een voorzet van de flanken in zijn richting zien komen. Dan heb je niets aan de goalgetter Van Nistelrooy, die je zo dicht mogelijk bij het vijandelijke doel in stelling moet brengen. Slechts daar kon hij zijn dodelijke kwaliteiten als afronder showen. In dienst spelen van anderen was niet aan Van Nistelrooy besteed. Zijn dienstverlening betrof doelpunten.

Bij de spitspositie ligt ook nu nog het probleem voor het Nederlands elftal. Oranje heeft altijd goede spitsen gehad de laatste decennia, met jongens als Van Basten, Van Nistelrooy en Van Persie als meest in het oog springende puntspelers. Internationale topspelers die met heel grote clubs als AC Milan, Real Madrid en Manchester United aan de top van het Europese voetbal stonden.

Inmiddels is de spoeling met scorende spitsen dun. Nationaal doen jongens als Luuk de Jong en Vincent Janssen het aardig, maar internationaal is Arjen Robben de enige overgebleven Nederlandse aanvaller in de absolute top van Europa.

TWEEDE HELFT

Het verloop van de eerste helft bepaalt vaak de start van de tweede 45 minuten. Als je op voorsprong staat, zul je niet massaal ten aanval trekken, maar meer de kat uit de boom kijken. Wissels van de trainer of een tactische aanpassing kunnen zorgen voor een ander wedstrijdbeeld.

Een elftal is een mechanisme en als er één poppetje niet functioneert – omdat het bijvoorbeeld verkouden is, niet in vorm of met zijn hoofd elders zit – dan verstoort dat het radarwerk. Grijp je daarop goed in, kun je de storing verhelpen, dan zie je vaak een ander spelbeeld na rust.

Vorm is zoiets ongrijpbaars, dat het de eerste helft zomaar kan ontbreken om in de tweede helft ineens aan de oppervlakte terug te keren. Of andersom.

Geen speler wil slecht spelen, maar soms lukt het niet. Slechte vorm moet je in zo'n geval verhullen door je taken uit te voeren en simpel te spelen. Soms proberen spelers vorm te forceren met heel moeilijke acties, maar daarmee bereiken ze vaak het tegenovergestelde omdat de kans van slagen nihil is. Eigenlijk werk je jezelf zo nog dieper in de put.

Dat spelers geen robots zijn – hoewel ze vaak wel zo worden beoordeeld – merk je soms aan het verschil in performance tussen de eerste en tweede helft.

Voetbalculturen

Bij elke topclub in Europa spelen vaak vier of meer verschillende nationaliteiten in één team. Engeland spant wat dat betreft de kroon: Arsenal speelde als eerste zonder één Brit op het veld. Maar ondanks deze internationalisering van het clubvoetbal, zijn de oude nationale voetbalculturen overeind gebleven.

Engeland en het grote geld

De kampioenen van Europa tussen 1975 en 1985 waren Engelse clubs als Liverpool, Nottingham Forest, Aston Villa, Everton, Arsenal, Ipswich Town, West Ham United en Tottenham Hotspur. Die wonnen de grote Europese prijzen (Europacup I, II en UEFA cup.)

In die periode waren de spelers van de Engelse succesclubs bijna allemaal 'locals', net als dat het geval was op het Europese vasteland: spelers uit de stad zelf of de streek eromheen. Engelse clubs hadden overigens wel het voordeel dat ze ook in Schotland, Wales, Ierland en Noord-Ierland naar voetbaltalent konden zoeken. Maar buitenlandse versterkingen, zoals de Argentijnen Osvaldo Ardiles en Ricky Villa bij Tottenham Hotspur en de Nederlanders Frans Thijssen en Arnold Mühren bij Ipswich Town, waren zeldzaam.

Na 1985 namen de Italianen, Spanjaarden, Duitsers en Nederlanders het heft in handen in het Europese clubvoetbal. Om de hegemonie terug te krijgen, trok Engeland begin jaren negentig steeds meer buitenlanders aan in de Premier League. Snel kregen mannen als Eric Cantona, David Ginola, Faustino Asprilla, Peter Schmeichel, Jürgen Klinsmann en de Zweed Anders Limpar – mannen van het eerste uur – door dat ze ondanks hun surplus aan voetbalkwaliteit vol aan de bak moesten om het tempo van de Britten bij te benen. Alleen technisch staken ze er met kop en schouders bovenuit en daarom werden ze op handen gedragen door de Engelse fans. Naderhand kwamen uit Nederland onder meer Dennis Bergkamp, Glenn Helder en Marc Overmars. Zelf kwam ik in 1995 naar Chelsea.

Die toestroom aan buitenlanders is niet meer opgehouden, omdat de Premier League snel een sensationele groeisprong beleefde qua financiën en marketing. De toestroom van buitenlanders ging wel ten koste van de doorstroming van Engels talent. Voor jonge Engelsen was steeds minder ruimte, omdat ze het gat naar die buitenlandse spelers niet of nauwelijks meer konden overbruggen.

Verder ontbraken beperkende maatregelen tegen het maximumaantal buitenlanders per ploeg, selectie of club. Voorop stond de handhaving van de wereldwijde status van de Premier League als beste en sensationeelste competitie van de wereld, voornamelijk om steeds lucratievere contracten te kunnen tekenen. Het werd een vicieuze cirkel, waarvan het eind nog steeds niet in zicht is. Inmiddels mogen de twintig clubs in de Premier League 1,4 miljard pond verdelen. De hele wereld kijkt nu wekelijks naar de wedstrijden in de Premier League.

Het stijgende niveau van het clubvoetbal en het vele geld hebben geleid tot substantiële investeringen in jeugdopleidingen: langzamerhand zie je jonge talenten doorbreken en krijgen ze ook een faire kans bij clubs als Tottenham Hotspur, Everton en zelfs bij Manchester United, hoewel die club op de transfermarkt ook honderden miljoenen over de balk smijt.

De druk van het moeten winnen blijft uiteindelijk het zwaarst wegen in de Premier League. Dat geldt zeker voor de trainers. Hun toekomst hangt af van de eindklassering en niet van het aantal doorgestroomde talenten, zoals in Nederland soms het geval lijkt als je de samenstelling van de elftallen in de eredivisie bekijkt. De Engelse talenten maken trouwens regelmatig op huurbasis een tussenstap via het vasteland van Europa.

Uiteindelijk hoop ik dat het Engelse elftal gaat profiteren van de verbeterde opleidingen. Langzamerhand doen ze met een nieuw, jong elftal competitief mee in de top van Europa. Maar als ik nu na de periode met Steven Gerrard, John Terry en Frank Lampard buiten Engeland vraag naar de nieuwe vedettes, blijft het na Wayne Rooney te vaak oorverdovend stil.

Het is duidelijk dat de grote ambities van clubs als Manchester City, Chelsea, Arsenal, Manchester United, Tottenham Hotspur en Liverpool met al hun buitenlandse aankopen Engelse spelers in de weg staan. Verontrustender vind ik echter dat veel clubs ook middelmatige buitenlanders halen. Spelers die niets toevoegen aan de Premier League en niet beter zijn dan handenvol Engelse spelers. Voor uitzonderingen moet altijd plaats zijn, voor middelmaat niet.

Maar helaas, dat is wat geld doet met clubbestuurders. Iedere club krijgt jaarlijks meer dan 130 miljoen euro op zijn bankrekening gestort en niemand durft op zijn geld te blijven zitten. Ze halen spelers om het halen en zetten ze net zo gemakkelijk een jaar later weer buiten de poort.

Voor de Engelse topclubs zijn de Europese inkomsten, zelfs die van de Champions League, leuk meegenomen, niet meer dan een extraatje naast de enorme, structurele inkomsten uit binnen- en buitenlandse tv-rechten en sponsorcontracten. Daarbij hebben clubs als Chelsea en Manchester City steenrijke eigenaren, die zich incidentele uitgaven van honderden miljoenen euro's extra kunnen veroorloven en gaten in de begroting lachend sluitend maken.

Opvallend is echter dat de Engelse clubs ondanks hun tientallen miljoenen niet de allerbeste spelers van de wereld hebben. Lionel Messi, Ronaldo en Neymar spelen niet in de Premier League. Sterker, als Barcelona of Real Madrid dat willen, halen zij topspelers uit Engeland, zoals Luis Suárez bij Liverpool is weggekocht en Gareth Bale bij Tottenham Hotspur.

Ook de rijpe jongens van Bayern München gaan niet naar Engeland. Alleen als ze volrijp zijn, zoals Bastian Schweinsteiger, steken ze het Kanaal over. Bayern München is de slimste club van allemaal. Het koopt de beste spelers van de concurrentie in de Bundesliga en bijna jaarlijks is de club verzekerd van het kampioenschap en dus de Champions League. Deelname daaraan is noodzakelijk om het dure huishoudboekje op orde te houden.

Waar Bayern München beleid kan voeren om de Duitse titel vier keer in de vijf jaar te veroveren, ligt de strijd om het landskampioenschap in Engeland ieder jaar helemaal open. Dat is een groot verschil met de meeste andere grote competities in Europa. In Duitsland wordt zoals gezegd Bayern bijna altijd kampioen, in Italië Juventus, in Frankrijk Paris Saint-Germain, in Spanje FC Barcelona of Real Madrid en in Nederland PSV of Ajax.

Verdeelden Chelsea, Manchester City en Manchester United de laatste tien jaar de buit, in 2016 ging het tussen Leicester City, Arsenal en Tottenham Hotspur. Dat geeft de Premier League een geweldige aantrekkingskracht op voetballiefhebbers over de hele wereld. Schakel je in voor de Premier League, dan blijf je bij heel veel clubs hangen, schakel je in voor de Primera Division – sportief de beste competitie wereldwijd – dan blijf je vaak alleen hangen voor FC Barcelona en Real Madrid.

Voor andere clubs valt dit nauwelijks nog bij te benen. In Engeland worden de televisiegelden gelijk verdeeld tussen de clubs in de hoogste afdeling, terwijl Barcelona en Real hun televisierechten zelfstandig mogen verkopen. Dat levert die twee clubs een veelvoud op in vergelijking met de andere clubs in de Primera Division, waardoor de competitie in Spanje volledig is scheefgetrokken. Slechts Atlético Madrid kan in de voetsporen van de illustere twee blijven. Italië heeft hetzelfde probleem.

Voor de aantrekkelijkheid van de competitie is het beter om de televisierechten gezamenlijk als pakket te verkopen. Uiteindelijk is zo'n Franse competitie natuurlijk helemaal niet spannend. Paris Saint-Germain wordt jaarlijks met twintig punten voorsprong kampioen van Frankrijk.

Intussen stijgen de transferprijzen van de Engelse spelers sensationeel door een aanpassing van de reglementen. Iedere club moet in de eerste selectie van vijfentwintig man minimaal acht 'home-grown' spelers hebben: jongens uit binnen- en buitenland die vóór het kalenderjaar dat ze eenentwintig worden minimaal zesendertig maanden geregistreerd hebben gestaan bij de bonden van Engeland of Wales. Daarvan zijn er niet veel, zeker niet die het hoge tempo van de Premier League aankunnen. Die schaarste zorgt voor stijgende prijzen. Voldoet een Engelse club aan zijn minimum van acht 'home-grown' spelers, dan wordt het weer interessant om in het buitenland te shoppen.

Op het Europese vasteland zijn spelers van hoger niveau voor veel lagere prijzen te kopen. Voor een achttienjarige Engelsman betaal je miljoenen ponden, maar de Algerijn Riyad Mahrez die speelt bij Leicester City kostte die club maar 500.000 pond toen hij van het Franse Le Havre kwam. Omdat hij is uitgegroeid tot een van de smaakmakers in de Premier League, zorgt dit voorbeeld er ongewild voor dat trainers en directeuren van clubs in de Premier League nóg meer buitenlanders aantrekken, zodat nóg meer jonge spelers uit de eigen opleiding in het gedrang komen en de boot missen.

Jamie Vardy is de uitzondering die de regel bevestigt. Hij valt buiten alle rationaliteit en is de speld in de spreekwoordelijke hooiberg: goedkoop weggeplukt uit een veel lagere Engelse divisie, ontwikkelde hij zich in een paar jaar tijd tot een ware sensatie bij Leicester City.

Nationale voetbalculturen

In ieder land groei je op in een specifieke voetbalcultuur die nauw samenhangt met de mentaliteit van het volk en wat voor soort voetbal daarbij past.

Europees presteren volgens de Engelse voetbalstijl is niet gemakkelijk. Vooral omdat de Engelsen 'open' voetballen. Sterk verdedigend georganiseerde teams met goede, snelle spitsen maken daar vaak optimaal gebruik van. Engelse clubs willen het spel graag maken, terwijl de Europese tegenstanders vaak loeren op een kansje om de overwinning te kapen.

In Nederland zien ze graag initiatiefrijk, verzorgd, aanvallend en aantrekkelijk voetbal. Dat gaat soms vóór winnen. Als systeem hoort daar 4-3-3 bij.

In Engeland houden ze van strijd, fysieke duels, en de bal moet zo snel mogelijk naar voren omdat daar het verschil gemaakt kan worden. Sneller dan met een lange trap naar voren kan niet. Als systeem hoort daar 4-4-2 bij, alhoewel je door de invloed van buitenlandse coaches tegenwoordig steeds meer 4-2-3-1 ziet.

In Italië gaat het vooral om winnen vanuit een defensieve organisatie. Tactiek en spelwijze staan in dienst van de drie punten. Vermaak is secundair. Als systemen horen daarbij 5-3-2, 4-4-2 of 4-4-1-1.

In Spanje houden ze weer meer van aanvallend, verzorgd en technisch combinatiespel met veel positiewisselingen. Van hieruit winnen is het streven. Als systeem hoort daar 4-3-3 bij.

Maar, verandering van spijs doet eten. Zo is het ook in het voetbal: word je getransfereerd naar een andere club in een ander land, dan word je geconfronteerd met het gedachtegoed en de voetbaltraditie van dat land als basis van de plaatselijke voetbalbeleving. Je oogkleppen vallen af en je ziet dat er meer wegen naar Rome leiden.

In Nederland moet goed en aantrekkelijk spelen samengaan met winnen, anders klagen we steen en been. Aantrekkelijk spel en het zoeken naar voetballende oplossingen zijn belangrijk.

In Italië hebben ze er maling aan of je resultaat boekt met mooi of lelijk voetbal. Resultaat staat voorop, omdat het belang van winnen zo groot is – of zo groot wordt gemaakt. Mooi is een leuke bijkomstigheid, die vooral afhangt van de vraag of de tegenstander mooi voetbal toelaat. Veel clubteams uit andere Europese landen hebben dan ook moeite om Italiaanse clubelftallen te verslaan. Ook het nationale elftal van Italië is moeilijk te verslaan omdat een Italiaan niet goed hoeft te spelen, als er maar gewonnen wordt.

In het WK-jaar 2006 won verdediger Fabio Cannavaro zowel de prijs Europees Voetballer van het Jaar als de onderscheiding voor Wereldvoetballer van het Jaar. Zeer opmerkelijk dat een verdediger van de wereldkampioen deze prijzen pakt. Dat zegt iets over de cultuur van de Italianen. Deze staat volledig in het teken van overleven, van eerst verdedigen en daarna aanvallen. Niet altijd even leuk, maar wel doelmatig. Een Italiaan gaat uit van een goed fundament, en dat begint bij de verdediging.

In Italië, Spanje en Duitsland heerst een cultuur waarin ploegen altijd op de been blijven omdat ze uit kunnen gaan van de verdedigende organisatie. Nul doelpunten incasseren betekent nooit verliezen, altijd minimaal een gelijkspel. Vaak hebben ze dan een speler voorin die internationaal het verschil kan maken, zoals Antoine Griezmann bij Atlético Madrid, Gonzalo Higuaín bij Napoli en Pierre-Emerick Aubameyang bij Borussia Dortmund, dat Tottenham Hotspur als nummer twee van de Premier League tweemaal kansloos naar huis speelde.

Een Duitser heeft altijd de juiste mentaliteit, kracht en voldoende uithoudingsvermogen om fluitend honderdtwintig minuten te spelen. Sinds 2000 zijn ze zich steeds meer gaan bekwamen in techniek en op technische voetballers gaan richten.

De Spanjaard is een technicus, een verfijnde voetballer met techniek op één en een winnaarsmentaliteit op twee. Tel daarbij op hun hoge handelingssnelheid en je kunt spelers uit de Primera Division met een gerust hart in alle competities van de wereld droppen zonder angst te hebben dat ze verzuipen.

In Engeland staat strijd boven het Nederlandse mooi. In Engeland vinden ze juist strijd mooi; de Nederlandse variant van mooi vinden ze eigenlijk maar saai. Ook het Nederlandse 4-3-3 vinden ze vaak een laffe tactiek, omdat je maar met één spits speelt, terwijl de Engelsen twee spitsen opstellen met hun 4-4-2.

Dit is een bijzonder simplistische gedachte. Alles hangt af van de intentie: wat wil een ploeg met één, twee of drie aanvallers doen, waar staan ze in balbezit en waar staan ze bij balverlies? Niet het systeem, maar het strijdplan telt.

Spanje

Zowel attractief spelen als winnen, die combinatie is vooral in Spanje het algemene verwachtingspatroon, zeker bij clubs als FC Barcelona en Real Madrid. Als de mix van beide ingrediënten niet aan ieders smaak voldoet, kan dat voor iedere trainer in Santiago Bernabéu dodelijk zijn.

Het overkwam zelfs Rafael Benítez, die in 2015 meer met verdedigende spelers als middenvelder Casemiro wilde spelen: spelers die vanuit de discipline konden spelen. Maar door het aanhoudende protest tegen het verdedigende spel stapte Benítez van zijn opvatting af en speelde hij tegen Barcelona met de op papier beste spelers van Real Madrid, dus met alle vedettes. Hij werd in eigen huis met 4-0 weggespeeld. Hij toonde daarmee aan dat hij gelijk had, maar moest desondanks snel daarna vertrekken.

Real Madrid en FC Barcelona leggen hun trainers in de watten met de beste spelers van de wereld of stoppen een goedgevulde portefeuille toe om toppers naar wens te kopen. Groot voordeel voor FC Barcelona en Real Madrid is dat iedere speler naar die twee clubs wil om daar te mogen spelen.

Duitsland

In de top van Duitsland en bij het Duitse elftal wordt de lat hoog gelegd door het extreem hoge winstpercentage. Zeker bij clubs als Bayern München, Borussia Dortmund en natuurlijk het Duitse nationale elftal, die Mannschaft. Winnen zijn ze gewend, het is een gewoonte geworden. De basis daarvoor is dat ze altijd honderd procent inzet tonen en nooit opgeven.

Vanzelfsprekend speel je vaak aardig als je altijd wint. Toch was tot voor kort mooi voetbal geen prioriteit voor een Duitser, zeker niet op grote internationale toernooien. Je zag Duitsland vaak worstelen in het begin van een EK of WK, om langzamerhand het toernooi in te groeien en uiteindelijk wel te winnen.

Maar sinds de technische revolutie in 2000 is dat omgeslagen. Zie het laatste WK in Brazilië in 2014, toen Duitsland startte met een superieure overwinning van 4-0 tegen Portugal. Het moderne Duitse elftal wijkt af van het oude historische beeld, want iedereen herinnert zich de eclatante 7-1 zege in de halve finale in Belo Horizonte tegen gastland Brazilië.

De aantrekkelijkheid neemt bij Duitsland toe naarmate de selectie meer culturen in zich bergt, afkomstig van tweede en derde generatie gastarbeiders uit Turkije en Afrika. Ook de Duitse bond heeft een belangrijke rol in deze ontwikkeling gespeeld door de clubs vanaf het begin van deze eeuw te vragen meer aandacht te besteden aan techniek in het algemeen en technische talenten in het bijzonder.

Frankrijk

De multiculturele achtergrond van het Franse elftal heeft de 'Haantjes' eind vorige eeuw geweldig veel succes gebracht. Het elftal dat in 1998 in eigen land wereldkampioen werd, herbergde bijzonder veel buitenlandse, vooral Afrikaanse invloeden, met Zinédine Zidane, Thierry Henry, Patrick Vieira, Lilian Thuram en Marcel Desailly. Opvallend genoeg, of juist niet, speelde in die tijd bijna geen enkele Franse international in de nationale competitie. De meesten waren gerijpt in Italië, Spanje en Engeland en namen het hoge niveau van die competities mee naar het nationale elftal.

De verhouding op het middenveld, met Zidane als spelbepaler, Didier Deschamps voor de balans en Emmanuel Petit als de loper, zat perfect in elkaar. Vaak liep Christian Karembeu daar nog tussendoor; hij was bij Real Madrid een belangrijke aanvallende middenvelder. In de verdediging stonden Laurent Blanc en Marcel Desailly in het centrum. Linksback Bixente Lizarazu had een enorme dynamiek, waarmee hij de hele linkerflank bespeelde.

Zulke geweldige elftallen komen in golven. Voordat dit Franse elftal met Zidane de wereld veroverde, had Frankrijk tien jaar drooggestaan. In de periode vóór de droogte, medio jaren tachtig, hadden de Fransen een zelfs nóg beter uitgebalanceerd middenveld met Michel Platini, Alain Giresse, Jean Tigana en Luis Fernandez.

Beide elftallen speelden een combinatie van 4-3-3 en 4-4-2. In 1998 had Zidane een vrije rol vanaf links in de aanval en in 1986 op het EK in eigen land had Platini een vrije rol op het middenveld, als een ouderwetse spelbepaler, de nummer tien zoals je ze tegenwoordig weinig meer ziet, omdat nu van alle elf spelers wordt geëist dat ze meedoen bij balverlies.

Zidane en Platini liepen wel mee terug, maar vooral om weer in hun tactische positie te komen, niet om ballen terug te veroveren. Het gaf ze de fysieke inhoud om te pieken op de momenten dat het erom ging. Met hun technische bagage gaven zij hun elftal een extra injectie. Dat facet, gevoegd bij het hoge kwaliteitsniveau om die twee supersterren heen, maakte die twee Franse elftallen prachtig om naar te kijken. Voor de liefhebber, de fan en de neutrale toeschouwer. En ze wonnen ook nog.

België

Die golfbewegingen bij de nationale elftallen hebben voornamelijk te maken met de hoeveelheid aanwas van talent tegelijkertijd. Je zou zeggen dat de kans daarop in grote landen als Duitsland, Engeland, Frankrijk, Italië en Spanje groter is, dankzij de wet van de grote getallen. Maar die stelling is vaak genoeg gelogenstraft door kleintjes als Nederland, Denemarken en België.

De Belgen hebben momenteel een generatie talent om je vingers bij af te likken. Eden Hazard, Vincent Kompany, Kevin De Bruyne, Axel Witsel, Thomas Vermaelen, Jan Vertonghen, Marouane Fellaini, Nacer Chadli, Dries Mertens, Moussa Dembélé, Toby Alderweireld en doelmannen als Thibaut Courtois en Simon Mignolet. En wat te denken van het luxeprobleem in de spits: Romelu Lukaku, Kevin Mirallas, Divock Origi, Yannick Carrasco en Christian Benteke. Vanuit de voetbalbond wordt beweerd dat het met beleid te maken heeft. Dat is deels waar, maar het heeft ook met toeval te maken: het toeval van een generatie goede voetballers.

Om als klein land ook een grote prijs te winnen, heb je nog iets meer nodig dan een generatie toptalenten, namelijk één of twee spelers van wereldklasse. Nederland werd in 1988 Europees kampioen met Marco van Basten en in 1992 lukte dat Denemarken met Peter Schmeichel en Brian Laudrup.

Voor de Belgen kwam het WK 2014 in Brazilië te vroeg, maar met Hazard en Dembélé hebben ze nu spelers die op het allerhoogste podium het verschil kunnen maken. Dat de Belgische competitie niet zo sterk is, maakt in principe niets uit voor het huidige interlandvoetbal. Door de concentratie van het grote geld in enkele topcompetities zoals Engeland, Spanje, Duitsland en Italië, verzamelen zich in die landen de beste spelers. Wekelijks worden de besten met de besten geconfronteerd, zodat de standaard omhooggaat en iedereen nóg beter wordt.

Nederland

Heeft een land in die internationale top van het clubvoetbal een verzameling spelers lopen van één generatie, dan doet het nationale team serieus mee op grote toernooien. Nederland zit tijdelijk op een laag punt in die golf en speelt daarom nu geen rol van betekenis in het internationale krachtenveld, terwijl het Nederlands elftal in 2010 nog de WK-finale in Zuid-Afrika haalde en vier jaar later de halve finale in Brazilië.

Bij de Europese topclubs ontbreken spelers met een Nederlands paspoort. In de Champions League deed PSV afgelopen seizoen geweldig mee. Dat beschouw ik eerder als een incidentele uitschieter dan als structurele overwintering op het kampioenenbal. Bij de buitenlandse ploegen, die de laatste acht van de Champions League bereikten, is Arjen Robben (Bayern München) de enige Nederlander die op dat topniveau het verschil kan maken in een wedstrijd. Alleen is Robben niet de jongste meer met zijn tweeëndertig jaar. Zijn leeftijdsgenoten Wesley Sneijder, Robin van Persie en Rafael van der Vaart zijn al min of meer afgehaakt.

Brazilië & Argentinië

Waar een Argentijn voetbalt om te winnen, voetbalt een Braziliaan om te spelen, om mooie dingen te doen. Het gemene, het sluwe ontbreekt. Hij is een heel ander type, frivoler, speelser, technisch gezien vaak briljant en tactisch nogal slordig.

Een Braziliaan kan te snel de discipline laten varen op plaatsen waar je wel met discipline moet spelen en niet alles voetballend kunt oplossen. Bijvoorbeeld centraal in de verdediging. Maar krijgen ze het op hun heupen, dan is het geweldig.

Een Braziliaanse topspeler is vaak bijzonder compleet in zijn rol. Brazilianen passen zich in Europa in een heel goed elftal gemakkelijk aan omdat ze vanuit de basis goed kunnen voetballen.

Het meest complete Brazilië in mijn herinnering – Garrincha en Pelé zijn voor mijn tijd – is het elftal dat op het WK 1982 werd uitgeschakeld door Italië. Samen met het Nederlands elftal van 1974 wordt dat gezien als de beste ploeg die géén wereldkampioen is geworden. Om één reden: het ontbreken van een spits van wereldklasse. Zou die aanwezig zijn geweest, zoals daarvoor met Pelé en daarna met Romário, Bebeto en Ronaldo, dan was Brazilië ook in 1982 wereldkampioen geworden. Het laatste Brazilië dat wereldkampioen werd, in 2002 in Japan en Zuid-Korea, stond bol van de Europese ervaring. Dat elftal bezat discipline en routine en kon zo Ronaldo, Ronaldinho en Rivaldo laten schitteren.

Romário dreef zijn trainers tot wanhoop. Hij was geen trainingsbeest. Voor een trainer is dat lastig. Zulk gedrag valt nauwelijks te rechtvaardigen naar andere spelers in je selectie. Op het veld maakt Romário echter het verschil, waarmee de kritiek bij PSV, FC Barcelona en Brazilië verstomde. Scoorde Romário niet, dan kreeg je praatjes. Zo ver liet hij het echter nauwelijks komen. In het strafschopgebied was hij onovertroffen.

Johan Cruijff wist hem goed in te schatten en als trainer haalde hij Romário van PSV naar FC Barcelona. Hij kreeg een vrije rol en mocht zich alleen rond het zestienmetergebied ophouden. Al zijn energie moest hij bewaren voor de beslissende actie. Later kreeg Cruijff problemen met hem. Romário stelde zijn eigen regels op en kwam stelselmatig te laat terug uit Brazilië na interlands, de zomer- of winterbreak. Toen viel hij niet langer te handhaven in de groep. Ja, als hij speelde, scoorde hij. Maar als je niet aanwezig bent, speel je niet en scoor je niet.

Bij een Braziliaan zit er vaak een 'maar' aan. Sommige Braziliaanse spitsen doen te weinig bij balverlies. Zelfs positioneel verdedigen 'vergeten' ze vaak omdat ze dan nog in hun rouwmoment zitten van het missen van een kans of omdat ze op het beslissende moment de bal niet hebben gekregen. Een Argentijn schakelt direct om en werkt zich uit de naad, of hij nu Sergio Agüero, Gonzalo Higuaín of Carlos Tévez heet. Voor mij is het geen toeval dat twee Argentijnen beschouwd worden als de beste voetballers aller tijden: Diego Maradona en Lionel Messi. Aan de andere kant kan ik veel meer bijzondere Braziliaanse voetballers opnoemen dan Argentijnse. Dat vat het verschil grotendeels samen.

Duitsers zijn voor mij de Argentijnen van Europa, helemaal nu ze de techniek van de import-Duitsers hebben toegevoegd aan hun arsenaal. Het pakket in de rugzak van de Duitser is nagenoeg compleet, want fysieke kracht, loopvermogen, mentaliteit en tactisch inzicht zaten al in de bagage. De huidige Duitse speler komt door de bank genomen erg dicht bij de perfecte speler.

In feite is er sprake van een treffende gelijkenis met de Argentijn. Als ze onderling spelen, valt de wedstrijd nogal eens tegen, zoals de WK-finale tussen Duitsland en Argentinië in 2014. Beide ploegen waren zo goed dat ze nauwelijks fouten maakten. De beslissende goal was niet voor niets een heel bijzondere van Mario Götze. Alleen zoiets kon het verschil maken. Vooraf denk je aan Messi om de finale te beslissen, maar hij zakte naarmate het toernooi vorderde weg. Na een ongelooflijk lang en zwaar seizoen betaalde hij op het WK fysiek de tol.

Nederland reikte de laatste twee wereldkampioenschappen tot de finale in 2010 en de halve finale in 2014. Het laatste resultaat was een stuiptrekking; meer geluk dan kwaliteit. Het EK 2016 hebben we niet eens gehaald.

Tactisch snappen we alles, daar ligt het niet aan. De oorzaken van het afhaken van Oranje zijn gebrek aan fysiek (verdedigen) en techniek (wegdraaien van de tegenstander). Fysiek spel wordt in de Nederlandse competitie nauwelijks getolereerd, zodat je strijd uitbant. Alles staat in het teken van positiespel, van één of twee keer raken. Alleen ontbreekt de diepte in het positiespel; het is veel te veel balletjes breed geven. Vraag spelers niet weg te draaien of iemand te passeren met een individuele actie.

De Nederlandse jeugdopleiding is daarvan de oorzaak. Tot dusver maskeerde die ene uitzondering – Wesley Sneijder, Robin van Persie, Arjen Robben – de neerwaartse trend. Sneijder maakte het WK 2010 voor Oranje en Robben het WK 2014. Nu zij ouder en minder beslissend zijn, zie je het Nederlands elftal wegzakken.

Zulke uitzonderingen moet je koesteren in je opleiding. Van

Ronaldinho, Messi en Ronaldo maak je toch ook geen kaatsende spelers? Je moet ze juist stimuleren die uitzonderlijke kwaliteiten te showen. Nederland is toch het land waar individuele vrijheid hoog in het vaandel staat? Uitgerekend in de voetballerij wordt het niet gepikt dat het uitzonderlijke talent af en toe buiten de lijntjes kleurt...

Intussen verliest het Nederlands elftal de aansluiting met de internationale top. Zelfs de subtop kan ons verslaan, getuige de EK-uitschakeling door IJsland, Tsjechië en Turkije. We hebben onszelf in slaap gesust met de gedachte dat we het allemaal perfect voor elkaar hadden. Als je je niet ontwikkelt, raak je achterop. De concurrentie zit nooit stil. Het Nederlandse voetbal heeft andere voetbalbonden en buitenlandse clubs in de keuken laten kijken. Die bonden en clubs kopieerden onze opleiding, voegden daar een dosis fysiek en mentaliteit aan toe en streefden ons vervolgens voorbij.

En de Nederlandse wijsneuzen? Die vragen nog steeds: 'Waarom moet ik dit doen? Waarom dat?' Natuurlijk zit dat kritische 'waarom' en 'ja, maar' in onze mentaliteit, en dat heeft ons veel gebracht. Je moet er alleen niet in blijven hangen. Op den duur moet je ook leveren. Als klein landje, omringd door grote landen, weten we dat je iets onderscheidends moet brengen. Op voetbalgebied kunnen we dat niet opbrengen.

Intussen hebben we ook nog eens geen verdedigers. Dat heeft twee redenen. Ten eerste omdat het niet wordt toegelaten om fysiek te spelen, en ten tweede omdat het te belangrijk wordt gemaakt dat verdedigers goed moeten kunnen voetballen. Te veel wordt gekeken naar balbezit en worden zulke spelers gescout met het idee dat een ploeg in balbezit speelt. Maar als de tegenstander de bal heeft, wil ik weten of de verdediger goed kan verdedigen.

Daley Blind, oorspronkelijk geen centrale verdediger maar door zijn trainer Louis van Gaal daar wel neergezet, is een mooi voorbeeld. Aan de bal een fantastische speler, maar als echte verdediger fysiek kwetsbaar. Jaap Stam daarentegen was een echte verdediger, die bovendien goed wist wanneer en hoe hij een bal naar zijn medespelers moest spelen.

Jeugdopleidingen

Ook nationale jeugdopleidingen hangen samen met de nationale voetbalcultuur. Ga naar een willekeurige wedstrijd in Engeland, Spanje of Italië en je ziet gif, agressie, overal en altijd, van het amateurniveau tot het jeugdvoetbal. Het zit er ingebakken als een tweede natuur.

Voor Spanjaarden, Italianen en Engelsen bestaat bijvoorbeeld het begrip 'vriendschappelijk voetbal' niet. Dat kennen ze niet, omdat strijd en winnen veel hoger op hun prioriteitenlijstje staan, veel meer in hun genen zitten dan vriendschappelijk voetbal. Oefenvoetbal, dat kennen ze wel, maar daarin speelt het wedstrijdelement net zo goed een grote rol. In Nederland ontbreekt die mentaliteit.

Nederland

Vanwege mijn zoon Maxime – hij zit in de B1 van amateurclub AFC en speelt tegen teams van Ajax, PSV, AZ en Feyenoord – sta ik iedere week bij Nederlandse jeugdwedstrijden langs de lijn. Heel opvallend, evenals in de eredivisie, zie ik in Nederland nauwelijks een winnaarsmentaliteit: alles geven om te winnen en je wereld zien instorten bij verlies.

Dat gebrek aan winnaarsmentaliteit komt mede door de begeleiding, opleiding en scouting, maar ook door scheidsrechters die geen ruimte geven aan zo'n mentaliteit. Ik bedoel niet dat iedere jeugdspeler als een dolle om zich heen moet schoppen of slaan, of als een mafketel reageert op een scheidsrechter of tegenstander. Nee, ik bedoel gecontroleerd gif tonen. Ik zie het helaas niet, of niet meer, terwijl je op het hoogste niveau wel een dosis gif moet hebben om je staande te houden zoals Nigel de Jong, Jaap Stam en Mark van Bommel dat konden.

'We moeten opleiden. Voetballers opleiden,' hoor ik dan. Ja, maar voetbal bestaat uit meer dan balbeheersing en positiespel. Ook duels moeten een onderdeel zijn van de opleiding.

Verbind diverse doelen aan je trainingen. Laat die jongens constant om iets spelen. Bijvoorbeeld: op het verliezen van een afwerkoefening of van een passoefening of wat dan ook, moet een symbolische straf staan. Laat die ventjes maar een extra rondje lopen, tien keer extra opdrukken, een week de ballen naar het veld brengen en meer van die kleine klusjes waar zelfs de jongste voetballer een hekel aan heeft. Aan de andere kant moet je een beloning geven als die spelertjes hebben gewonnen of iets goed hebben gedaan.

Tegenwoordig wordt in Nederland niet alles uit talenten gehaald. Sterker, er wordt weggehaald wat we juist nodig hebben: strijd, passie, winnaarsmentaliteit. Op de jeugdcomplexen zie je voornamelijk nog kloontjes van elkaar lopen. Te veel van hetzelfde dus. Toegegeven: het heeft er ook mee te maken dat kinderen bijna nergens meer op straat kunnen voetballen. Daar werd je vanzelf rijp, je moest zelf je partijtjes kiezen, zelf initiatief nemen en je probeerde net zolang door te spelen tot je gewonnen had. Boosdoeners zijn ook de spelcomputer en de mobiele telefoon.

Laat die jeugdspelers op de training zelf de partijtjes kiezen of doe een positiespel en dwing een speler een bal drie keer te raken, kijk eens hoe ze daarmee omgaan. Nu zie je voornamelijk positiespel met een- of tweemaal raken. Ik wil weleens zien hoe een middenvelder reageert als hij driemaal moet raken en dus (!) moet nadenken. Nadenken over het beschermen van de bal, over zó wegdraaien dat je de bal niet verliest als ze je opjagen. Zo verhoog je de handelingssnelheid, het positie kiezen, het wegdraaien bij de tegenstander en je fysiek weren in de duels.

Duizenden varianten zijn er te bedenken, maar in Nederland zie ik daar nauwelijks iets van terug op de velden. Wat je wel ziet is kaatsen, kaatsen en nog eens kaatsen. Kaatsen tot je een ons weegt en geen meter bent opgeschoten. En saai en voorspelbaar dat het allemaal is...

Spanje

Bij FC Barcelona is het niveau van de opleiding zo hoog – het tweede elftal speelt op het twee na hoogste profniveau – dat jeugdspelers incidenteel gewoon mee kunnen draaien in het eerste elftal. Elke Spanjaard zal je daar met trots op wijzen, maar als je goed kijkt, zie je dat er de laatste twee jaar nauwelijks talenten zijn doorgebroken. Alleen Sergi Roberto drukt af en toe zijn neus tegen het venster, maar dan alleen in wedstrijden die niet meer verloren kunnen worden of waarin de kans op verlies nihil is. Maar de extra kwaliteit om op het niveau van FC Barcelona het verschil te maken? Sinds Lionel Messi, Andrés Iniesta en Sergio Busquets heb ik geen uitzonderlijke talenten uit eigen opleiding meer gezien in Camp Nou.

Engeland

Kijk ik op dezelfde kritische manier naar Engeland, dan vind ik dat er veel te weinig wordt gedaan om kleine, technische spelers tot hun recht te laten komen. Jongens die met inzicht en technische vaardigheid een wedstrijd kunnen beslissen.

Kijk eens naar de centrale middenvelders bij de grote clubs. Bijna nooit zie je een Engelsman als spelbepaler. Te vaak sneeuwen ze onder in de strijd. Toch is voetbal meer dan strijd en duels. Zolang de technische ontwikkeling op het tweede of derde plan blijft staan, mogen de Engelsen niet zeuren dat buitenlandse topspelers vaak de ruggengraat, de as vormen van de succesvolle teams in de Premier League.

Sla de topploegen er maar eens op na. De keepers? Bij Manchester City staat Joe Hart onder de lat, maar bij Chelsea, Liverpool, Arsenal, Tottenham Hotspur en Manchester United zijn het buitenlandse keepers. Terwijl Engeland toch een reputatie op keepersgebied heeft hoog te houden met historische uitblinkers als Gordon Banks, Peter Shilton, Ray Clemence en David Seaman.

Ga je zulke lijstjes maken van verdedigende en aanvallende middenvelders en spitsen, dan kom je tot dezelfde conclusie. Soms is één van de twee centrale verdedigers een Engelsman, zoals John Terry bij Chelsea en Chris Smalling bij Manchester United. Engelsen zijn zwaar ondervertegenwoordigd op de spelbepalende posities in de top van de Premier League. Daar moet je in de jeugdopleiding dus aandacht aan besteden.

Hoe moeilijk ook: sluit een gentlemen's agreement waarin een quotum wordt gehanteerd voor het aantal home-grown spelers op het veld. Als ze alleen in de selectie zitten, zoals nu, hoef je ze namelijk niet op te stellen... Natuurlijk besef ik dat zoiets een lastig verhaal is, maar zou je zo'n onderlinge afspraak drie jaar volhouden, dan weet ik zeker dat je binnen een paar jaar over een behoorlijk aantal Engelse spelers kunt beschikken die beter zijn dan die overvloed aan middelmatige buitenlanders die weinig tot niets toevoegen aan het Engelse voetbal. Maar de Engelse top heeft helaas nauwelijks geduld met jonge spelers. Ze moeten er gelijk staan, en dat is onrealistisch. Ook met pas aangekochte spelers met ervaring is weinig geduld: direct leveren of weer vertrekken.

Neem nu eens Manchester United als voorbeeld, waar coach Louis van Gaal door het grote aantal blessures genoodzaakt was uit eigen opleiding te putten. Ineens zag je jonge, goede Engelse spelers hun debuut maken: Marcus Rashford, Jesse Lingard, Cameron Borthwick-Jackson. Dat Van Gaal wel jeugdvoetballers opstelde, was dat nu omdat hij het beste voorheeft met de toekomst van Manchester United en in het verlengde daarvan met het Engelse voetbal? Gedeeltelijk wellicht, maar het is meer dan dat. Van Gaal werkt al zijn hele carrière het liefst met jonge, kneedbare voetballers. Daar is hij een meester in, terwijl hij met ervaren routiniers minder uit de voeten kan. Zo botste hij bij Barcelona hevig met Rivaldo en Figo, en bij Bayern met Ribéry, Luca Toni en Van Bommel, en zijn relatie met Angel Di María bij Manchester United was ronduit slecht.

De vraag blijft altijd of jeugdspelers de wedstrijd voor je kunnen winnen. Ik denk van wel, als ze in grote meerderheid worden omringd door geroutineerde spelers die het klappen van de zweep kennen. Vaak lukte dat bij Manchester United niet omdat de groep jonkies te groot was en de tegenstand in de Premier League van ongekend niveau. Nergens ligt de intensiteit van de wedstrijden hoger dan in Engeland.

Daarom kopen clubs die meteen moeten winnen, zoals Chelsea en Manchester City, alleen maar gearriveerde spelers, ook al hebben ze een geweldig jeugdplan en een opleiding die staat als een huis. Het lijkt alsof ze niet opleiden voor hun eigen elftal, maar meer voor andere clubs. Jammer, want ik zou graag iemand als Ruben Loftus-Cheek veel meer zien spelen bij Chelsea.

Geduld is een deugd die je op Stamford Bridge of in het Etihad Stadium nergens terugvindt. En dat terwijl met veel geld ervaren spelers kopen evenmin een garantie voor succes is. Kijk maar naar de top van de Premier League 2015-2016 met Leicester City en Tottenham Hotspur.

De doorstroming van jong talent

Het probleem van Nederland als opleidingsland is dat de jeugdige talenten nauwelijks meer bij de hand worden genomen door ervaren spelers, gewoonweg omdat Nederlandse topspelers te vroeg naar het buitenland vertrekken en goede routiniers niet meer naar de Nederlandse topclubs komen.

De Mexicaan Andrés Guardado is een uitzondering. Hij heeft zich na zijn vastgelopen avontuur in Spanje bij Deportivo la Coruña en Valencia en in Duitsland bij Bayer Leverkusen, bij PSV op voortreffelijke wijze ontwikkeld en neemt alle spelers en zelfs de coaches op sleeptouw. Hij zorgde ervoor dat PSV in 2015-2016 zelfs voor het eerst in negen jaar overwinterde in de Champions League.

Je hebt verder Dirk Kuyt (ex-Liverpool) bij Feyenoord en Ron Vlaar (ex-Aston Villa) bij AZ. Voor het overgrote deel zit je in de eredivisie naar veredelde jeugdelftallen te kijken. Omdat spelers als Guardado en Kuyt zeldzaam zijn, krijgen de jonge jongens te weinig support in het prof worden. Ze moeten alles zelf uitvinden en dat gaat met vallen en opstaan. Op zich niet erg, maar het duurt langer en het gevaar onderweg definitief te verdwalen is aanwezig.

Overigens blijf ik bij mijn standpunt dat veel Nederlandse spelers te vroeg naar het buitenland vertrekken. Te jong vertrekken kan een carrière makkelijk 'killen'. Beter is het om eerst een grote jongen in de eredivisie te worden, hoe verzwakt de competitie ook is in vergelijking met twintig jaar geleden. Die jonge jongens komen bij Manchester City, FC Barcelona, Chelsea of Manchester United toch nauwelijks aan spelen toe, en dan sta je in je tienerjaren twee of drie jaar stil bij zo'n grote club, en loop je zomaar het dubbele aantal jaren achterstand op. Nathan Aké, Jeffrey Bruma en Karim Rekik zijn daar voorbeelden van.

Wat te denken van Marco van Ginkel, die koos voor Chelsea en pas via allerlei omwegen bij AC Milan en Stoke City uiteindelijk op huurbasis bij PSV terugkwam in Nederland? Jeffrey Bruma en Nacer Barazite hebben dezelfde weg afgelegd, maar jaren later dan gepland kwamen ook zij via omwegen terug bij de Nederlandse (sub)top.

Nathan Aké werd ook slachtoffer van zijn te vroege overstap. Bij Chelsea hebben ze hem veel te lang aan het lijntje gehouden. Pas in 2016 heeft hij eindelijk structureel minuten kunnen maken op het hoogste niveau bij Watford. 'Maar bij Chelsea heeft hij getraind met allemaal toppers,' wordt dan gezegd. Leuk hoor, maar trainingen zijn niet te vergelijken met het echte werk. Echt getest word je in wedstrijden waarin drie punten op het spel staan. Die belangen wegen altijd zwaarder dan de winst bij een trainingspartij.

Anders is het met Georginio Wijnaldum, Jordy Clasie en Erik Pieters, die alle drie met ervaring op clubniveau en bij Oranje de overstap naar Engeland maakten. Zij hebben aangetoond dat je pas uit Nederland moet vertrekken als je er sportief rijp voor bent. Een Nederlandse tiener die rijp is voor de Premier League heb ik nog nooit gezien.

Ik begrijp het wel, want vaak is geld de grote drijfveer. Je weet immers niet of die trein ooit nog langskomt. Nou kan ik niet in alle portemonnees kijken, maar sportief ontbreken voor mij valide argumenten om een tiener naar het buitenland te laten vertrekken.

Dat jonge Engelse spelers naar Nederland komen, is wel verstandig. Zij komen nog tekort voor de Premier League, maar kunnen in de eredivisie met al die jeugdspelers een mooie stap maken om op een hoger niveau in te stromen als ze teruggaan naar Engeland.

Het professionele clubvoetbal in Nederland heeft niet alleen te lijden onder een gebrek aan geld en de overhaaste doorstroming van jeugdspelers, maar ook aan de opkomst van het kunstgras. Inmiddels spelen liefst acht (!) van de achttien profclubs in de eredivisie op kunstsprieten.

Voorstanders van kunstgras zeggen dat Nederland tien jaar vooroploopt, maar in feite blijf je nog tien jaar achterlopen zolang echt gras de voorkeur geniet bij de UEFA en de FIFA. Los van de stagnatie in de ontwikkeling van spelers, is het een vorm van competitievervalsing, want op kunstgras wordt het spel anders. Je tackelt minder snel en daardoor ontwikkelen die wedstrijden zich als zaalvoetbalduels. Zo'n veld moet worden gesproeid omdat het anders te stroef is en je zomaar blessures oploopt. Door het water wordt de mat spekglad en zwiepen lange en diepe ballen door als een raket. Om je daartegen te wapenen, krijg je kort combinatievoetbal in de kleine ruimte, precies zoals in de zaal.

In Engeland speelden op het hoogste niveau ooit Luton Town

en Queens Park Rangers op kunstgras. Tegenwoordig zijn die clubs bereid te investeren in goede velden, van echt gras.

Techniek, fysiek en tactiek

Techniek hoort voor iedere speler op één te staan. Tactisch inzicht bij de diverse systemen krijg je pas als je zo'n systeem in de praktijk speelt. Je leert jezelf aanpassen. Voor het individu moet de technische ontwikkeling de prioriteit krijgen, al vanaf het moment dat je gaat voetballen. Daarom moet je die kleintjes van zes tot twaalf jaar gewoon hun gang laten gaan, lekker laten rommelen, af en toe wat individuele opmerkingen of handvatten geven en verder vooral zelf veel laten uitvinden. Het tactische aspect komt later om de hoek. Als je je tenminste technisch hebt ontwikkeld, anders wordt het moeilijker.

In Nederland zijn we qua functionele techniek stil blijven staan of zelfs achteruitgehold in het jeugdvoetbal. Allerlei trucjes en duizend keer hooghouden is leuk, maar in wedstrijden gaat het om de basistechnieken: balaanname, balcontrole en passing met juiste snelheid op het goede been. Helaas zijn we in Nederland veel te veel bezig met positiespel. Dat lijkt leuk, maar doordat de technische rugzak niet eens halfvol zit en het fysiek een ondergeschoven kindje is, mis je later de boot op weg naar het internationale topvoetbal.

Bij de echte toppers zie je dat de combinatie van techniek, tactiek en fysiek klopt. Messi is klein, maar wel sterk, heeft een geweldige techniek en kan in ieder systeem uit de voeten, zowel bij FC Barcelona als in het nationale team van Argentinië. Luis Suárez is als een beest zo sterk, heeft een onorthodoxe techniek, maar het is niet toevallig dat hij uit de kluts bijna altijd de bal meekrijgt.

Zlatan Ibrahimović is ook iemand die alles van Moeder Natuur heeft meegekregen. Zijn kracht is onontbeerlijk in de spitspositie en daarbij heeft hij een ongelooflijke dosis techniek in huis. Ondanks zijn kracht staat zijn techniek bovenaan. Messi en Ibrahimović zijn qua postuur tegenpolen, maar hebben hun bijzondere techniek gemeen.

De lichaamsbouw van een doorsnee profvoetballer aan de top is veranderd in de afgelopen dertig jaar. Vroeger moest je groot en sterk zijn, tegenwoordig zie je kleine, wendbare en explosieve spelers, vooral op het middenveld. De power spat ervan af bij die 'kleintjes'. Daardoor is het spel ook veranderd. Net als de benadering door de scheidsrechters.

Voetballers worden veel beter beschermd. Om het minste of geringste wordt gefloten. Tegelijkertijd weten spelers dat ze continu gevolgd worden door meerdere camera's en dus is het onmogelijk iemand buiten beeld even flink aan te pakken. Waar je als aanvaller vroeger vogelvrij rondliep, zeker in landen als Italië en Spanje, word je nu beschermd dankzij die camera's. Die bescherming geeft ruimte aan een ander soort voetballer.

Een mooi voorbeeld daarvan is Andrés Iniesta. Als je die continu ongeschonden ziet wegdraaien bij zijn tegenstanders... Prachtig, maar bij zulke acties kreeg ik, en helemaal iemand als Marco van Basten, een geweldige schop op je enkels. Nu kun je wegdraaien zonder zorgen. Ik vind dat een wezenlijke verandering in het voetbal die eigenlijk geruisloos heeft plaatsgevonden.

Het is een positieve ontwikkeling, want ik propageer niet dat je mensen zomaar moet kunnen neerschoppen. Wel vind ik dat het – zeker in Nederland – allemaal iets mannelijker mag, meer zoals in Engeland. Daar wordt niet voor ieder fysiek duel gefloten.

Scheidsrechters en voetbalcultuur

Een scheidsrechter bepaalt mede het niveau van een wedstrijd, en daarmee ook het niveau en de ontwikkeling van spelers individueel. Scheidsrechters in Nederland fluiten bijna elk duel af, fysiek spel lijkt verboden. Vervolgens gaan de clubs in Europees verband de grens over en worden de spelers aan alle kanten opzij gekegeld en vliegen ze uit de Europese bekertoernooien.

Als je fluit als een zaalvoetbalscheidsrechter, krijg je zaalvoetballers op gras. Of op dat verschrikkelijke kunstgras. Dat komt de ontwikkeling van de spelers niet ten goede en zo verlies je de top steeds verder uit het oog. Dat proces is in Nederland, eens een toonaangevend land op Europees clubniveau, aan de gang. Iets meer toelaten om het fysieke te ontwikkelen zou clubs en spelers helpen om internationaal beter voor de dag te komen.

In Engeland doen ze dat anders, het fysieke duel is er een onderdeel van het spel. Al zitten de scheidsrechters daar vaak aan de tegenovergestelde grens: zoals spelers daar tekeer mogen gaan in de duels is het andere uiterste, vaak met tackles waarvan je begint te bibberen als je ze in de herhaling ziet. Komen Engelse clubs naar Europa, dan worden die juist vaak afgefloten omdat op het vasteland minder is toegestaan dan op Britse bodem.

Buitenlandse spelers die voor het eerst aan de aftrap in de Premier League staan, genieten van de geweldige entourage en het hoge tempo, maar krijgen een beroerte van de fysieke confrontaties.

Didier Drogba kwam van Olympique Marseille naar Chelsea en wist niet wat hij meemaakte, terwijl hij toch een stevige jongen is en als een os zo sterk. Met de Franse voetbaljaren in zijn rugzak ging hij bij het minste of geringste contact naar de grond, alleen floot geen Engelse scheidsrechter voor een overtreding, wat voor een theatraal protesterende Drogba zorgde. Snel kreeg hij John Terry, aanvoerder van Chelsea, op zijn dak met het dringende verzoek snel met die overdreven valpartijen en dat theater te stoppen: 'Anders gaat het niets met jou worden, vriend, hier in de Premier League.'

Die wijze les nam Drogba ter harte en hij ging niet langer liggen, maar knokken. Met als gevolg dat hij een van de populairste buitenlanders ooit is geworden in de Premier League. Ik denk dat alleen Eric Cantona hem naar de kroon stak in populariteit. Hoe ver Drogba uiteindelijk kwam in zijn ontwikkeling, in de controle van zijn kwaliteiten en het lezen van wedstrijden, viel op in het seizoen dat Chelsea de Champions League won. In de Premier League ging Drogba als een fysieke kampioen tekeer, maar in Europa transformeerde hij vaak naar de Franse Drogba.

Als zijn ploeg het moeilijk had of iets moest versieren, deed hij de volledige trukendoos open en zag je dat al die Europese scheidsrechters erin tuinden. In de halve finale tegen FC Barcelona en in de finale in München tegen Bayern in 2012 lag Drogba meer op de grond dan dat hij op zijn benen stond. En die scheidsrechters maar fluiten. Een Engelse scheidsrechter zou hem nooit zoveel ruimte hebben gegeven om wedstrijden op die manier te beïnvloeden.

Tussendoor maakte hij op Stamford Bridge de winnende treffer tegen Barcelona, de gelijkmaker in de finale in de Allianz Arena in de achtentachtigste minuut en de winnende penalty in de beslissende strafschoppenserie.

Amok maken kan dus een tactisch wapen zijn. Om tijd te rekken, het publiek achter je te krijgen, de scheidsrechter te beïnvloeden, tegenstanders uit hun spel of ritme te halen of eventueel een tegenstander een gele of rode kaart aan te smeren. Het laatste is niet netjes. Maar kleine professionele trucjes horen bij het winnen van wedstrijden. In Engeland en Nederland roepen ze schande, in Zuid-Europa slaan ze je op de schouders.

Alles op de arbitrage afwentelen is niet helemaal eerlijk, want scheidsrechters worden vaak van hogerhand met allerlei opdrachten het veld in gestuurd. Die voeren hun opdrachten uit omdat ze anders niet voor promotie of topwedstrijden meer in aanmerking komen. Zo'n repressief beleid geeft een arbiter nauwelijks ruimte om zijn eigen interpretatie te geven aan sommige wedstrijdsituaties. Terwijl een eigen sausje juist z'n charme heeft en ook door spelers vaak bijzonder op prijs wordt gesteld. Zo'n scheidsrechter tref je liever dan een robot, die ook nog eens een hoop fouten maakt.

Gezond verstand

Tegenwoordig zijn scheidsrechters nadrukkelijker aanwezig dan vroeger, maar dat heeft ook met de beeldvorming te maken. Alles wordt uitvergroot op tv. Er staan zes tot tien camera's langs het veld en alles kan vanuit iedere hoek worden herhaald. Het voetbalveld kent nauwelijks geheimen meer. Dat doet ook iets af aan de charme. Spelers, trainers én fans reageren sneller verongelijkt, hun rechtvaardigheidsgevoel wordt sneller aangetast en dat maakt het er niet gemakkelijker op voor de scheidsrechters.

Aan de reactie van een scheidsrechter zie je vaak direct uit welk land hij afkomstig is. Het belangrijkste voor mij is dat ze normaal aanspreekbaar zijn. Niet bang zijn voor een dialoog. In Zuid-Europa is dat moeilijker dan in West-Europa. Het belangrijkste is dat scheidsrechters gezond verstand aan de dag leggen.

Dat mis ik regelmatig. Als je als scheidsrechter op het punt staat een beslissing te nemen die een finale van de Champions League vermoordt, moet je even tot tien tellen: waar ligt mijn prioriteit? Een goed voorbeeld is de finale Champions League in 2006 in het Stade de France tussen Barcelona en Arsenal. Scheidsrechter Terje Hauge uit Noorwegen zag dat Arsenal-doelman Jens Lehmann de doorgebroken Samuel Eto'o neerhaalde buiten het strafschopgebied. Hij wachtte het vervolg niet af, floot direct, gaf rood aan Lehmann en Barcelona kreeg een vrije trap buiten het strafschopgebied. Ongetwijfeld technisch perfect gefloten.

Maar hij zag niet dat Ludovic Giuly na die overtreding in dezelfde actie de bal kreeg en simpel scoorde. Had Hauge voordeel gegeven en de 1-0 voor FC Barcelona toegekend, dan hoefde Lehmann niet van het veld en zou een gele kaart afdoende zijn geweest. Dan verwacht ik van een scheidsrechter gezond verstand in plaats van dat hij met zijn beslissing al in de achttiende minuut een duel verknalt waar miljoenen mensen in en buiten Europa naar uitkeken. Zonder de regels met voeten te treden, had Hauge voor een wijs besluit moeten kiezen, waar iedereen bij gebaat was geweest. Ik begrijp wel dat je niet met de regels kunt sjoemelen, want dan is het einde zoek, maar gezond verstand gaat boven alles.

Gedrag tegenover de arbiter

Een Zuid-Europese scheidsrechter is trots en in die trots moet je hem niet krenken. Ga niet tegen een Zuid-Europeaan schreeuwen of hem met wilde armgebaren duidelijk maken dat hij het verkeerd ziet. Zolang je hem niet ten overstaan van het publiek kleineert, kan hij heus wel iets hebben. Tegen klagen is hij bestand, maar laat schelden uit je hoofd. De Zuid-Europese arbiter houdt van nederigheid, dus maak jezelf een beetje kleiner, buig half naar voren en hou je handen gevouwen.

Zo zie je bijvoorbeeld Italiaanse spelers een scheidsrechter altijd op die manier benaderen, maar ondertussen klagen en mauwen ze dat het een lieve lust is. Spaanse arbiters zijn vergelijkbaar. In Engeland is het meteen 'you f... this' en 'you f... that'. Engelse arbiters prikken daardoorheen. Tegen een Spaanse of Italiaanse arbiter moet je zulk verbaal gedrag echt niet in je hoofd halen.

De Engelsen zijn wel panisch voor schwalbes. Geef je iemand openlijk een doodschop, dan zegt een Engelse scheidsrechter 'play on' en maakt een rondgebaar ten teken dat niet op de man maar op de bal werd gespeeld. Ga je theatraal liggen zonder geraakt te zijn, dan krijg je onmiddellijk geel, want dan besodemieter je niet alleen je tegenstander, maar ook de scheidsrechter, en die pikt dat niet.

Dat heeft alles te maken met de cultuurverschillen tussen West- en Zuid-Europa. Ga je het strafschopgebied in, zoek je de tegenstander op om geraakt te worden en ga je vervolgens rollen om een strafschop te krijgen, dan ben je volgens de Brit 'a cheat', maar een Italiaan noemt dat 'furbo': slim gedaan.

Grappig genoeg nemen spelers elkaars cultuur snel over. Spanjaarden, Italianen en Duitsers in de Premier League zie je veel minder duikgedrag vertonen. Aan de andere kant zie je Engelsen soms duikelen als ze op het vasteland komen voor de Champions League of de Europa League.

Scheidsrechters beïnvloeden

Een scheidsrechter staat onder enorme druk en is ook nerveus. Spelers, trainers, publiek, media en televisiekijkers – iedereen kijkt mee. De scheidsrechter kan zich niet verstoppen, zoals spelers doen bij een mindere dag. En iedereen weet wel dat een scheidsrechter niet alles kan zien, want hij is ook maar een mens, maar als je inderdaad wilt dat hij niet alles ziet, dan moet je hem bewerken. Roy Keane was daar een grootmeester in.

Zelf viel ik scheidsrechters bijna nooit af na een foutieve beslissing. Wel maakte ik vooraf altijd een relaxed babbeltje met de scheids, stelde ik hem een beetje op zijn gemak, zei te hopen dat hij een leuke wedstrijd kon fluiten. Een beetje glimlachen en in zijn ogen kijken, dat hoort bij het inpakken van de scheids. Het arbitersgilde waardeerde mijn uitgesproken steun wel. Ik hoopte dan natuurlijk wel op een gunstige beslissing als mijn ploeg het nodig had.

Alleen van de Italiaanse scheidsrechter Rosario Lo Bello werd ik altijd misselijk. Die naaide ons bij AC Milan steevast. Zeker weten. Tegen Verona kregen we vier rode kaarten: Marco van Basten, Frank Rijkaard, 'Billy' Costacurta en trainer Arrigo Sacchi. We vroegen hem slechts: 'Wat ben je hier nou aan het doen, scheids?' We hadden allemaal het gevoel dat er iets niet klopte.

Later is Lo Bello erop betrapt dat hij ronduit een hekel had aan AC Milan. Daarna heeft hij ons nooit meer gefloten. Voordien werd hij regelmatig aangesteld bij moeilijke wedstrijden voor ons. Niet dat het uitmaakte, want gemakkelijke wedstrijden onder Lo Bello speelden wij niet. Hij maakte het ons wel onnodig moeilijk.

De gouden regel voor een scheidsrechter blijft voor mij: hoe minder je hem ziet of hoort, des te beter. Die zo nadrukkelijk aanwezige mannetjes willen zichzelf in de picture fluiten en zijn niet bezig om een wedstrijd tot een goed einde te brengen. Daarentegen kunnen spelers er ook wat van. Sommigen kennen de spelregels niet eens of overtreden ze bewust. Dan word je terecht afgefloten, wat mij betreft.

Zelfreflectie is ook weleens ver te zoeken bij coaches. Trainers als Sir Alex Ferguson, Arsène Wenger en vooral José Mourinho begonnen al een week vóór de wedstrijd met het manipuleren van scheidsrechters: 'Wij krijgen van hem nooit een strafschop' of 'Die-en-die speler van de tegenstander duikt alleen maar', en meer van die trucjes om een scheidsrechter te bespelen. Soms helpt het, maar het kan zich net zo goed tegen je keren. Hetzelfde geldt voor continu zeurende spelers.

Bedenk wel: scheidsrechters kijken 's avonds allemaal naar *Match of the Day* en zien dus wekelijks hoe spelers provoceren of toneelspelen of hun collega-arbiter keer op keer proberen te naaien. Bij Diego Costa bijvoorbeeld is dat heel lang goed gegaan, totdat hij tegen Everton bijna leek te bijten, maar zich op het laatste moment wist te beheersen. Toch was dat genoeg voor de scheidsrechter om hem weg te sturen, daar kon je op wachten. Bij zulke twijfelgevallen kunnen ze hun gram halen, en terecht. Bij overduidelijke situaties zullen ze gewoon naar eer en geweten fluiten.

Voor die mannen is het ook lekkerder fluiten als ze er niet constant op beducht moeten zijn om in de maling te worden genomen voor het oog van de natie.

Italianen en Argentijnen zijn meesters in het bewerken van scheidsrechters. Als je tegen hen een corner krijgt, houden ze je vast en doet de scheidsrechter niets. Hou jij als buitenlander een keer iemand vast, dan word je direct afgefloten en krijg je een penalty tegen. In Italië krijg je vanaf de eerste minuut te maken met zulke slimmigheidjes, en ze schamen zich er geenszins voor: armgebaren naar de scheidsrechter, duwtje, kneepje, op je voet staan, tikje tegen je enkel, vastpakken, enzovoort. Dat is 'furbo', slim.

Ook clubs doen eraan mee. Een heel onschuldige truc is het sjoemelen met het aanvangstijdstip. Wedstrijden van AC Milan en Napoli stonden altijd tegelijk gepland, op zondagmiddag half-drie. Standaard begonnen de Napolitanen een paar minuten later. Ze hielden de start van de wedstrijd gewoon op. Zat er zogenaamd nog iemand op het toilet of had de verkeerde schoenen aan of het verkeerde shirt. Iemand lag op de behandeltafel, bezig zich in te zwachtelen. Ze haalden van alles uit de trukendoos. Ik vond het best iets grappigs hebben, begreep het zelfs wel. Die komedie hoort er ook een beetje bij.

Had je gewonnen, dan maakte het helemaal niets uit. Zo niet, dan zat je nog een aantal minuten in spanning over de uitslag van Napoli. In die laatste minuten kan er nog veel gebeuren, hè?

Ook in Spanje kunnen ze er wat van. Ik heb het meegemaakt toen we met AC Milan in november 1987 voor de 16e finales van de UEFA-cup bij Espanyol in Barcelona op bezoek gingen. De hele dag had het geregend, maar het veld in Estadi de Sarrià lag er desondanks behoorlijk bij. Na de warming-up gingen we terug naar de kleedkamer en toen we weer het veld op kwamen voor het beginsignaal, lag het hele veld onder water. 'Wat is hier gebeurd?'

In die paar tussenliggende minuten hadden ze bij Espanyol het veld met een waterkanon ondergespoten. Er viel moeilijker op te voetballen. Bij de warming-up had ik nog mijn materiaal gecheckt, maar mijn nopjes bleken toch iets te kort voor een waterballet. Je gleed alle kanten op, zeker ik met mijn lange lijf. Wij moesten een 2-0 achterstand uit de eerste wedstrijd goedmaken en dat lukte natuurlijk nooit. Heel slim van Espanyol, dat de volgende ronde bereikte. Achteraf kan ik erom lachen. Wie niet sterk is, moet slim zijn.

Tegenwoordig zijn dat soort trucs verboden en is er een veel strengere controle vanuit de UEFA. Indertijd organiseerden de clubs de wedstrijden zelf, maar nu doet de UEFA dat, of gaat alles onder auspiciën van de UEFA en lopen er allemaal officiële waarnemers rond. Niet de clubs, maar de UEFA is op die voetbalavonden de baas in het stadion, en dat is dus maar beter ook. Voor grappen is geen ruimte meer.

Schwalbe of niet?

De schwalbe is zo moeilijk uit te bannen omdat hij nog steeds succesvol is. De Belg Christian Benteke liet zich in het seizoen 2015-2016 bij 1-1 op bezoek bij Crystal Palace in de laatste minuut vallen en schoot de toegekende strafschop zelf raak: 2-1 voor Liverpool. Jamie Vardy flikte het bij Arsenal-Leicester City en kreeg ook een penalty mee. Waar Benteke struikelde over lucht, zette Vardy tenminste zijn been nog tegen dat van een tegenstander zodat er sprake was van contact. Hij zocht contact en vond het.

Misschien slim, maar alleen voor de korte termijn. Vardy – hij verloor de wedstrijd trouwens met Leicester City – en Benteke kregen er verschrikkelijk van langs op tv en in de kranten. Engelsen houden er niet van, en met die afkeer werd het duo wekenlang geconfronteerd als ze op bezoek gingen bij andere clubs en daar bij ieder balcontact werden uitgefloten. Dat is gelijk een goede reminder voor de scheidsrechter van dienst, want ook diens collega's waren in de maling genomen.

Door Engelsen word ik altijd geconfronteerd met de schwalbes van die 'foreigners', maar intussen weten we dat Vardy, Rooney en Ashley Young het ook aardig onder de knie hebben.

En toch: niet elke schwalbe is een schwalbe. Dat komt doordat in het profvoetbal zulke goede spelers rondlopen met zoveel kwaliteiten, dat ze precies weten wat ze doen. Natuurlijk mislukt er regelmatig iets, maar er zit meestal wel een idee achter.

Een voorbeeld. Ik dribbel en passeer mijn tegenstander, die maakt een sliding, ik ontwijk de sliding, spring over de glijdende speler heen want anders breek ik mijn enkels. Hierbij heb ik mijn lichaam totaal onder controle – we trainen niet voor niets bijna dagelijks – en ik weet ook hoe ik neerkom. Enige probleem is dat mijn balaanraking erop was gebaseerd dat die sliding niet zou plaatsvinden. Dus ik kom niet meer uit met mijn passen ten opzichte van de balsnelheid. Waarschijnlijk haal ik die bal niet meer.

Wat doe ik? Ik ga liggen, want anders ben ik mijn voorsprong op de gepasseerde tegenstander kwijt. In feite is dat een schwalbe. Maar wat kan ik anders? Moet ik mijn enkels beschermen of in het ziekenhuis belanden? Dat is makkelijk kiezen. Het is dus simpel: om je voordeel veilig te stellen en geen blessure op te lopen, ga je liggen.

Een schwalbe? Dat hangt ervan af. Die sliding was eigenlijk een overtreding, maar alleen doordat ik opsprong, heeft hij me niet geraakt, dus was het géén overtreding, en dus wordt mijn 'schwalbe' bestraft... Of hij me nu raakt of niet, in beide gevallen ben ik de bal kwijt en heeft hij dus voordeel van zijn 'overtreding'. Maar een scheidsrechter die niet op niveau heeft gevoetbald, ziet dat niet, en de media of de supporters evenmin. Zoiets leidt tot misverstanden en discussies.

Dit was één voorbeeld, maar zo zijn er tientallen. Onrechtvaardig? Ja, maar het is een illusie te veronderstellen dat je dit kunt uitbannen.

Voetbal is niet fair

Dat foute beslissingen tot de charmes van het voetbal behoren, moet je niet tegen een Amerikaan zeggen, die vooral naar de klassieke Amerikaanse sporten kijkt. Zij vinden voetbal de oneerlijkste sport die ze kennen. In de VS willen ze een sport vaak beredeneren en daarom zijn ze gek van feiten en statistieken. Wij zoeken de charme daarentegen ook in fouten. En voetbal hangt aaneen van fouten. Maakt niemand een fout, dan gebeurt er nooit iets. Het hoge onrechtvaardigheidsgehalte zorgt net zo goed voor veel aantrekkingskracht.

Inderdaad, 'football is not fair'. Bekommer je je overdreven veel om fouten en onrechtvaardigheden, dan kun je het voetbal beter links laten liggen. Calculeer in dat je soms beslissingen meekrijgt en soms tegen.

Los van de interpretatieverschillen, die je ook met een videoscheidsrechter blijft houden, neem ik het spel zoals het is. Zo benaderde ik het voetbal al als speler. Scheidsrechters hadden het met mij niet moeilijk. Ik ging niet op mijn kop staan om ze te overtuigen van mijn gelijk en hun ongelijk. Natuurlijk zei ik weleens: 'Zie je dat dan niet? Ongelooflijk.' Maar uiteindelijk speel je toch naar de grenzen van de scheidsrechter, enige onrechtvaardigheid hoort daarbij.

Amerikanen snappen dat nooit, Engelsen snappen dat meteen. Als ik een overtreding een rode kaart vind, zeggen zij: 'Hij gaf toch gewoon een gele kaart, waar heb je het over?' Als ik dan vraag: 'En als het in Europa was geweest?', dan hoor ik: 'Ja, dan was het gewoon rood geweest.'

Sommigen beweren dat Ajax, Feyenoord, PSV, Manchester United, Liverpool, Real Madrid, FC Barcelona, Bayern München, Juventus en dat soort grote clubs thuis de scheidsrechter vaak aan hun zijde hebben. Misschien speelt er zoiets mee als een onbewuste intimidatie door de reputatie, de omgeving en de ambiance van zo'n Europese topclub. Je moet er immuun voor zijn als scheidsrechter, maar dat blijkt in werkelijkheid moeilijk te realiseren. Toch geloof ik niet dat ook maar één profarbiter bewust naar zo'n topclub toe gaat om die te bevoordelen.

Bovendien: voordat je gaat klagen, moet je beseffen dat een aanvallende partij meer kans maakt op een strafschop dan een verdedigende partij, enkel en alleen door de plaats op het veld waar de wedstrijd zich op dat moment afspeelt.

Alles voor de winst

Ik heb nooit training gekregen in hoe ik het laatste kwartier moest overleven of hoe ik va-banque moest spelen om een gelijkspel of overwinning te forceren.

Overleven gebeurt vaak met kunst- en vliegwerk zonder veel overleg. Iets forceren gebeurt veelal met zoveel mogelijk lange en fysiek sterke spelers in het strafschopgebied van de tegenstander. Je pompt de bal in het zestienmetergebied en hoopt dat hij goed valt, op iemands hoofd, been, voet, of desnoods z'n navel of geboortegereedschap.

Als Manchester United in de tijd van Alex Ferguson iets moest forceren, speelde de ploeg niet de lange bal, maar zette juist heel hoog druk. Zo hoog en zo intensief dat de uittrap van de keeper het enige alternatief was om onder de druk uit te komen. De ploeg onder druk moet bij balbezit van de keeper wel meteen enkele spelers naar voren laten sprinten. In zo'n geval is de organisatie van het druk zettende team het kwetsbaarst.

Ga maar na: alle spelers willen helpen om in de laatste minuut de gelijkmaker of winnende treffer te scoren, en dan verliezen veel spelers hun verstand en vergeten – met de beste bedoelingen – hun taak. Ze zijn zo eerder rijp voor nog een tegentreffer dan dat er wordt gescoord. Aan de andere kant: spitsen die komen helpen verdedigen, zijn vaak levensgevaarlijk. Bovendien, hoe meer spelers er in je strafschopgebied staan, des te groter het risico dat de bal erin vliegt.

(On)sportieve middelen

Om het ritme te breken van de ploeg die volle jacht maakt op een doelpunt, is het simuleren van een overtreding een goede methode. Zelfs bij een heel lichte overtreding moet je naar de grond gaan en acteren of het een zwaar vergrijp betrof. Je moet dan wel blijven liggen. Laat een verzorger het veld in komen. Je moet in de slotfase alles in het werk stellen om het momentum van de tegenpartij te breken. Zoiets vraagt slimmigheid. Een andere manier is er trouwens niet eens. Bij andere sporten kun je het momentum vaak reglementair breken door het aanvragen van een time-out.

Ik hoor de voetbalpuristen al klagen: 'Ja, maar dat is toch niet eerlijk.' Waarom niet? Je doet toch niet iets wat verboden is, of niet in de regels staat? Als je een schop krijgt, kun je vallen en geblesseerd raken. Ernst of komedie, dat is aan de verzorger. Op het hoogste niveau moet je zulke trucs aangrijpen als het je de overwinning kan opleveren. De scheidsrechter is er om de grens te bepalen. Ik zie de charme er wel van in.

In Engeland staat 'fair play' hoog in het vaandel en gruwen ze van zulk toneelspel. In de ogen van de Brit is het al snel 'cheating'. Ze hebben minder moeite met een doodschop dan met een speler die doorrolt. In Italië en Spanje doen ze beide, maar de Argentijnen vormen de overtreffende trap. Je ziet het vaak in de Champions League en de Europa League, waarin veel Argentijnen spelen. Ga je niet mee in pogingen om wedstrijden te ontregelen om de zege uit het vuur te slepen, dan moet je niet raar opkijken als je het deksel op de neus krijgt.

Het Manchester United van Louis van Gaal vorig seizoen verspeelde zo een overwinning tegen Chelsea en een gelijkspel tegen Sunderland. De ploeg kwam zwaar onder druk te staan, maar deed helemaal niets om de aanvalsdrift van de tegenstander te ontregelen. Niet De Gea, niet Rooney, niet Blind, niet Carrick, niet Smalling en ook de Nederlands-Britse coachingstaf stak geen helpende hand toe. Chelsea en Sunderland konden vrijuit blijven beuken en daaruit vielen twee voor United heel dure tegentreffers. Het bleek uiteindelijk de week dat Manchester United afhaakte om plaats vier in de Premier League. En daarmee verdween het zicht op deelname aan de voorronde van de Champions League.

Verdedig je in de laatste minuut een voorsprong en krijg je een vrije trap, trap de bal dan niet het strafschopgebied in. Natuurlijk valt alleen daar te scoren, maar het gaat niet om het scoren, maar om het veiligstellen van de overwinning. Op de helft van de tegenstander doe je dat het beste in één van de hoeken van het veld. Heb je een vrije trap, schiet hem dan naar de hoek van het veld. Daar rek je gemakkelijker de tijd, sluit je de tegenstander op in zijn hoek en hoop je dat de bal daar over de zijlijn rolt.

Ben je in balbezit, dan kun je een ingooi, corner of vrije trap uitlokken. Je kunt ook met de bal naar de cornervlag dribbelen. Allemaal om tijd te winnen tot het laatste fluitsignaal. Vaak slaan de stoppen dan door, met opstootjes en gele of zelfs rode kaarten tot gevolg. Intussen tikt de tijd door en haal je de punten binnen. Hoe frustrerend, onooglijk, onsportief misschien ook, het vormt een onderdeel van de wetten van de topsport en bestaat al honderd jaar.

Als trainer word je er gek van als spelers van je ploeg deze wetten niet respecteren en je in de slotfase een tegendoelpunt incasseert omdat iemand denkt iets anders te moeten doen. Op de bank of staand langs de zijlijn kun je als trainer, behoudens een wissel, weinig ondernemen. Misschien alleen even een aanwijzing geven als het spel wordt stilgelegd. Tijdens het spel word je vaak niet gehoord vanwege de herrie.

Het mooiste voorbeeld van naïviteit in het uitspelen van een wedstrijd dateert van 17 november 1993. David Ginola, een begenadigde Franse aanvaller, stond als invaller op het veld tijdens de laatste WK-kwalificatiewedstrijd tussen Frankrijk en Bulgarije. Met een stand van 1-1 in de negentigste minuut stonden de Fransen met één been op het WK.

In plaats van op balbezit te spelen bij de cornervlag, slingerde Ginola de bal voor op jacht naar de niet noodzakelijke 2-1. De voorzet was veel te hard en een Bulgaarse verdediger pikte de bal op, gaf snel een pass op Lubos Penev, die vervolgens met een lange bal Emil Kostadinov in stelling bracht. Met een snoeihard schot uit een onmogelijke hoek hoog in het doel schoot de spits en aanvoerder van Bulgarije zijn land naar het WK in de VS, tien seconden voor het einde. Hierdoor misten topspelers als Marcel Desailly en Eric Cantona het WK.

De blessurebehandeling

De trainer is het boegbeeld van de club. Hij verschijnt een paar keer per week in de media om zijn zegje te doen. Intern leidt hij alle processen en wordt hij gezien als hoofdverantwoordelijke. Daarom voelt hij zich weleens genoodzaakt om hard op te treden om alle kikkers in de kruiwagen te houden. Ook de mensen in de medische staf, zoals de dokter en fysiotherapeuten.

Clashes in de staf komen nauwelijks in de openbaarheid. Totdat in het seizoen 2015-2016 in de wedstrijd tegen Swansea City de veelbesproken botsing plaatsvond tussen José Mourinho en fysiotherapeute Eva Carneiro, die door de trainer keihard en tamelijk bot op haar nummer werd gezet omdat ze ondoordacht handelde bij een blessurebehandeling op het veld van Eden Hazard.

Carneiro betrad het veld om Eden Hazard te behandelen en die moest dus reglementair naar de kant voordat hij het veld weer in mocht. Mourinho ontplofte tegen haar toen zijn ploeg door toedoen van Carneiro met negen man kwam te staan.

Zonder het gedrag van José Mourinho goed te willen praten: ik begreep hem wel. Immers, als je met elf man staat, kun je een blessure faken om zo de snelheid uit het spel van de tegenstander te halen, onder de druk uit te komen of het momentum te breken. Met tien man is dat op te vangen, maar als je al met tien man staat en je houdt door zo'n actie nog maar negen spelers over, dan heb je tactisch een serieus probleem, en dat was hier precies het geval. Keeper Thibaut Courtois had namelijk eerder een rode kaart gekregen.

Uiteindelijk hield Chelsea stand tegen Swansea, er viel geen doelpunt en het bleef zodoende 2-2. Maar het gaat om het moment. Mourinho onderkende dat moment, Carneiro niet. Alleen kwam zijn spijkerharde kritiek niet zo fraai zijn mond uit. Chelsea draaide al niet lekker, er lekten zaken uit de kleedkamer en Mourinho koelde zijn woede publiekelijk. Hij had gelijk, maar door de toon waarop hij het haar duidelijk maakte, begon dit incident een grote rol te spelen in het uiteindelijke ontslag van Mourinho bij Chelsea.

Ik verloor het kampioenschap met AC Milan eens door een muntstuk. Zoveel invloed kan een detail inderdaad hebben op een hele competitie. De titelstrijd in het seizoen 1989-1990 ging tussen Napoli en ons. Vier wedstrijden voor het einde stond Napoli bij Atalanta Bergamo op 0-0 en lukte het ze niet door de opgetrokken verdedigingsmuur te breken. Een kwartier voor tijd ging de Braziliaanse middenvelder Alemão zomaar naar de grond. Hij zou een muntstuk tegen zijn hoofd hebben gekregen. De verzorger kwam erbij en die zei met hectische gebaren: 'Blijf liggen, blijf liggen, blijf liggen. Niet omhoogkomen.' Vervolgens schreeuwde die verzorger om een brancard en werd Alemão van het veld gedragen.

De uiteindelijke 0-0 werd later omgezet in een reglementaire 2-0 voor Napoli omdat supporters van Atalanta door de Italiaanse voetbalbond als daders werden aangewezen. Aan het einde van de rit kwamen wij twee punten tekort voor het kampioenschap.

Spionnen en geheimen

In tegenstelling tot in Engeland en Italië zijn de trainingscomplexen van Nederlandse eredivisieclubs ongeveer vrij toegankelijk voor supporters en media. Bijna alle trainingen zijn te volgen. In Nederland, waar altijd transparantie wordt gepredikt, breekt er onrust uit als er trainingen achter gesloten deuren plaatsvinden. Zelfs bij het nationale elftal. 'En die oude mannetjes langs het veld dan? Wil je hun het dagelijkse uitje en het bakkie koffie ontnemen?'

Het is knus, maar ook kneuterig. De belangen in het profvoetbal zijn groot en daar horen geheimen bij. Het is toch dom om de tegenstander en de buitenwereld onnodig wijzer te maken dan ze al zijn. Met alle professionele wedstrijdanalyseprogramma's weten trainers toch al bijna alles over de tegenstanders, hun tactiek, de looplijnen, de opbouw, de favoriete hoek bij penalty's, de diverse corner- en vrijetrapvarianten en nog veel meer.

Wil je de tegenstander desondanks verrassen met een tactiek of een opstelling, dan zul je daarop achter gesloten deuren moeten trainen. En je kunt als trainer tijdens het gebruikelijke praatje met de media voor een wedstrijd geen open kaart spelen. De tegenstander volgt alles.

Bij AC Milan wisten wij werkelijk alles van de tegenstander en kwamen we zelden voor verrassingen te staan. De club stuurde spionnen niet alleen naar wedstrijden, maar ook naar trainingen. Waren die besloten, dan moesten ze maar een manier verzinnen om erachter te komen wat de tegenpartij van plan was. Ik denk niet dat ik wil weten hoe dit altijd lukte.

Gesloten trainingsaccommodaties waren het antwoord op die spionnen. Tevens bieden ze de mogelijkheid in alle rust te trainen, zodat niet ieder incident kan worden uitgelicht en opgeblazen. Ik heb eens een incident gehad met Fabio Capello, mijn trainer. Uit boosheid vloog ik hem aan; gelukkig hield Frank Rijkaard me tegen. Om mij zo boos te krijgen, moet je het bont maken. In mijn ogen was Capello te ver gegaan. Toch is dit incident in die tijd nooit naar buiten gekomen, omdat het clubbelang voor iedereen vooropstond.

Jaren later kwam Clarence Seedorf naar met toe – hij speelde toen bij Real Madrid – en vroeg naar het incident omdat Capello het hun zelf had verteld in de kleedkamer. Hij gebruikte het incident om een voorbeeld te geven dat de club bij ons boven alles ging, waardoor niemand lekte naar de pers.

Bij iedere club staan weleens spelers tegenover elkaar in de vechthouding. Vaak zie en hoor je daar niets van, maar als de deuren van het trainingscomplex openstaan, dan staat het een minuut later op Twitter en alle nieuwssites, en heb je weer een brand te blussen. Zoiets leidt af van waar het werkelijk om gaat bij een profclub: resultaat boeken in de eerstvolgende wedstrijd.

Dus zijn de media bij alle grote clubs in de wereld, zoals FC Barcelona, Real Madrid, Chelsea, Manchester United, Bayern München, AC Milan, Juventus en vele andere, één keer per week op afspraak welkom. De dag voor de wedstrijd mogen ze een kwartiertje filmen als de spelers een balletje naar elkaar trappen.

Ik moet altijd lachen als de media proberen besloten trainingen van hun nationale team te volgen met camera's. Vooral in Nederland zie je dat. In Engeland en Italië zien de media die uitdaging niet. Het patriottisme is in aanloop naar een interland veel groter, maar als het dan misgaat met het nationale elftal, blijken de messen direct veel scherper geslepen.

Natuurlijk willen de media het publiek informeren en iets wat geheim is moet al helemaal geopenbaard worden. Maar een bondscoach heeft een heel ander belang. Hij wil de tegenstander niet wijzer maken dan die al is. Hij wil de tegenpartij verrassen. Dat kan van doorslaggevende betekenis zijn voor de uitslag van een wedstrijd.

Regelmatig spreek ik trainers, maar ze zullen nooit verklappen hoe ze hun volgende wedstrijd tactisch benaderen, of vertellen wie er wel en niet speelt. Wie gaat z'n tactiek nu prijsgeven? Die wijsheid is alleen voor de trainers en de spelers zelf. En zelfs als de elf namen bekend zijn, kan je een tegenstander nog verrassen met positiewisselingen en tactische snufjes.

Zo verloor PSV in de kwartfinales van de KNVB-beker thuis kansloos (1-3) van FC Utrecht. Drie dagen later moest Phillip Cocu met zijn ploeg naar Utrecht voor de competitiewedstrijd. In vergelijking met de nederlaag wisselde hij rechtsachter Joshua Brenet voor zijn vaste rechtsachter Santiago Arias, een Colombiaan. Dit kwam al voor de wedstrijd naar buiten en het leek een logische optelsom. Een back voor een back, zou je denken, en zo dacht trainer Erik ten Hag van FC Utrecht ook.

Cocu hield zijn lippen stijf op elkaar. Arias kreeg een totaal andere rol en was geen rechtsachter, maar speelde als diepgaande middenvelder van rechts. In twintig minuten was de wedstrijd gespeeld door een doelpunt van Arias en een assist bij de 0-2. Ten Hag en FC Utrecht waren volledig overrompeld en kwamen de klap niet meer te boven. Kortom: haal je een tactisch foefje uit, dan moet je snel het verschil maken, je voordeel uitbuiten met goals voordat de trainer van de tegenpartij met een wissel of positiewisseling je verrassing tackelt.

Ideaal is het als je als trainer-coach buiten de wedstrijden om in de luwte kunt werken. Bij Feyenoord, mijn oude club, is het tegenovergestelde het geval. Daar moet coach Giovanni van Bronckhorst hopen dat zijn spelers niet worden overreden. De Feyenoorders moeten eerst een vierbaansweg oversteken om bij het trainingsveld te komen. Het oefenveld veld ligt weliswaar heerlijk in de luwte, achter een dijk, uit de wind, maar vanaf die dijk kan iedereen zien wat er op het trainingsveld gebeurt. Dat is echt niet meer van deze tijd.

Milanello, het trainingscomplex van AC Milan, was beter beveiligd dan Fort Knox. Zelfs je familie kwam daar niet binnen als ze niet waren aangemeld bij de receptie. Gasten werden opgevangen in een aparte ontvangstruimte en bij hoge uitzondering mochten die gasten een gedeelte van de training bekijken. Tijdens een tactische trainingsdag was niemand welkom op Milanello.

De coach grijpt in

Als trainer-coach ben je er altijd mee bezig hoe je een tegenstander kunt verrassen door op zijn zwakke punten in te spelen of door je eigen sterke punten te accentueren. Heb je een kopsterke spits, dan moet je iets bedenken waardoor hij zoveel mogelijk ballen door de lucht krijgt aangespeeld. Heeft de tegenstander een linksachter die niet zo goed kan opbouwen, dan wil je juist dat hij de opbouw verzorgt en dus ga je zó staan dat de rechtsachter en centrale verdedigers niet aangespeeld kunnen worden. Als die linksachter de bal heeft, laat je hem eerst vrij oplopen en dwing je hem daarna die fout te maken die hij altijd maakt.

Zulke tactische zaken bespreek je vooraf, en tevens wat je eigen team moet doen vanaf het moment dat je in balbezit komt na de fout van de linksachter. Op die manier probeer je de wedstrijd in je greep te krijgen. Vaak hangt het van de tegenzet van de trainer van de tegenpartij af hoelang je gekozen tactiek effect heeft.

Word je zelf verrast, dan maak je op de bank razendsnel enkele afwegingen. Hoe schadelijk is het als ik mijn formatie laat staan? Kan ik het met een aanwijzing of positiewisseling rechttrekken? Levert hun tactische zet mij elders juist voordeel op? Hoelang kijk ik het nog aan?

Een minuut kan soms te veel zijn en een halfuur soms te weinig. Ik wil daarmee zeggen dat het niet alleen een rationele, maar vaak ook een emotionele beslissing is. Daarbij speel je ook met het vertrouwen van je team in zichzelf, in jou als trainer en in jouw tactiek. Het is een complex geheel van factoren waar je rekening mee houdt.

Daarom geef je jezelf altijd wat tijd. Soms denk je van: oké, het staat redelijk, het kan nog wel even. Toch was ik niet bang om in te grijpen als ik voelde dat we een doelpunt tegen zouden krijgen door te volharden in onze keuzes. Een snelle vervanging van iemand die zijn taken verzaakt, komt dan weleens voor.

Maar de meeste snelle wissels vinden plaats door blessures en rode kaarten.

De rode kaart

Bij een rode kaart hangt veel af van het improvisatievermogen van een trainer of van zijn voorbereiding. Heeft hij de juiste noodscenario's paraat? Als je met tien man komt te spelen, zoek je de oplossing vaak in een tactische aanpassing. Veel trainers halen dan een spits of offensieve middenvelder van het veld en brengen een verdediger of defensieve middenvelder binnen de lijnen.

In januari 2016 kreeg Arsenal-verdediger Per Mertesacker in de achttiende minuut een rode kaart tegen Chelsea. Spits Olivier Giroud moest vier minuten later naar de kant voor verdediger Gabriel Paulista, Theo Walcott kwam in de spits en Arsenal speelde verder zonder buitenspeler. Wengers eerste gedachte was: ik moet mijn achterhoede in orde maken. Dat was voor hem belangrijker dan het feit dat Giroud als aanspeelpunt goed in de wedstrijd zat. In de aanval koos Wenger voor de snelheid van Walcott met het idee dat Chelsea iets aanvallender zou gaan spelen en dus meer ruimte achter hun verdediging zou weggeven, wat overigens niet gebeurde.

Wengers keus is weliswaar gangbaar, maar wat mij opvalt is dat trainers in zo'n situatie bijna niet meer denken aan een positiewisseling om de manmindersituatie het hoofd te bieden. Het is altijd direct verdedigend schakelen met een wissel. Arsenal speelde die wedstrijd met vier middenvelders en Chelsea met drie. Waarom dan niet een middenvelder – Flamini bijvoorbeeld – een linie laten zakken naar de achterhoede en kijken of je op die wijze je sterke kwaliteiten kunt behouden, in dit geval de combinatie Giroud-Walcott.

Ronald Koeman koos een week later in zo'n situatie bij Southampton tegen West Ham United – rood voor defensieve middenvelder Victor Wanyama rond de vijfenvijftigste minuut – voor zijn aanspeelpunt Graziano Pellè en haalde Sadio Mané naar de kant. Bij een 1-0 voorsprong. Pellè kan ballen voorin vasthouden, zodat de druk op de achterhoede vermindert en het elftal lucht krijgt ondanks het aandringende West Ham United.

Er is geen sluitende waarheid, omdat uitgangspunten altijd verschillen, evenals de kwaliteiten van spelers. Bij een rode kaart voor een van je spelers maak je een keuze en hoop je dat die goed uitpakt. Een foute keuze bestaat nauwelijks, want je hebt altijd het geldige excuus dat je met tien tegen elf meer kans maakt om te verliezen dan om te winnen.

Dat je met tien man toch kans maakt tegen elf komt omdat er bij die tien een soort oerkracht loskomt, waardoor die tien iets kunnen wat voor onmogelijk wordt gehouden. Terwijl die elf vaak een stapje minder doen.

De ster van het team

Toen Eden Hazard in topvorm verkeerde, verloor zijn directe tegenstander hem geen moment uit het oog. In zo'n geval hoefde Hazard niet mee te rennen met zijn verdediger. Normaliter verwacht je wel dat hij bij balverlies direct zijn verdedigende positie inneemt, want vaak is dat maar tien meter teruglopen. Duikt zijn directe tegenstander toch over hem heen, dan mag hij iets 'pikken' en tegen de man achter hem zeggen: 'Let op, hij komt eraan, neem even over.'

Maar door een totaal gebrek aan vorm later in het seizoen doken de verdedigers continu over Hazard heen, en Mourinho voelde zich genoodzaakt Hazard te wisselen omdat hij niet meeliep en in balbezit het verschil niet meer maakte. Een trainer-coach begeeft zich in zo'n geval op glad ijs: als Hazard niet begrijpt waarom hij wordt gewisseld of op de bank komt te zitten, kan de coach hem verliezen.

Lionel Messi en Neymar kunnen geweldig voetballen. Daar verandert niemand iets aan. Ik kijk juist of het tegenstanders van FC Barcelona lukt om het duo uit de wedstrijd te spelen zonder ze een haar te krenken of een duel aan te gaan.

Het is bijna onmogelijk. Als die twee de bal niet hebben, lopen ze wel naar de juiste positie. Wil je ze uitschakelen, dan doe je dit door druk te zetten op de speler die een van de twee aanspeelt. Dan kom je uit bij Iniesta en Busquets als voornaamste aangevers. Die moet je lamleggen. En dan moet je in het geval van Messi en Neymar en vooral van FC Barcelona alsnog maar hopen en bidden dat het goed komt. En als een van je spelers daarin verzaakt, dan moet je als coach direct ingrijpen.

Wil je een specifieke speler van de tegenpartij uitschakelen, dan probeer je ervoor te zorgen dat hij de bal nooit krijgt. Lukt dat niet, dan moet je het persoonlijke duel winnen. Winnen al je spelers hun één-tegen-éénduels, dan win je de wedstrijd. Alleen ken ik geen trainer meer die over het hele veld één tegen één laat spelen. Je ziet soms wel koppeltjes, maar tegenwoordig verdedigen bijna alle ploegen in de zone.

Dat maakte een speler als Frank Lampard zo gevaarlijk. Hij zwierf zo lang dat hij de tegenstander in slaap suste, en opeens stond hij voor de keeper. Het waren allemaal luizige looplijnen. Je zag Lampard ook nooit sprinten. Ondanks zijn dreiging offerde je niet snel een speler aan hem op. Wat het zo moeilijk maakt, was dat hij een zogenaamde spits was die vanaf het middenveld speelde.

Wat doe je als trainer van de tegenpartij? Zijn spel analyseren en je spelers wakker schudden en scherp houden.

Bij FC Barcelona is het patroon: Messi laat zich zakken naar het middenveld. De rechts- en linksbuiten en de middenvelders sprinten achter hem en de verdedigers langs en wachten op de steekbal van Messi. Heel moeilijk te verdedigen. Wie meeloopt als Messi zich laat zakken, laat ruimte vallen, en dat is gevaarlijk met die opkomende spelers. Als tegenstander word je continu voor dilemma's geplaatst.

Komen tegenstanders niet achter je verdediging, dan vormen ze geen gevaar. Toch zie je te vaak dat niet alles uit de kast wordt gehaald om opkomende spelers te blokkeren. Je moet die lopers gewoon letterlijk met je lichaam opvangen. Zet een blok, plant je schouder in het lichaam van je tegenstander, hinder hem bij zijn loopactie. Het hoeft niet hard of gemeen. Het kan gewoon met 'boem, o sorry'.

Een slimme speler gaat bij zo'n defensieve botsing direct liggen en schreeuwt uit dat hij is geraakt. Soms krijgt zo iemand zelfs een vrije trap. In ieder geval voorkom je een gele kaart, maar als je wilt winnen en niet genaaid wilt worden, moet je slim zijn. Aanvankelijk stond ik daar in Italië als jonge prof en Nederlander raar van te kijken, maar uiteindelijk ga je mee in dat gedrag.

(On)sportief verdedigen

Zoals eerder gezegd: het spel wordt overal op een andere manier beleefd. Wat in Italië 'furbo' is, is in Engeland 'cheating'. Ze vinden 'slim' verdedigen vaak oneerlijk. Engelsen houden van Roy Keane en Bryan Robson, spelers die met open vizier de strijd aangaan, recht voor z'n raap, zichtbaar, *what you see is what you get* en de scheidsrechter bepaalt wat is toegestaan.

Hard mag, gemeen niet. De keiharde duels in de Premier League worden op het vasteland niet getolereerd, al geloof ik dat Graeme Souness in deze tijd zelfs in Engeland meer geschorst zou zijn dan dat hij aan spelen zou toekomen. Met hem als tegenstander op het veld was je vogelvrij. Toch zou ik hem altijd kiezen in mijn elftal.

In Spanje had Andoni Goikoetxea in de tijd van Diego Maradona bij FC Barcelona eenzelfde reputatie. Deze Bask speelde bikkelhard, zonder bal in de buurt brak hij het been van Maradona,

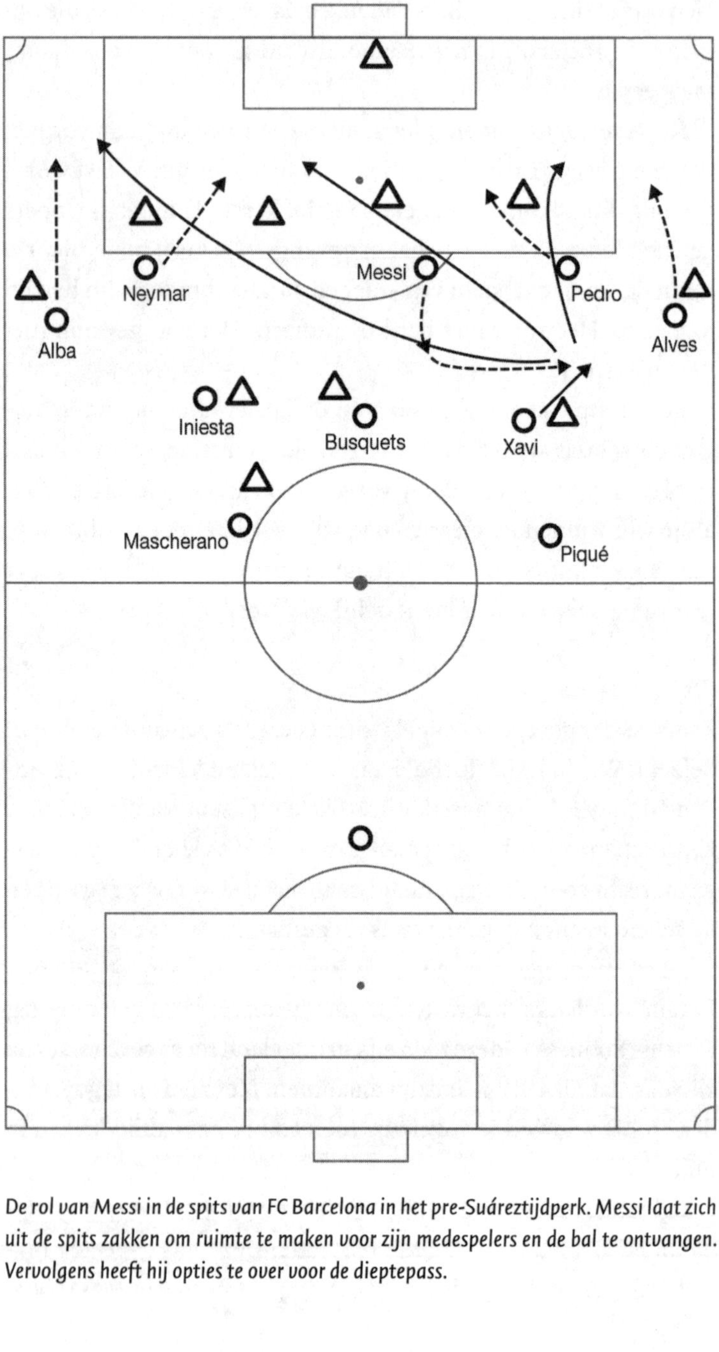

De rol van Messi in de spits van FC Barcelona in het pre-Suáreztijdperk. Messi laat zich uit de spits zakken om ruimte te maken voor zijn medespelers en de bal te ontvangen. Vervolgens heeft hij opties te over voor de dieptepass.

waarna Diego een jaar buitenspel stond.

Gary Pallister en Steve Bruce staan ook in het rijtje van topverdedigers, maar hebben een heel andere stijl. Veel opener, veel meer spelers voor de zonedekking. In de één-tegen-éénduels bij corners en vrije trappen zijn ze hard en fair, typische producten van de Engelse voetbalschool.

Claudio Gentile, de Italiaan die Maradona bedwong tijdens het WK 1982 in Spanje, was ook hard en gebruikte trucjes, maar niet overdreven smerig. Een topverdediger, zo sluw met beetpakken, armpje om je heen, je uit evenwicht duwen, knokkels in je rug, tikkie tegen je benen, iets te hoog geheven elleboog en nog tal van die kleine dingetjes. Alles om te doen wat hij moest doen: z'n tegenstander uitschakelen. Hij stond daarin op eenzame hoogte zonder dat hij bekendstond als een notoire kaartenpakker. Met zo iemand speel je graag samen. Gentile behield altijd de controle.

Pietro Vierchowod was van hetzelfde niveau. Qua plakken aan de tegenstander deden Gentile en Vierchowod nauwelijks voor elkaar onder. Ik vond en vind Italianen niet gemeen. Mijn respect voor Italiaanse verdedigers is groot omdat ik de cultuur en achtergrond ken van het verdedigen op z'n Italiaans. Winnen is heilig, en zonder tegengoal kun je niet verliezen. Dat komt voort uit een diepe overlevingsdrang. In zekere zin is het zelfs komisch hoe ze zich gedragen. Denk maar eens terug aan de manier waarop Zinédine Zidane in de val trapte van Marco Materazzi in de WK-finale van 2006 in Berlijn tussen Frankrijk en Italië. Zidane ging door het lint, gaf Materazzi een kopstoot en kon met rood vertrekken.

Niemand weet exact wat Materazzi heeft gezegd. Wat hij ook gezegd heeft, Materazzi bereikte wat hij wilde. Hoewel Zidane altijd rustig oogde en niet veel zei in het veld, was Materazzi bekend met het opvliegende karakter van de Franse vedette, want Zidane had jaren bij Juventus gespeeld en was daar vaker door het lint gegaan. Zo beleven Italianen een voetbalwedstrijd.

De Argentijn is de overtreffende trap qua overlevingsdrang.

Voeg dat bij hun techniek en tactisch inzicht en je spreekt van de meest complete voetballer. De Argentijn haalt alles uit de kast en deinst niet terug voor de combinatie hard en gemeen. Zonder scrupules passeert hij de grens van het toelaatbare.

Voorbeeld: Daniel Passarella. Hij droeg de aanvoerdersband toen Argentinië in 1978 wereldkampioen werd en speelde in Italië eerst bij Fiorentina (1982-1986) en later bij Internazionale (1986-1988). Hij vloerde mij met een keiharde en bewuste elleboogstoot omdat zijn ploeggenoot Giuseppe Bergomi mij twee keer vrij liet inkoppen uit een corner.

Javier Mascherano van FC Barcelona, ook een Argentijn, bezit dezelfde eigenschappen. Vaak gaat hij over het randje, alleen acteert hij onschuldigheid. In de herhaling zie je vervolgens dat hij zijn noppen even op iemands been laat staan. Wat toch pijn doet. Het zijn kleine, gemene speldenprikjes. Zelfs een voetballend elftal als FC Barcelona heeft dat af en toe nodig. Zo bijt tenminste iemand van zich af. Zelf kan ik daar best van genieten. Zo'n sluwe vogel heb je graag in je team. Hij schrikt ook intimiderende spelers van de tegenpartij af. Soms moet ik echt lachen om de manier waarop ze zich gedragen: die vermoorde onschuld.

NA AFLOOP

Afhankelijk van het resultaat en het belang van de wedstrijd zie je spelers – los van hun persoonlijke beleving – wel of niet uit hun dak gaan na een wedstrijd. Na een gewone competitiewedstrijd steek je je hand in de lucht, je bedankt het publiek en gaat douchen. Het werk zit erop en de volgende wedstrijd wacht.

Na het winnen van je eerste Champions League-finale verkeer je in een euforische staat en zie je pas later op televisie hoe je je gedragen hebt. De mate van ontlading verhoudt zich af en toe ook tot het scoreverloop. Spelers van Liverpool waren vorig seizoen na de 4-3 overwinning op Borussia Dortmund helemaal door het dolle heen. De ploeg leek bij een 3-1 achterstand op Anfield Road uitgeschakeld voor de halve finale van de Europa League. Als je dan in blessuretijd tegen een beter team het winnende doelpunt maakt en doorstoot naar de halve finale, gaan spelers los. Een gezonde reactie.

Psychologie

De emoties van angst en zelfvertrouwen liggen mijlenver bij elkaar vandaan, maar op een voetbalveld verrassend dicht bij elkaar. Steeds vaker duiken mental coaches op bij voetbalploegen. Het begint geaccepteerd te raken. Lang was het taboe en werd een bezoek in het geheim afgelegd.

De mental coach

Zelf ben ik altijd open geweest over mijn relatie met haptonoom Ted Troost. Ik voelde me lekker bij zijn behandelingen en deed daar niet spastisch over. Bij AC Milan waren ze ook hierin hun tijd ver vooruit. Op Milanello liep altijd een team psychologen rond, die zich gewoon in en rond de spelersgroep bewogen. Niemand keek daarvan op.

Naast individuele sessies op verzoek, deden we teamsessies. Moesten we allemaal gaan liggen op de grond en zei die psycholoog: 'Doe je ogen dicht, adem door je buik en denk aan een zwart omlijnd frame. Zet in die zwarte omlijning al je negatieve gedachten over wat je allemaal niet kunt. Doe nu hetzelfde, maar dan met een gouden rand, en denk nu aan alle dingen die je zou willen doen en dingen die goed gaan.' Vervolgens liet hij 'Chariots of Fire' horen.

Bewijzen of het heeft geholpen, kan ik niet. Wel weet ik dat we alles wonnen met AC Milan, en wij deden er niet lacherig over. De medische begeleiding stond bij AC Milan op eenzaam hoog peil en de psyche van de spelers vormde daarvan een onderdeel.

Een andere psycholoog hield de onderlinge relaties in de spelersgroep in de gaten tijdens en rond de trainingen. Hij zat overal bovenop. Hadden twee spelers bonje met elkaar, dan kwam hij vaak tussenbeide en probeerde direct de diepere oorzaak achter zo'n opstootje te achterhalen en weg te nemen. Omdat hij alles scherp in de gaten hield, voorkwam hij excessen. Onenigheid kreeg op deze manier nauwelijks de kans om de kleedkamer te bereiken.

Zelden heb ik zo'n grote homogene groep meegemaakt. Je kreeg de kans niet om met elkaar te klitten. Dan greep die psycholoog onmiddellijk in. Alles liep door elkaar heen en het voelde heel naturel. Marco van Basten en Frank Rijkaard zaten in dezelfde kleedkamer als ik, maar we vormden geen Nederlandse kliek binnen AC Milan. De Italianen beschouwden je als een van hen en betrokken je overal bij. Ook buiten Milanello. Kon je daar niet mee omgaan, dan hoorde je niet thuis bij AC Milan. Om het risico van een miskoop op dat vlak te voorkomen, werd je vooraf uitgebreid gescreend. Toen ze contact met me opnamen voor een transfer, wist de leiding van AC Milan meer van mij dan ikzelf.

Bij Frank Rijkaard twijfelde de clubleiding aanvankelijk. Niet aan de voetballer, maar aan zijn gedrag. Hij had daarvoor contracten gehad bij Ajax en PSV, was gevlucht naar Sporting Lissabon en vlak daarna verder getrokken naar Real Zaragoza. Ze hebben mij en Marco helemaal doorgezaagd over Frank. Gelukkig hebben we iedereen overtuigd van de noodzaak om Rijkaard naar AC Milan te halen. Hij was de ontbrekende schakel met zijn kracht, inzicht, loopvermogen en scorende vermogen.

Je moest passen in het profiel van de club. Hoe was je als prof in de kleedkamer? Hoe buiten de kleedkamer? Was je een sociaal type? Iedereen is anders, maar je moet het samen doen. Respect voor elkaar stond hoog in het vaandel. Het is een belangrijk element om samen te presteren.

Aanvoerder

Aanvoerder zijn van een elftal is iets bijzonders. Je vertegenwoordigt de spelers en tegelijkertijd ben je een aanspreekpunt voor hen en voor trainers, bestuur, directie, media, sponsors en fans. Intern en extern geld je als boegbeeld. Zo'n rol dien je met verantwoordelijkheid in te vullen.

Je moet wel de persoonlijkheid van een aanvoerder hebben. Een aanvoerder heeft verbindende kwaliteiten. Niet iedereen wil de verantwoordelijkheid dragen voor het elftal en de prestaties. Je moet voor je medespelers staan en voor de club. Het is een belangrijke functie, vaak nog meer buiten dan op het veld.

Op het veld – je positie doet er niet zoveel toe – doe je de toss en mag je exclusief met de scheidsrechter in conclaaf als je iets te zeggen hebt of opheldering wilt. Die rol op het veld beschouw ik tegenwoordig zo goed als uitgekleed, omdat scheidsrechters nauwelijks nog naar spelers luisteren. Wel belangrijk zijn de onderhandelingen die je voert met de directie of het bestuur over de premies.

Aanvoerder zijn voor je land is nog specialer dan het clubaanvoerderschap. Je vertegenwoordigt je land. Die aanvoerdersband stelt echt iets voor, al dient hij naar mijn mening altijd om de arm van de natuurlijke leider binnen de selectie te komen. Zo iemand moet onomstreden zijn in de groep en altijd een basisplaats hebben, anders brokkelt zijn geloofwaardigheid snel af. Dan kom je al snel terecht bij de meer ervaren spelers in een selectie. In Spanje is degene die het langst bij de club onder contract staat, standaard de aanvoerder.

Ik weet dat het kiezen van de aanvoerder selecties in tweeën kan splijten. Daarom is het goed zo'n proces met enige begeleiding van bovenaf te sturen. In 1973 had Ajax drie Europacups I, de huidige Champions League, gewonnen. Toen koos de spelersgroep bij Ajax niet voor de dwingend aanwezige Johan Cruijff, maar voor de rustigere, oudere en introverte Piet Keizer als nieuwe aanvoerder. Enige weken later was Cruijff vertrokken naar Barcelona.

Reserve

Reserve staan is het moeilijkste om te accepteren voor een speler. Je moet genoegen nemen met een rol op het tweede plan terwijl je altijd vindt dat jij in de basis thuishoort. Een trainer mag zijn reservespelers nooit aan hun lot overlaten, omdat zij de kiem kunnen vormen voor de verstoring van het groepsproces.

Je hoorde spelers van Chelsea vorig seizoen na het ontslag van José Mourinho klagen. Het betrof aanvankelijk alleen reserves, maar die namen de basis mee in hun frustratie. Chelsea bleef verliezen en desondanks bleef Mourinho vasthouden aan zijn basiself. Hij wilde die elf vertrouwen geven, maar tegelijkertijd begonnen de reserves te mokken omdat ze geen kans kregen. Dit is voor een trainer-coach een duivels dilemma. Winnen kan de oplossing zijn, maar dat lukte Chelsea niet.

Zij die niet spelen, verdienen bijna meer aandacht dan de eerste elf. Je hebt de 'reservebank' hard nodig, want door de drukke en intensieve programma's kun je geen heel seizoen meer afwerken met elf spelers. Je moet je reserves scherp houden zodat ze presteren als ze moeten invallen. De arbeid daarvoor lever je doordeweeks. Laat reserves merken dat ze volwaardig selectielid zijn. Bij AC Milan hielden de aanwezige psychologen die jongens extra in de gaten.

Je hebt je reserves ook nodig om je basiself optimaal voor te bereiden op de wedstrijd. Bij AC Milan speelden we vaak tactische partijen met de basiself tegen elf reserves. Elders zag ik de reserve-elf altijd vreselijk hun best doen om zich juist dan waar te maken, maar bij Milan dachten ze er niet eens aan zich te bewijzen tijdens zo'n tactische training tegen de basiself. Belangrijker is dat de tweede keus zich ondergeschikt maakt aan de tactische oefening voor de basiself.

Niemand durfde tijdens tactische trainingen vol gas te geven tegen de basiself. Wie dat wel deed, kreeg op zijn donder of werd gewoon even hard aangepakt. Omdat we vaak rouleerden, kon het zijn dat ikzelf af en toe met de reserves meedeed. Je liep rond om de basiself beter te maken. Won de basiself in het weekeinde, dan won jij ook.

Als ik weleens reserve stond, gaf ik nooit honderd procent tegen het basisteam. Je waagde het echt niet om geweldig je best te doen. Het ergst waren spelers die op zo'n training verschrikkelijk tekeergingen, maar in de wedstrijd niet thuis gaven. Jezelf bewijzen op de training is prima, maar nooit tijdens een tactische oefensessie.

Gemakkelijk is het allemaal niet voor de managers in de Premier League, die vaak enorme selecties van tot wel dertig spelers tot hun beschikking hebben. Spelers uit alle hoeken van de wereld met ieder hun eigen cultuur. Hou dat maar eens happy. Zeker als je iemand moet vertellen waarom hij niet speelt. Na drie keer zegt zo'n speler: 'Het zijn mooie verhalen, maar ik wil gewoon spelen.' Uiteindelijk worden spelers toch pissig. Voordeel is het overvolle programma, waardoor je als speler altijd wel aan de beurt komt. Dan moet je je waarmaken en dat valt niet mee, omdat er direct extra druk op zo'n kans staat.

Zulke kansen krijgen spelers soms ook bij interlands. Dan mag je het proberen als de beste spelers rust krijgen. Lekker is dat. Ga jij je even bewijzen als Arjen Robben, Wesley Sneijder en Robin van Persie niet meedoen. Of als zulke spelers geen zin hebben in een interland of met de handrem erop spelen omdat ze van hun werkgever niet geblesseerd mogen raken of in de rust gewisseld moeten worden.

Persoonlijke omstandigheden

Bij AC Milan keken ze niet alleen naar je kwaliteiten als voetballer en je gedrag in de kleedkamer, maar tevens naar je leven buiten de club. Hoe ziet je sociale leven eruit? Ben je een stapper? Heb je een gezinnetje? Wat voor hobby's heb je? Hoe kom je over op televisie? Deze factoren wogen mee voor AC Milan om een speler wel of niet naar de club te halen.

Je zou zeggen: huisje-boompje-beestje is het beste voor een speler om te presteren. Maar iedereen ervaart dat anders. Zolang jij je maar prettig voelt. Sommige clubs gaven jonge spelers het advies om snel te settelen. In een gezinssituatie zou je meer rust vinden en je wilde haren kwijtraken. Maar wat als je alleen maar bonje met je meisje hebt? Of als er een kleine rondloopt die je de hele nacht uit je slaap houdt? Het is moeilijk om hier een wet van Meden en Perzen van te maken.

Het leven is anders dan twintig, dertig jaar geleden, alleen al door de social media. In deze tijd is uiterlijk heel belangrijk. Je hoeft niet talentvol te zijn om heel beroemd te worden en veel geld te verdienen. Zie de Kardashians: een uitwas van deze tijd. De jeugd groeit daarmee op en je moet je als club en trainer een beetje inleven in wat het publiek wil, zonder de prestatie uit het oog te verliezen.

De prestatie staat altijd voorop. Als je ook met andere dingen bezig wilt zijn, is dat prima. Mooie spullen zijn belangrijk, een goede koptelefoon, het nieuwste mobieltje, flashy kleding met kekke hoedjes en bijzondere tattoos, snelle auto's, mooie vrouwen; allemaal uiterlijk vertoon dat de klok slaat en waaraan jongeren zich spiegelen. Je tegen die mentaliteit verzetten, heeft geen zin. Dat zijn onvermijdelijke generatieconflicten. Het bewijst dat het leven doorgaat.

Wil je als club mee in de vaart der volkeren, dan zul je die ontwikkelingen moeten omarmen, zolang je maar de basis van presteren en winnen centraal kunt blijven stellen, en bij voorkeur als team. Want een en ander lokt wel uit dat je steeds meer bv'tjes in een elftal krijgt. Ze zijn samen bezig, maar hebben tegelijkertijd een individuele agenda, omdat er veel geld valt te verdelen. Met transfers, maar tevens met allerlei commerciële contracten. Voor een topspeler valt daarmee zelfs meer te verdienen dan met voetballen. Spelers moeten altijd blijven beseffen dat voetbal de basis is waarom bedrijven met je in zee willen. Wie dit uit het oog verliest, verliest ook zijn plaats in de top van de voetbalpiramide.

Omgaan met roem

Ineens omgaan met aandacht en populariteit is niet makkelijk. Iedereen wil iets van je. Ze komen nooit brengen, altijd halen.

Regelmatig tref ik jonge spelers die als een komeet zijn gekomen en moeite hebben om zich op het hoge niveau staande te houden of die niet met de roem kunnen omgaan. Daar besteed ik altijd wat aandacht aan, en dan kies ik voor een kritische benadering omdat ze die om zich heen missen. Ik ben ervaringsdeskundige en heb geen dubbele agenda.

Belangrijkste les: durf nee te zeggen, zelfs tegen mensen die dicht bij je staan als ouders, broers en zussen. Je zult arrogant genoemd worden, of over het paard getild, of je verloochent zogenaamd je roots, maar je moet het doen uit pure zelfbescherming. Het is niet één iemand die wat vraagt, nee, er staat een hele rij. Geef je die allemaal hun zin, dan ben je de hele dag bezig, alleen geen minuut met voetbal, terwijl je juist daar je energie en aandacht aan moet besteden. Als je voor de een iets doet, kun je de volgende niet wegsturen. Durf nee te zeggen. Dat levert kritiek op, maar daarmee moet je om kunnen gaan. Leg het naast je neer, ook al vinden ze je een eikel.

Tegenwoordig is het moeilijk voor die jonkies om gewoon te blijven doen. Ze verdienen zo verschrikkelijk veel geld. Als je jong bent, wil je een mooie auto, een mooi huis, mooie kleren, een mooie vriendin, en dat snap ik allemaal. Maar vraag je altijd af: is dit het beste voor mijn carrière?

Goede mensen om je heen durven je tegen te spreken. Ik begrijp de gedachte dat je het beste begeleid kunt worden door je directe familie. Helaas laat het kritisch vermogen in die persoonlijke omgeving vaak te wensen over. Het voetballertje is van jongs af aan het prinsje van de familie, dat niets fout kan doen, ook omdat hij veel geld verdient en het verzorgingsniveau van een hele familie omhoogtilt. Een onafhankelijke zaakwaarnemer wordt door familieleden snel gezien als profiteur. De oudere broer doet de zaken wel even...

Diego Maradona is het mooiste voorbeeld van hoe verkeerd zoiets kan uitpakken. Toen hij uit Argentinië naar Barcelona kwam, nam hij de hele huisraad mee, familie, vrienden en kennissen, een half dorp. Dat kon niet goed gaan. Die hele clan zat in de stad en Maradona werd daar continu mee geconfronteerd. Ineens werd zijn entourage een hoofdzaak voor hem en dat kwam de werkelijke hoofdzaak – het voetbal bij FC Barcelona – niet ten goede. Hij speelde best goed, maar de focus lag vooral op wat er zich afspeelde rond Maradona buiten het veld.

Bij Napoli pakten ze dat anders aan en werd zijn gevolg minder. Toen durfde Maradona eindelijk nee te zeggen. In Napels presteerde Maradona top omdat de entourage niet meer in het nieuws kwam.

Mysterieuze krachten in de sport

FC Barcelona heeft de opmerkelijke eigenschap dat het met tien man vaak beter speelt dan met elf. Terwijl ze met elf iedereen al van het veld spelen. Met tien komt er een ongelooflijke kracht bij de spelers van Barcelona naar boven en beseffen ze dat ze nog meer hun best moeten doen om te winnen.

Voor de analyse is dan één vraag belangrijk: wat is je intentie als je uiteindelijk met tien man tegenover elf komt te staan?

Wil je het verdedigend zo compact mogelijk maken? Want voor de tegenpartij is het moeilijker tegen tien man te spelen die massaal verdedigen dan tegen elf man die gewoon voetballen om te winnen. Maar nee, Barcelona gaat met een man minder juist nóg meer druk zetten voorin en in de verdediging nóg meer één tegen één spelen. Bijzonder knap, want je moet ongelooflijk gedisciplineerd blijven, nog veel meer dan met elf man.

Dat besef je ook donders goed als je met tien staat. Je krijgt daar automatisch een mentale kick van. Heel gek, je kunt een tandje bijzetten alsof er opeens een extra versnelling beschikbaar komt. Ineens zie je spelers niet meer op drie meter dekken, maar op een halve meter, zie je iemand met een sliding proberen een bal binnen te houden, er worden meer overtredingen gemaakt, meer gereageerd tegen de scheidsrechter, spelers peppen elkaar extra op en draaien zich niet half om als van dichtbij wordt geschoten, maar nemen op de koop toe dat ze keihard worden geraakt.

Zijn dat echt mysterieuze krachten? Of gewoon een kwestie van mentaliteit? En wat gebeurt er in een team dat in het laatste kwartier opeens een grote achterstand ombuigt in een overwinning? Ruiken ze dan bloed?

Het schoolvoorbeeld van een ploeg die bloed rook, was Liverpool in 2005. De finale van de Champions League in Istanbul tegen AC Milan. Niets aan de hand voor de Italianen, zo leek het na een 3-0 voorsprong bij rust met topspelers als Maldini, Cafu, Nesta, Stam, Gattuso, Pirlo, Kaká, Crespo, Shevchenko en Seedorf. Maar Liverpool startte na rust een alles-of-nietsoffensief en dat loonde met drie doelpunten in het eerste kwartier van de tweede helft. Uiteindelijk wonnen de Engelsen doordat de spelers van AC Milan zo van de kaart waren dat ze maar liefst drie strafschoppen in de beslissende serie misten.

Toen Liverpool snel na rust de 3-1 maakte, voelde je ineens dat er iets kon gebeuren. Mij bekroop een raar, onbestemd gevoel. Je voelde de angst opborrelen bij alle Italianen in het stadion. Zoals een dier angst voelt. Dat voelden de spelers van AC Milan ook. Heel instinctief. Waarom? Er komt een soort collectieve oerkracht los als je scoort, waardoor je ineens in jezelf gaat geloven. Het is een gevoelskwestie, zoals je ook direct voelt of ergens een goede of slechte sfeer hangt als je binnenstapt. Zonder dat iemand iets heeft gezegd, voel je dat aan. Sta je aan de andere kant, dan krijg je van die angst bij je tegenstander zo'n enorme boost aan kracht en zelfvertrouwen dat je bijna buiten jezelf treedt. Instinct neemt het dan over.

Zelf heb ik het meegemaakt tijdens het EK van 1988. We verloren in de groepswedstrijd van Rusland en ook in de finale waren de Russen veel sterker. Totdat wij 1-0 en 2-0 maakten. En dan vooral de manier waarop Van Basten die tweede maakte; je wist gewoon zeker dat dit nooit meer fout kon gaan. Zelfs niet toen zij die penalty kregen. Die ging natuurlijk nog mis ook, omdat Van Breukelen vol vertrouwen kon zeggen dat hij wist in welke hoek Belanov zou schieten.

Je ziet zoiets op de peuterschool. Zet een groep peuters bij elkaar, leg een speelgoedauto in het midden en laat ze hun gang gaan. Dat resulteert in een regelrecht slagveld en dan regeert het recht van de sterkste. Dergelijk gedrag valt terug te voeren op een oerinstinct. Ben je angstig of straal je zelfvertrouwen uit? Je omgeving voelt dat aan. Loop je op school de hele dag met neergeslagen ogen, dan ben je het haasje. Honderd procent zeker.

Bestaat er zoiets als een angstgegner? Ja, zelfs voor de beste ploegen van de wereld. In mijn tijd bij AC Milan was dat Verona. Manchester United verliest niet vaak van Liverpool. Het is moeilijk om de vinger op de oorzaak te leggen, want er ís geen oorzaak. Het heeft voornamelijk met gevoel te maken. Op de een of andere manier liggen die clubs elkaar niet en iedere keer denk je vooraf: nu gaan we het rechtzetten. Maar gebeurt dat uiteindelijk niet. Totdat je ze een keer verslaat. Zoals Liverpool vorig seizoen Manchester United versloeg in de Europa League en zich kwalificeerde voor de laatste acht.

Een ander opmerkelijk fenomeen is dat sommige teams in topwedstrijden boven zichzelf uit kunnen stijgen en een week later bij een degradatiekandidaat onderuitgaan omdat ze nog niet de helft van hun kunnen laten zien. Wij bij AC Milan werden altijd geconfronteerd met tegenstanders die 110 procent gaven en op of vaak net over het randje van het toegestane speelden. Milan was voor zulke clubs de tegenstander van het jaar. Het maakte ons natuurlijk sterker en weerbaarder. Opvallend genoeg speelde ik later met Sampdoria tegen dezelfde clubs en was er weinig over van de strijd, die ze eerder leverden toen ik bij AC Milan tegen ze speelde.

Hadden we het moeilijk met AC Milan, liepen we met Sampdoria met speels gemak over zulke tegenstanders heen. Dan dacht je: hé, hoe kan dat nou? Dat enorme verschil is heel gek en voor mij een bijzonder rare gewaarwording. Ik speelde toch een jaar eerder met Milan tegen jullie en toen speelden jullie toch veel feller?

Het is gewoon een kwestie van mentaliteit. Je weet dat je tegen een betere tegenstander meer moet brengen, wil je kans maken op de winst. Tegelijkertijd denk je vaak tegen een mindere tegenstander dat het wel los zal lopen. Het eerste gaat altijd bewust, het tweede vaak onbewust. Bij AC Milan was mijn recordscore in een seizoen negen doelpunten, terwijl ik bij Sampdoria tot zestien doelpunten kwam. Echt niet omdat ik persoonlijk ineens een stuk beter speelde. Nee, ik kreeg bij Samp gewoon veel meer vrijheid van verdedigers. Bij Milan zaten de tegenstanders juist akelig dicht op je huid.

Overwinningsgevoel

Vaak krijgt een speler na afloop van een wedstrijd de vraag: 'Wanneer wist je dat je zou gaan winnen?' Dat is eenvoudig en moeilijk tegelijk. Als je 3-0 voorstaat, geloof je niet meer in verliezen. Hetzelfde geldt voor 3-1. Natuurlijk dacht Borussia Dortmund in april 2016 bij de tussenstand van 1-3 dat het ten koste van Liverpool zou doorgaan naar de halve finale van de Europa League. Evengoed wist Liverpool dat de kans op overleven miniem was. Toch stonden de Duitsers met lege handen en Liverpool na de 4-3 zege in de halve eindstrijd van de Europa League.

Als het gebeurt, heb je het gevoeld; als het niet gebeurt, dacht je dat het had kunnen gebeuren. Ook al zegt je gevoel dat het goed zit, je moet toch nog het moment afwachten dat de bal erin gaat voor de bevestiging. Soms blijft die goal achterwege en heeft je gevoel je in de steek gelaten. Alleen op gevoel win je geen wedstrijden.

Bijgeloof

Voor een wedstrijd, in de rust en zelfs na de wedstrijd heeft iedereen z'n eigen rituelen. Bijgeloof heeft bijna iedereen, ik ook, al vergat ik mijn bijgeloof regelmatig, haha. Bijgeloof vond ik een goed teken omdat je jezelf in de 'mindset' van een overwinning brengt. Je doet iets omdat je ermee gewonnen hebt. Dat herinner je je. Je voelt dus vertrouwen in een overwinning en dat geeft rust.

Ik vergelijk het met het gedrag van tennissers of golfers. Die hanteren vaak een 'pre-routine'. Tennissers laten de bal een paar keer stuiteren en een golfer doet wat swings alvorens af te slaan of wat denkbeeldige putts alvorens hij daadwerkelijk putt. Gewoon om in de goede mindset te komen. Als hij dat doet, dan komt het goed.

Ik heb veel bijgeloof van spelers gezien in de kleedkamer. Eerst de linkerschoen en dan de rechter. Zo laat mogelijk naar het toilet gaan. Even iets of iemand aanraken. Op Anfield Road moeten de spelers van Liverpool het bord boven de spelerstunnel aantikken met daarop THIS IS ANFIELD. Sommigen slaan een paar keer een kruisje of moeten het gras even aanraken. Allemaal zaken waarmee je je mindset in de positieve stand zet. Ik zie geen bezwaar, integendeel.

Wij tegen de rest

Psychologische oorlogsvoering is een middel om wedstrijden te winnen, of toernooien. Tijdens het gewonnen EK 1988 met het Nederlands elftal maakte bondscoach Rinus Michels ruzie met het bestuur van de Nederlandse voetbalbond, de KNVB. Hij maakte van die bondsbestuurders onze gezamenlijke vijand en dat werkte heel goed.

Ook de media worden hiervoor vaak gebruikt, zoals Italië deed tijdens het WK 1982. De pers was bijzonder negatief en Italië ging nog gebukt onder een enorm omkoopschandaal van enige jaren daarvoor. Daardoor miste iemand als spits Paolo Rossi bijna het WK. De Italianen begonnen dramatisch met drie gelijke spelen tegen Kameroen, Polen en Peru en gingen op het nippertje door op doelsaldo. Iedereen viel over de Squadra Azzurra heen.

Oude rot Enzo Bearzot had een gemeenschappelijke vijand gevonden: er werd een mediastop ingelast. Italië werd wereldkampioen door onder meer het Argentinië van Diego Maradona en een geweldig Brazilië te verslaan. Als je zo'n gevoel van 'wij tegen de rest' kunt creëren, moet je dat als coach en als team altijd doen.

Wedstrijdspanning

Spanning voelen voor een wedstrijd is iets anders dan zenuwachtig zijn. Spanning houdt je scherp, zenuwen blokkeren je en dan zie je de twijfel soms toeslaan bij spelers.

Als speler ben ik nooit nerveus geweest, maar spanning had ik nodig om topprestaties te kunnen leveren. Je antenne staat ervan op scherp, evenals je lichaam. Bij belangrijke wedstrijden om de landstitel, in de Champions League of met het Nederlands elftal is de spanning groter. Vaak hangt het samen met het moeten winnen, alles-of-nietswedstrijden. Het belang van zo'n ontmoeting krijgt nog eens een extra impuls door groeiende media-aandacht. Ook word je ermee geconfronteerd in de samenleving. Als je overal wordt aangesproken over een wedstrijd, krijgt zo'n wedstrijd

– of je het wilt of niet – een extra dimensie.

Als analist mocht ik eens de Ballon d'Or, het Gouden Bal-gala van de FIFA, in Zürich presenteren. Dat moest live, iets heel anders dan een wedstrijdanalyse, maar mijn benadering week niet af. We hadden veel geoefend en ze gaven me op de dag van de uitzending een klein hok om me in voor te bereiden. De muren kwamen op me af en vijf minuten later zat ik in een ruimte waar ook allemaal medewerkers van het programma zaten. Toen ik vlak van tevoren wat spelletjes op mijn telefoon speelde en wat nieuwssites bekeek, kwam de producer langs die vroeg: 'Ben jij niet nerveus? Geen spanning?' Tuurlijk wel, maar dat is mijn manier om die spanning te kanaliseren: even ergens anders op focussen. Na afloop kwam ik haar tegen en zei: 'Jij dacht dat ik het niet kon en dat het fout zou gaan, hè?'

Dat is gewoon mijn manier van focussen. Iedereen moet doen waar hij zich lekker bij voelt. Dat leer je ook in een kleedkamer met tien andere spelers met wie je een wedstrijd moet winnen. Ga je iets opdringen tegen iemands natuur in, dan bereik je veelal het tegenovergestelde effect.

Het publiek

Het publiek speelt een rol van betekenis bij het opzwepen van de eigen ploeg. Het kan de eigen ploeg ook de nek omdraaien met fluitconcerten, witte zakdoekjes, afbrekende spreekkoren en cynisme.

Bewust of onbewust werkt zoiets door in het hoofd van spelers en scheidsrechters. Sommige spelers komen liever niet meer aan de bal, gaan zich verstoppen en smachten naar het moment dat de klok op negentig minuten staat. Volgt op iedere beslissing van een scheidsrechter een afkeurend fluitconcert, dan is het menselijk dat de arbiter daar onbewust op reageert.

Een tijdrekkende keeper van de thuisploeg krijgt hoegenaamd nooit een gele kaart, maar als de bezoekende keeper tijdrekt en vijftigduizend mensen gaan fluiten en gillen, dan heeft zo'n doelman snel een gele kaart te pakken, zonder dat hij misschien overdreven tijd pakt. Zo kan het publiek in het stadion een belangrijke factor vormen.

In Nederland heeft Feyenoord in De Kuip het meest invloedrijke publiek vanwege hun intimiderende aanwezigheid. 'Kuipvrees' is een gevleugelde uitdrukking in Nederland. Bang zijn in je eigen huis is eigenlijk te gek voor woorden, maar zo is de realiteit. De verwachtingen zijn altijd hoog, net te hoog, en kunnen daarom bijna nooit waargemaakt worden. Gevolg is een antistemming waar de eigen spelers onder gebukt gaan. Zo kom je in een negatieve spiraal terecht, waar Feyenoord inmiddels zo'n vijftien jaar in verkeert.

Topwedstrijden

Competitiewedstrijden met je club zorgen voor een bepaald vast ritme. Je werkt een weekprogramma af en als daar internationale wedstrijden tussendoor komen, neem je die vaak mee in dat ritme.

Met het nationale team ligt dat anders. Daar volg je een ander ritme dan bij je club en ook de spanning is anders, al is het alleen maar omdat je in een meerdaags trainingskamp zit. Een interland speel je namens Nederland, je bent afgezant van het hele Nederlandse volk. Voor beslissende kwalificatieduels voor een WK of EK en tijdens grote toernooien voelde ik een nog sterkere verantwoordelijkheid. Dat kon heel groot worden met extreem veel druk. Ik kon daar redelijk goed mee omgaan.

De flow bij een winnende ploeg voelt heerlijk aan. Of een overwinning bij een club als Haarlem, waar niemand winst verwachtte. Vaak mag je bij zulke clubs vrijuit spelen. Bij Chelsea was dit eveneens het geval, maar dat veranderde naarmate ik daar langer zat en het publiek en de clubleiding veeleisender werden en van Chelsea een serieuze titelkandidaat wilden maken. In de top bestaat vrijuit spelen nauwelijks. Zelfs niet bij FC Barcelona, hoewel het oogt alsof alles een beetje vrijblijvend plaatsvindt.

Op topniveau dien je te presteren. Iedere week, iedere wedstrijd. Het koppie komt dan ook in beweging. Als het 'mogen' bij een club 'moeten' wordt, verandert er veel. Het moeilijkste is om gefocust te blijven. Dat begint bij de training. Zoals je traint, speel je ook je wedstrijden.

Hoe serieus het kan worden, maakte ik mee bij AC Milan. Als we gelijkspeelden, brak de pleuris al uit. Dan kwam Silvio Berlusconi ons hoogstpersoonlijk op onze falie geven. Op zaterdag voor de volgende wedstrijd landde hij dan met zijn helikopter op ons trainingscomplex Milanello. Je wist meteen hoe laat het was. Het winnen van de volgende wedstrijd was een must. Dat gaf verschrikkelijk veel druk. Je kon pas slagen bij AC Milan als je tegen die druk bestand was.

Vaak ging het erom de focus te bewaren en je niet te laten afleiden. Wie gebukt ging onder dat torenhoge verwachtingspatroon, haakte snel af. Was een gelijkspel nou zo erg? Ja, die twee punten konden het verschil maken tussen een kampioenschap en een tweede plaats. Vandaar de ophef.

Als club moet je iedere kans benutten, zoals een speler ook moet doen. Falen is in feite geen optie. Bij AC Milan zeiden ze: 'Voor jou is er geen volgende keer.' Dus moet je als prof leven, alles opzijzetten, want bij de eerste de beste fout kunnen ze je zo dumpen en verspeel je je toekomst. Daarom is voetbal op topniveau niet altijd even leuk. Zeker niet voor degenen die op het randje balanceren van wel of geen nieuw contract.

De spanning in de Champions League is het hoogst en naarmate het toernooi vordert en je dichter bij de finale komt, neemt die alleen maar toe. De finales voor de nationale beker zijn altijd een happening, zowel in Engeland op Wembley als in Nederland in De Kuip. Tevens is het de kortste weg naar Europees voetbal. Vooral voor de subtoppers vaak interessant, omdat die clubs zich niet standaard plaatsen voor de Europa League.

In Engeland zie je vaak dat de League Cup minder serieus wordt genomen door de trainers. Die wordt gespeeld in een periode in het najaar met een overvolle agenda met competitievoetbal, Europese verplichtingen en interlands. Later in het seizoen zie je dat clubs in de FA Cup veel minder met schaduwelftallen op de proppen komen. De FA Cup is in Engeland een grote prijs, die het seizoen goed kan maken. Zo'n bekeravontuur herbergt eigenlijk twee gevaren. Als je het serieus neemt en altijd met je eerste elftal speelt, kan het zorgen voor overbelasting en blessures of schorsingen. Zeker bij clubs met gelijktijdig Europese verplichtingen wordt het programma zwaar.

Aan de andere kant: ga je wisselen, dan wissel je zomaar het ritme uit het elftal. Toch moet je in het hedendaagse voetbal wel rouleren. Met een basiself kom je er niet. Je komt jezelf altijd tegen naarmate het seizoen vordert, en daarom is een selectie van tweeëntwintig bijna gelijkwaardige spelers geen overbodige luxe. Terwijl een profspeler fysiek in staat moet zijn drie wedstrijden in acht dagen te spelen.

Het luistert vrij nauw. Een trainer moet de afwegingen maken.

Kijk maar eens naar WK's en EK's. Regelmatig kwalificeren landen zich al voordat de laatste groepswedstrijd is gespeeld. Je ziet bondscoaches dan op twee gedachten hinken: gewoon met dezelfde elf spelen of de helft van het elftal laten staan en de andere helft van de spelers – bijvoorbeeld met gele kaart, vermoeidheidsverschijnselen of lichte blessures – eruit. Vaak mag dan ook de tweede keeper een wedstrijdje onder de lat staan als beloning voor zijn opofferingsgezindheid.

Dat brengt echter ook een risico met zich mee. Marco van Basten bereikte als bondscoach van Oranje op het EK 2008 in Oostenrijk en Zwitserland na twee prachtige zeges op wereldkampioen Italië (3-0) en vicewereldkampioen Frankrijk (4-1) de tweede ronde. In de derde groepswedstrijd tegen Roemenië verving hij Edwin van der Sar door Maarten Stekelenburg en hij handhaafde Orlando Engelaar. Verder stelde hij negen andere spelers op in vergelijking met de eerste twee duels. Oranje won met 2-0, dus van competitievervalsing was geen sprake.

Uiteindelijk haalde deze massale wisseltruc het ritme uit het elftal voor de kwartfinale tegen Rusland. Van Basten greep terug op de elf spelers die Italië en Frankrijk een oorwassing hadden gegeven. De flow bij die elf was in één klap verdwenen na acht dagen rust en alleen wat trainen en hangen in het spelershotel. Oranje strompelde nog naar de verlenging en werd toen afgeslacht: 3-1.

Intimidatie

Als speler en trainer ben ik nooit iemand van de intimidatie geweest. Later hoorde ik weleens verhalen van spelers die mij intimiderend vonden overkomen in de spelerstunnel vanwege mijn lengte, maar daar ben ik me nooit van bewust geweest. Ik deed geen rare dingen. In de top zie je door de internationalisering van het clubvoetbal dat spelers elkaar vlak voor de wedstrijd opzoeken in de spelerstunnel. Als twee Brazilianen of Argentijnen die samen spelen in hun nationale ploeg tegenover elkaar staan bij FC Barcelona-Arsenal, dan is het logisch dat ze elkaar even vriendelijk begroeten.

Topvoetballers kunnen dat heel goed scheiden van hun gedrag tijdens de wedstrijd, als ze alles geven om te winnen.

Op het EK in West-Duitsland in 1988 hoorden wij in de spelerstunnel, toen de deur van de Engelse kleedkamer openging, aanvoerder Tony Adams zijn ploeggenoten aansporen: 'Let's kill the bastards!' Wij schoten in de lach. 'Wat zegt-ie nou weer?' Het was voor mijn gevoel te geforceerd en raakte ons totaal niet. Integendeel, er ontstond juist een relaxte sfeer, hoewel er veel druk op de ketel stond omdat de verliezer zou zijn uitgeschakeld. Wij wonnen door drie doelpunten van Marco van Basten met 3-1.

Intimidatie werkt misschien nog bij jonge spelers die net komen kijken, maar ik vind dat je je niveau moet houden en op het veld een wedstrijd moet winnen. Op het veld intimideren komt vaker voor. Ik hou er niet van; ik hou meer van imponeren.

Respect

Als speler moet je je schikken in de teamtactiek en teamdiscipline. Die taak staat op plaats één voor een profvoetballer. Toch kun je binnen zo'n teamtactiek niet zonder individuele tactiek. Individueel gaat het erom de juiste beslissingen op het juiste moment te nemen. Hoe meer goede beslissingen je neemt, des te meer tijd je hebt om die goede beslissing uit te voeren. Dat heet denk- en handelingssnelheid.

Het gaat dan om dingen als: wanneer kom je in de bal? Wanneer blijf je weg? Wanneer ga je diep? Wanneer pak je je man op? Wanneer geef je hem een paar meter om hem te lokken om te doen wat jij wilt?

Zo zijn er nog honderden situaties te verzinnen. Weet je wat er moet gebeuren en is je beslissing goed en je handelingssnelheid in orde, dan gebeurt het zoals je wilt.

Na mijn profcarrière heb ik voor mijn plezier bij de Amsterdamse amateurclub AFC gespeeld. Met vrienden in het eerste zaterdagelftal. Ik heb nog nooit zoveel schoppen gekregen: die amateurs brachten me vreselijk in de problemen. Ze nemen een balletje aan, leggen het goed, nog een keertje, kijken om zich heen en geven de bal eindelijk in je voeten. Inmiddels staat er allang een tegenstander in je nek te hijgen die je een rotschop verkoopt als de bal komt.

Dan zou je zeggen: 'Speel die bal nu eerder', maar je medespeler is zich van geen kwaad bewust. Zijn handelingssnelheid ligt niet hoog genoeg en ongemerkt brengt hij anderen daarmee in de problemen.

Later werd dit elftal een mix van amateurs met oud-profs en exinternationals als Stanley Menzo, Aron Winter, Marco van Basten,

John van 't Schip, Rob Witschge en Wim Kieft. Dan speel je als veertigjarige tegen jonge, fitte gasten van twintig, maar kunnen ze je niet bijhouden. Terwijl wij bijna vanuit stilstand stonden te voetballen. Het is puur een kwestie van snel denken, wat ons zo'n enorme voorsprong, zoveel extra tijd verschafte. Daar viel voor die jongens niet tegenaan te lopen, ondanks hun uitstekende conditie.

Om zulke wedstrijdjes niet uit de hand te laten lopen, moet je goed anticiperen op de situatie. Niet uit de hoogte doen, of arrogant, maar juist op die jongens afstappen, even de kleedkamer bij ze in en zeggen: 'Hé jongens, maak er een lekkere wedstrijd van. Veel plezier.' Na zo'n begroeting en een hand heb je vaak een gezellige wedstrijd en kun je je wedstrijdje winnen omdat je handelingssnelheid veel hoger ligt.

Eén keer raken, twee keer raken. Voetballen is de bal laten lopen en gebruikmaken van de spaarzame momenten dat je het verschil kunt maken. En dan ligt de bal in één keer in het netje.

Dat is het leuke aan voetbal: zó spelen dat je niet in moeilijkheden komt.

Deze verhoudingen heb je net zo goed in de top van het voetbal. Zo stelt FC Barcelona zich op als ze tegen een mindere ploeg spelen. En heel belangrijk: nooit je tegenstander kleineren of belachelijk maken. Op revanche beluste spelers zijn levensgevaarlijk voor lijf en ledematen. Daarom zie je grote teams na rust bij een onoverbrugbare voorsprong vaak gas terug nemen.

Manchester United kon als geen andere ploeg in de hoogtijdagen een wedstrijd lezen. De winnende opleving in Camp Nou in Barcelona in de laatste minuten in 1999 in de finale van de Champions League tussen Manchester United en Bayern München kwam voor mij niet onverwacht. Ondanks de 1-0 achterstand na negentig minuten! Die ploeg kon zelfs in die uitzichtloze positie nog iets meer brengen dan de tegenstander en dus het initiatief naar zich toe trekken. Zoiets is ook een mentale kwestie.

De grote fout van Bayern München was dat ze dachten de Europacup I al gewonnen te hebben. United werd getergd, helemaal toen de Duitsers Lothar Matthäus gingen wisselen en die triomfantelijk naar de kant kwam geparadeerd en daarbij zijn publiekswissel gretig inhaleerde. Die rode lap was precies wat Manchester United nodig had.

Fantastisch wat United flikte in de twee minuten blessuretijd, met twee doelpunten van Sheringham en Solksjaer. Volgens de Duitsers was het stom geluk, maar dat was het zeker niet. United had dit al veel vaker gedaan: het verschil maken in de slotfase, nationaal en internationaal.

Zo'n ervaring had AC Milan ook. Drie dagen voor de finale van de Champions League op 18 mei 1994 werd tegenstander FC Barcelona van Johan Cruijff Spaans kampioen. Iedereen in Spanje liet weten dat het eigenlijk niet meer nodig was om die finale te spelen, want de winnaar stond bij voorbaat vast. AC Milan worstelde nog in de Serie A en Barcelona leefde al op een wolk. Zelfs Cruijff zei dat het een formaliteit was om de volgende prijs in vier dagen op te halen.

In Italië en vooral op Milanello, het trainingscomplex van AC Milan, hebben ze zich doodgeërgerd aan het hooghartige toontje vanuit Catalonië. Het werkte als een rode lap op een stier en een losgeslagen AC Milan overrompelde FC Barcelona. Bij rust stond het al 2-0 door twee doelpunten van Massaro. Na rust bepaalden Savićević en Desailly de eindstand op 4-0.

De les die hieruit valt te trekken is dat je altijd respect moet tonen voor je tegenstander. Al speel je tegen amateurs voor de beker: geef iedereen een hand, een schouderklopje, een vriendelijk woord, blijf nederig. Zo haal je de druk en spanning weg van een wild om zich heen schoppende tegenstander, die er alles aan doet om bij te blijven, maar dat niet kan. Wie een tegenstander tergt en prikkelt, komt zomaar van een koude kermis thuis. En het is nergens voor nodig.

Het kan je zomaar de Champions League kosten, zo ondervonden FC Barcelona en Bayern München in 1994 en 1999.

Landenteams

Luis Suárez maakte in de slotfase hands op de doellijn tegen Ghana in de kwartfinale op het WK 2010 en kreeg rood. Desondanks plaatste Uruguay zich voor de halve finale in Kaapstad tegen Nederland. Eerlijk spel was het niet, maar in Uruguay werd Suárez als een held geëerd. In Ghana zal hij zijn verguisd, maar in Uruguay hebben ze heus niet gezegd: 'Luis, dat had je niet moeten doen.'

Dat gold ook voor Thierry Henry in 2009 toen hij scoorde tegen Ierland na de bal met zijn hand te hebben meegenomen. Daardoor ging Frankrijk naar het WK in Zuid-Afrika. Niet eerlijk, maar de Fransen zeggen dat Henry handelde in het landsbelang. Een purist kan het niet verkroppen, maar een ideale wereld bestaat niet, ook niet in de sport. Een Ghanees en een Ier hadden zeer waarschijnlijk hetzelfde gedaan in eenzelfde positie. Als je het aan Suárez en Henry vraagt, zullen ze misschien zeggen dat ze het niet nog eens zouden doen, maar in hun hoofd en voor hun land gelden andere wetten.

Het was op het randje, maar Henry is niet verbannen, heeft zelfs geen schorsing opgelegd gekregen. Als je het achteraf beziet, is het een rimpeling. Er wordt een paar dagen over gesproken en daarna is het oud nieuws en hoor je er niets meer over.

Voor je land ga je toch altijd net iets verder en is de druk op een wedstrijd net iets groter. Ook in Engeland. Daar wordt Ashley Young van Manchester United vaak uitgejouwd om zijn duikelingen, maar als hij voor Engeland speelt en zoiets flikt en Engeland komt erdoor in de finale, dan staat iedereen te juichen. In belang van je land kan er nu eenmaal meer en wordt het anders beoordeeld.

Internationaal is bekend dat scheidsrechters zich onbewust toch enigszins aanpassen aan het gedrag van zulke spelers. Zo mag een Engelsman misschien geen tackles uitvoeren zoals in eigen land, maar weet een scheidsrechter dat de combinatie Engelsen en tackelen een hechte is. Hij zal zich toleranter opstellen.

Dat verschil in interpretatie ontbreekt op het WK en EK. Voor aanvang van een wereldkampioenschap of Europees kampioenschap worden scheidsrechters helemaal volgepompt met instructies. Ze worden gedrild tot en met. En ze voeren hun opdrachten uit omdat ze anders niet voor topwedstrijden meer in aanmerking komen. Als zo'n scheidsrechter tot het einde van het toernooi wil blijven, moet hij niet uit de pas lopen.

Bij de Nederlandse jeugdelftallen speelden wij altijd eerlijk, aanvallend en zonder trucjes. Wij speelden om het spelen en wilden graag winnen, maar zochten nooit de grens op. Als jeugdinternational werd ik voor het eerst geconfronteerd met de Latijnse voetbalcultuur. Jongens van die teams deden alles voor de winst. Ze zaten aan je, schopten, trokken aan je shirt, zeurden, lieten zich vallen en bleven maar zuigen. Tot de grens of er net over. Omdat wij niet wisten hoe je zoiets moest doen, dolven wij altijd het onderspit. Het was een totaal andere voetbalbeleving.

Duidelijk is dat wij later, met onze ervaring in het buitenland, ook leerden om in dienst van het vaderland in het shirt van Oranje van ons af te bijten. Paul Gascoigne kreeg ooit op Wembley een elleboog van Jan Wouters vol in zijn gezicht bij Engeland-Nederland. Hij brak zijn neus, werd even later gewisseld en bleek alles in zijn gezicht gebroken te hebben. Het getuigt niet van schoonheid, maar het waren de mores van toen, ruim vijfentwintig jaar geleden.

Gascoigne speelde op Wembley en was bezig met het vermaken van het publiek, maar speelde tegen Jan Wouters. Net zo iemand als Roy Keane. Na een paar schaartjes en overstapjes kreeg hij ineens een elleboog in zijn snufferd. Niemand had het gezien. Zo ging dat in die tijd.

We speelden eens een kwalificatiewedstrijd uit bij Cyprus en daar liep onverwacht een heel goede en vervelende spits rond. Ronald Spelbos, een verdediger van AZ en Ajax, gaf die knul een kegel. Daarna hebben we hem niet meer gezien.

Het volkslied

Iedere speler beleeft het volkslied voor interlands op zijn manier. Het ligt soms aan het lied. Als ik uitleg aan buitenlanders wat wij zingen in ons volkslied, staan ze me met open mond aan te kijken. Duits bloed, de koning van Hispanje? Dan valt die mond nog verder open.

Wij Nederlanders hebben een volkslied waarin we onze vroegere bezetter Spanje eren. 'Daar kun je toch niet trots op zijn?' vragen ze me dan. Ik sta dan met een mond vol tanden. Tijdens het volkslied brabbelde ik altijd maar wat. Alhoewel ik heel trots was om voor Nederland te spelen.

Engelsen, Amerikanen, Italianen en Fransen gaan er vol voor en putten kracht uit het volkslied. Je wint er geen wedstrijden mee, maar je kweekt toch een gevoel van saamhorigheid. Een vol Wembley dat 'God Save The Queen' zingt, maakt indruk, op de Engelse ploeg en op de bezoekers. En een tegenstander van Engeland geeft het net zo goed een boost. Welke voetballer wil nu niet spelen in zo'n geweldige ambiance? Een jonge speler zou erdoor verlamd kunnen raken, maar als je als international op Wembley speelt, dan ben je wel iets gewend.

Hollandse ruzies

Waar Nederlanders internationaal om bekendstaan, zijn de onderlinge ruzies op grote toernooien. Ben ik op een WK of EK als analist, dan krijg ik steevast de vraag: 'Wanneer doet het Nederlands elftal zichzelf de das om met een onderlinge vechtpartij?'

Die naam hebben we internationaal. Zelf maakte ik het mee op het WK 1990 in Italië. Nederland was Europees kampioen en de grote favoriet voor de wereldtitel. Marco van Basten, Frank Rijkaard, Ronald Koeman en ikzelf, we hadden allemaal twee jaar extra ervaring, zaten tussen de vijfentwintig en dertig jaar, in de bloei van ons (voetbal)leven, en toch ging het helemaal fout.

Het was begonnen met het besluit van Rinus Michels, bestuurslid technische zaken, om niet Johan Cruijff als bondscoach aan te stellen, maar Leo Beenhakker. Dit geheel tegen de voorkeur van de spelers in, die om Cruijff hadden gevraagd. Michels' dagelijkse aanwezigheid bij de spelersgroep werkte als rode lap op een stier. Verder was er enige wrijving tussen jongens als Van Basten, Koeman en de aanvoerder – ikzelf – met wat anderen. Het zelfbeeld van veel spelers deugde niet: door de Europese titel dachten sommigen dat ze beter waren dan ze werkelijk waren. Bovendien hebben wij Nederlanders moeite om meer dan een maand op elkaars lip te zitten en elkaars gedrag stilzwijgend te accepteren. Wij moeten er altijd iets van zeggen.

Andere landenteams groeien meer naar elkaar toe als het resultaat goed is. Alleen bij Frankrijk gebeurt weleens hetzelfde als in Nederland. Spelers horen het dan zo te camoufleren dat de onrust niet naar buiten komt. Soms gaat het niet ten koste van de prestatie, maar meestal wel.

In 2014 werd Nederland weliswaar derde op het WK, maar kon Robin van Persie niet verbloemen dat hij het gedrag van Arjen Robben helemaal zat was. Hij liep voor de wedstrijd tegen Argentinië, nota bene de halve finale van het WK, kwaad het veld op voor de warming-up zonder zijn medespelers omdat hij niet langer wilde wachten op de treuzelende Robben. Het lijkt iets kleins, maar het kan zeker op zo'n groot toernooi met die massale focus van de media iets groots worden.

Nederland verloor, en vervolgens ging het nog dagenlang over de verhouding Van Persie-Robben in plaats van het onverwachte uitzicht op de bronzen plak. Gelukkig versloeg een eendrachtig Oranje vier dagen later Brazilië voor de derde plaats.

Nederlanders vertellen elkaar graag de waarheid. Volgens anderen trouwens niet alleen op het veld. Vaak krijg ik ook te horen dat wij de 'professoren' van het voetbal denken te zijn. Vooral Italianen zeggen zoiets, en dat terwijl ze daar dag en nacht over voetbal praten. Maar wij analyseren onszelf dood. Zelfs met de pers wordt over de tactiek gediscussieerd alsof je met een andere trainer zit te praten in plaats van een journalist.

Een Nederlander lost alle problemen het liefst op met tactiek.

De Hollandse school

De Nederlandse tactiek is vooral gebaseerd op 4-3-3 met de middelste middenvelder opsluitend naar de spits – puntje naar voren – of terugzakkend richting het centrale verdedigingsduo; puntje naar achteren. De twee andere middenvelders maken dan juist de tegenovergestelde beweging. Omdat dit in grote lijnen het tactische plaatje is van iedere Nederlandse ploeg, hebben tegenstanders door hoe ze ons moeten bestrijden.

Simpel gezegd: verstoor de opbouw door de twee centrale verdedigers, zet het middenveld vast en je hebt Nederland voor het grootste gedeelte liggen. Een tegenzet wordt nauwelijks bedacht, alhoewel je gelukkig steeds meer ziet dat tegen een sterke tegenstander wordt overgeschakeld naar 5-3-2. Het Nederlands elftal was met die speelwijze succesvol op het WK 2014. Het is wel reactievoetbal, en dat is een vies woord in Nederland. Toch begint het langzamerhand gangbaarder te worden. Zo schakelde PSV bijna Atlético Madrid uit in de Champions League.

5-3-2 gaat uit van balverlies, terwijl in de Nederlandse voetbalcultuur juist balbezit zit ingebakken. Grofweg gesteld: je gaat voetballen omdat je leuk met een bal bezig wilt zijn en niet om achter je tegenstander aan te rennen. Wij willen creativiteit aan de bal leveren en niet denken aan de organisatie als we de bal niet hebben. Wat toch in bijna de helft van de wedstrijd het geval is.

5-3-2 is niet per definitie verdedigend, omdat je bij omschakeling 3-5-2 speelt, en dat is een sterk aanvallende tactiek. Kijk maar eens hoe Juventus Bayern München in de Champions League bestreed.

Nederlandse ploegen komen vaak in moeilijkheden als ze tegen twee spitsen komen te spelen. Het gevolg daarvan is vaak een één-tegen-éénsituatie achterin. Iedere lange bal over de verdediging in de ruimte kan levensgevaarlijk zijn. Dat overkwam PSV vorig seizoen in de achtste finales van de Champions League tegen Atlético Madrid. Keeper Jeroen Zoet redde PSV tot driemaal toe in een één-tegen-éénduel. Nederlandse spelers zijn dit niet gewend.

Hoe los je het op? Met een 5-3-2, maar in principe moeten de twee centrale verdedigers leren om tegen twee spitsen te spelen.

In de Nederlandse opleiding moet veel meer aandacht worden besteed aan andere systemen dan 4-3-3. Hoe zelf andere systemen te spelen en hoe andere systemen te bespelen, zodat je niet voor verrassingen komt te staan en direct kunt anticiperen op de tactiek van de tegenstander. In alle Nederlandse jeugdelftallen en bij Haarlem en Feyenoord heb ik alleen 4-3-3 gespeeld. Bij PSV speelden we 4-4-2, maar vaak zo aanvallend dat het meer 3-3-4 werd. In Italië kreeg ik onderricht in het zuivere 4-4-2 en bij Chelsea in 5-3-2. Zo leerde ik alle systemen. Jeugdspelers moet je daarmee allemaal in aanraking brengen.

Arrigo Sacchi, mijn voormalig trainer bij AC Milan, gaf op mijn verzoek vorig seizoen een gastlezing bij de KNVB. Dat gebeurde niet zomaar. Ik wilde al die Nederlandse opleiders eens een spiegel voorhouden. Hij was genadeloos en begon ermee dat hij het heerlijk vond om tegen Nederlandse ploegen te spelen. Allemaal 4-3-3, veel geschuif in de opbouw, traag positiespel, geen snelle omschakeling en altijd met het doel de buitenspelers te bereiken voor de voorzet op de spits. Met andere woorden: voorspelbaar. Altijd maar hetzelfde doen en nooit met een verrassing komen.

Het klonk als muziek in mijn oren, omdat ik dit al jaren verkondig, maar te weinig word gehoord. Overal is het 4-3-3, balbezit en trage opbouw van achteruit zonder dieptepasses. Logisch dat je na veertig jaar zo voetballen het verschil niet meer maakt. Helemaal niet als je grote vedetten ontbeert, die individueel het verschil kunnen maken. We praten graag over tactiek, maar vergeten oplossingen en vernieuwingen te zoeken voor onszelf.

Nederlanders vinden zichzelf progressief, maar zijn in wezen stil blijven staan. Vanuit die bezorgdheid heeft de voetbalbond een symposium gehouden om het Nederlandse voetbal uit het slop te trekken. Inmiddels ligt er een masterplan om het voetbal vanuit de jeugd te verbeteren. 4-3-3 is een prima strijdplan, maar niet het enige.

Internationale innovaties

Sommige elftallen zijn belangrijk geweest voor de voetbalontwikkeling. Achteraf bleken ze hun tijd twintig jaar vooruit. Dan moet je denken aan het totaalvoetbal van Ajax begin jaren zeventig en het Nederlands elftal in diezelfde tijd, dat niet voor niets 'Clockwork Orange' en 'Laranja Mecânica' werd genoemd. Of aan Liverpool eind jaren zeventig en begin jaren tachtig, of AC Milan eind jaren tachtig begin jaren negentig van de vorige eeuw, of Ajax met Louis van Gaal midden jaren negentig, of FC Barcelona nu. Allemaal innovatieve teams die een andere manier van spelen introduceerden die internationaal navolging kreeg.

Vóór het tijdperk van Frank Rijkaard als trainer had FC Barcelona internationaal niet veel gewonnen. Inmiddels speelt het op de manier zoals Ajax met Johan Cruijff deed bijna vijftig jaar terug, maar dan met het hedendaagse pakket aan spelers: klein, handig, intelligent, met kracht en snelheid. Dat pakket verschilt van dat van toen doordat het voetbal is geëvolueerd. Een verdediger van destijds verdedigde anders dan de verdediger van nu. Toen hoefde je maar een schijnbeweging te maken en je was erlangs en gaf een voorzet. Tegenwoordig zijn vleugelverdedigers bijna allemaal aanvallers die onderweg naar de top zijn afgehaakt. Die vullen het verdedigen anders in. Een linksbuiten, die linksachter is geworden, zal graag mee opkomen om aan te vallen.

Twee landenteams hebben die Europese ontwikkelingen bewust of onbewust gemist. Zij spelen hetzelfde spel als veertig jaar geleden: Argentinië en Brazilië. Dat ze daarmee nog meedoen aan de top, wil zeggen dat het tijdloze spelopvattingen zijn. Of ze succesvol zijn, hangt af van het aanwezige individuele talent.

Argentijnen spelen puur vanuit het fysiek, met een ongelooflijke wedstrijdmentaliteit en met sterke individuen als Mario Kempes, Diego Maradona en Lionel Messi.

Brazilianen blijven verliefd op de techniek, maar als ze een spits hebben zoals Pelé, Romário, Bebeto of Ronaldo, kunnen ze op topniveau het verschil maken. Alleen dankzij zulke spelers is Brazilië wereldkampioen geworden.

Zo'n topspits ontbrak in 2014 tijdens het WK in eigen land, en de Brazilianen schrokken zich een ongeluk. Het team had dan wel geen grote spits, maar zoals de Duitsers met hun teamspirit en technische bagage over ze heen walsten, heeft een diep litteken achtergelaten. In Brazilië is men zich inmiddels aan het heroriënteren. Het was sowieso geen hecht team. Hoewel Neymar uitzonderlijk presteerde, bleef de rest achter. Hij zal een beter team in zijn nabijheid nodig hebben.

Nieuwe ontwikkelingen

Met de toename van het aantal camera's langs het veld, de vele voetbalpraatprogramma's en alle social media is het voetbal veranderd. Pleeg een aanslag op een tegenspeler zoals dertig jaar geleden en je krijgt de hele wereld over je heen. Vroeger werd zoiets slechts bij hoge uitzondering opgemerkt.

Op trainingen is de sfeer ook anders. Als je als achttienjarige niet luisterde, kreeg je gewoon een enorme schop en vloog je drie meter de lucht in. Het was onderdeel van een hard leerproces. Nu kan je het je niet voorstellen, maar toen zorgden die oudere spelers er wel voor dat je luisterde. Je speelde met hún geld en hún premie. Jong tegen oud op de training, dat waren veldslagen met bloed aan de paal. Dat is allemaal veranderd. Ik zeg niet verbeterd of verslechterd, maar veranderd. Toen ik bij Chelsea kwam, trainde het tweede elftal verplicht met een korte broek. Het hele seizoen door, dus ook hartje winter. Nou, die gasten hadden het koud, hoor. Ze liepen met bevroren benen over het veld. Niet echt gezond, maar het hoorde er toen voor je gevoel gewoon bij.

Commercie

In mijn tijd stond de commercie in de kinderschoenen. Zowel bij clubs als bij spelers individueel. Zelf had ik geen sponsorcontracten voor niet-voetbalgerelateerde dingen als onderbroeken, horloges of parfum. Je deed weleens een commercial voor een automerk bijvoorbeeld, maar daar bleef het bij. Zo'n merk zorgde dan voor het wagenpark van de club.

Een voetbalgerelateerd contract had ik met Adidas voor schoenen en kleding. Ik was een Adidas-man, had zelfs een eigen kledinglijn bij Adidas. Na mijn transfer naar AC Milan stapte ik noodgedwongen over op Lotto. Ik wilde bij Adidas blijven, maar mijn contract was met Adidas Benelux en omdat ik naar Italië ging, moest Adidas International mij overnemen. Die vroegen zich af wie Ruud Gullit eigenlijk was. Ze vonden me te onbekend om onder contract te nemen en toen ben ik op Lotto-schoenen gaan spelen. Zelf ontworpen schoenen trouwens. Later dat jaar won ik de Ballon d'Or, de Gouden Bal als wereldvoetballer van het jaar. Nu ben ik terug bij Adidas.

Voeding

Voeding is belangrijk. Vroeger werd daar nog weinig op gelet, tegenwoordig is er veel verbeterd. Bij AC Milan waren ze daarin hun tijd mijlenver vooruit. Ikzelf heb het initiatief genomen om een tolerantietest uit te voeren op Milanello, want het is goed om te weten of je ergens intolerant voor bent. (Dat is trouwens iets anders dan allergisch.) Zelf moest ik gist, cacao, cafeïne en melk vermijden. Het hielp echt, want zonder voelde ik me veel beter, en vanzelfsprekend heeft dat een weerslag op je functioneren en prestaties.

Eenmaal speler-trainer bij Chelsea, voerde ik die tolerantietest in, omdat ik er zelf baat bij had gehad. Toen moest je die spelers eens horen, vooral de bierdrinkers: 'F... hell, f... intolerant of yeast (gist), no f... beer. Are you f... crazy? I am not gonna f... do this shit.' Ik zeg: 'Je hoeft het ook niet te doen. Het is alleen maar dat je het weet. Jij mag zelf uitmaken wat je wilt, ik geef het je alleen maar mee. Als je het probeert te vermijden, voel je je beter en scherper.'

Ik besloot bij Chelsea ook over te gaan op sportmaaltijden. Weer al die commentaren. 'No f... gravy. Where is the gravy and where are the potatoes?' Ik zeg: 'Als je wat anders wilt, ga je 's avonds lekker met je vrouwtje naar een restaurant en kun je eten wat je wil. Ga je lekker tandoori en piripiri eten. Hier op de club moet je eten wat nodig is om een goede prestatie te leveren.'

Technische hulpmiddelen

Zolang technische hulpmiddelen niet ten koste gaan van het speltempo, ben ik voor toepassing, alleen niet onbeperkt. Doellijntechnologie vind ik logisch, maar hulpmiddelen bij buitenspel vind ik te moeilijk. Het is vaak een grijs gebied en dan krijg je ondanks technische hulpmiddelen dezelfde discussies zoals nu worden gevoerd. Wat schiet je er dan mee op?

Om een tweede scheidsrechter, de zogenaamde videoreferee, in een regiewagen van de televisie te laten meebeslissen over andere zaken dan overtredingen en gele kaarten, daar heb ik mijn bedenkingen bij. Het blijft subjectief, omdat de ene scheidsrechter een overtreding geel waard vindt, terwijl de andere rood geeft. Dat is geen vooruitgang.

Dat subjectieve element komt het best tot uiting in allerlei tv-programma's waarin wedstrijden worden geanalyseerd. Of ik nu in Engeland zit met Gary Lineker, Peter Schmeichel en Robbie Savage of in Nederland met Jan Joost van Gangelen, Ronald de Boer en Pierre van Hooijdonk, we blijven altijd discussie houden over de penaltymomenten. Als wij als voetbalkenners er al allerlei verschillende meningen op nahouden, wat verwacht je dan van zo'n videoreferee?

Veel scheidsrechters vonden dat Jamie Vardy van Leicester City vorig seizoen bij Arsenal een strafschop verdiende. Ik en andere oud-profvoetballers zagen dat Vardy expres het been opzocht van Arsenal-verdediger Nacho Monreal en dus op zoek was naar die penalty. Moet Monreal, omdat hij zijn been niet kan terugtrekken, een penalty tegen krijgen van scheidsrechter Martin Atkinson? Nee, natuurlijk niet. Om daarin een goede beslissing te kunnen nemen, moet je op hoog niveau gevoetbald hebben. De scheidsrechter redeneert: 'Hij raakt zijn been toch?' Zeker, maar Monreal kan dat been moeilijk afzagen.

Een videoreferee zou ook twijfelen. Zijn beslissing is evenals die van Atkinson het gevolg van de mening van een individu. Je kunt het ermee eens zijn of niet. Je houdt derhalve discussie. Niet erg, want discussie is een charme van het voetbal. Alleen heb je voor discussie geen videoscheidsrechter nodig.

Mijn experiment zou zijn om met meer scheidsrechters op het veld te staan. Niet langs de lijn of achter het doel, maar echt op het veld, zoals je bij handbal en veldhockey ziet. Daar werkt het prima. Met dezelfde bevoegdheden uiteraard en met respect voor elkaars beslissingen. Het kan niet zo zijn dat die twee in discussie gaan over wel of geen penalty.

Met twee scheidsrechters laat je bij corners bijvoorbeeld eentje buiten het strafschopgebied staan en nummer twee dichterbij, zonder iemand te hinderen uiteraard. Maar hij kan voor zichzelf de hoek bepalen waarin hij naar de actie in het strafschopgebied wil kijken. Ze moeten natuurlijk niet beiden naar de bal kijken, want dan heeft het geen zin om met twee scheidsrechters te werken

Wel maak je met twee scheidsrechters het veld kleiner voor ze: om na honderd meter sprinten een actie goed waar te nemen, is moeilijker dan een beoordeling na een sprint van vijftig meter. Zo'n experiment op topniveau zou ik toejuichen, maar het is duidelijk dat het lastig blijft.

DE MEDIA

Je kunt zomaar de vreemdste dingen roepen als de adrenaline door je aderen giert. Heb je zojuist een enorme ontlading of teleurstelling beleefd, dan moet je tot tien tellen alvorens je de media te woord staat. Zelf bleef ik altijd vrij rustig en had ik mezelf goed onder controle.

Die praatjes na afloop van de wedstrijd zijn voor een voetballer of trainer in de meeste landen wel hetzelfde. Waarom heb je gewonnen of verloren? Hoe voelde dat doelpunt aan? Verklaar je wissels eens? Heb je die overtreding gezien en wat vind je daarvan? Heeft de scheidsrechter de uitslag beïnvloed? Heb je gezien dat die speler boos was toen hij werd gewisseld? Soms is het leuk om je mening te geven, maar vaak ook een verplicht nummer.

In Nederland gaan verslaggevers graag op de stoel van de trainer zitten door over tactieken te vragen. Of te zeggen wat je fout deed en hoe je dat in het vervolg beter kunt doen. Dan zit je naar zo iemand te luisteren en denk je soms: man, waar heb je het over?

Nawoord

Voetbal blijft een spel van fouten en daarom blijven analyses altijd interessant en actueel.

Bij het ontleden van wedstrijden wordt steeds meer gebruikgemaakt van statistieken. Naar Amerikaans voorbeeld zal dat vaker gebeuren, hoewel je voetbal – behoudens de uitslag – moeilijk in cijfers kunt vangen. Ik laat statistieken veelal links liggen in mijn analyses of gebruik ze als grappig weetje. Dat Manchester City in Europees verband nooit een wedstrijd wint waarin ze meer dan vijftig procent balbezit hebben, zegt nog niets over wat goed of fout gaat in een wedstrijd. Of waar de fouten gemaakt worden en hoe je ze kunt voorkomen.

Spelinzicht is voor mijn analyse van groot belang. Hoe proberen aanvallers, middenvelders of verdedigers fouten op te lossen en hoe proberen ze fouten te voorkomen? Voetbal is namelijk meer dan actie en reactie; goede spelers anticiperen ook op situaties.

Het is een van de oorzaken dat mooie WK-finales op één hand zijn te tellen. Perfectionisme van twee partijen in een voetbalwedstrijd is per definitie onaantrekkelijk. Op het niveau van de WK-finale worden nauwelijks nog fouten gemaakt. Waar geen sprake is van fouten, wordt het al snel saai en voorspelbaar. Het perfect uitvoeren van de taak, van de tactische opdrachten voert de boventoon bij de spelers op dat topniveau, helemaal tijdens een finale. De spelers zijn daartoe goed in staat, anders komen ze nooit op zo'n podium terecht na een toernooi van zes weken. De lengte van een groot internationaal landentoernooi is vaak funest voor de technische speler, die het verschil maakt in de top. Jongens als Messi, Ronaldo en Robben hebben op weg naar de eindfase van een toernooi al zoveel moeten geven, dat ze in de afsluitende knock-outfase vaak helemaal leeg zijn. Vandaar maakte Mario Götze – ook zo'n beslissende speler – het verschil in de finale van het WK 2014 in Brazilië tussen Duitsland en Argentinië. Messi had al verschrikkelijk veel minuten in de benen terwijl Götze het voornamelijk van invalbeurten moest hebben. Waar Messi doodop was in de verlenging, vond Götze als invaller de kracht om voor Duitsland de winnende treffer te scoren in de 113e minuut. Hij stond toen vijfentwintig minuten in het veld.

In feite was dat eveneens een verhaal van anticiperen, van aanpassen aan de situatie die komen gaat. In dit geval door de trainer Joachim Löw, die Götze alleen in de openingswedstrijd tegen Portugal negentig minuten liet spelen, maar hem daarna wisselde of als wisselspeler inzette of helemaal niet gebruikte, zoals in de halve finale tegen Brazilië, die met 7-1 werd gewonnen door Duitsland.

Aanpassen en anticiperen heb ik als speler door mijn hele carrière heen gedaan en ook als trainer ben ik daar continu mee bezig geweest. Een van mijn leermeesters, Rinus Michels, zei: 'Je mag je tegenstander nooit onderschatten. Ga nooit alleen uit van jezelf, want de tegenstander bereidt zich ook voor op jou. Hij zal je spel willen ontregelen, en wat doe jij dan voor aanpassing om de zet van je tegenstander teniet te doen?'

Dat tactische steekspel is vaak onzichtbaar, zeker voor de neutrale televisiekijker. In de rust op televisie doet een analist eigenlijk hetzelfde als wat een trainer doet. In Nederland en Engeland hebben ze hun eigen voetbalcultuur en identiteit en tegen beter weten in wordt hier soms te lang aan vastgehouden. Zelf ben ik daar heel scherp op als ik naar een voetbalwedstrijd kijk. Ik hou er niet van als ploegen zich bijna gewillig naar een nederlaag laten spelen omdat de tegenstander op papier sterker is. Kom met een list, verzin iets.

Voel je als trainer of als ploeg niet te groot voor een aanpassing. Ik haal in dit kader graag een verhaal aan over de bokser Muhammed Ali, een van mijn idolen. George Foreman verdedigde zijn wereldtitel zwaargewicht tegen Ali. Het gevecht ging tussen Ali als allergrootste bokser aller tijden en de wereldkampioen Foreman, die groter en sterker was. Dit gevecht, The Rumble in the Jungle, vond plaats in 1974 in Kinshasa, de hoofdstad van Zaïre. Ali werd kansloos geacht, maar hij verzon een list. In plaats van rond te dartelen door de ring, ging hij in de touwen hangen en liet Foreman op hem inslaan, rondes lang. Langzamerhand raakte Foreman vermoeid en toen begon Ali pas te boksen en versloeg Foreman. Als de beste bokser aller tijden zich niet schaamt om zich aan te passen, welke club, welke ploeg of welke speler kan het zich dan veroorloven om geen rekening te houden met tegenstanders? Niemand, zelfs niet FC Barcelona met Messi, Suárez en Neymar, de zogenoemde MSN-aanval.

Iedereen weet: hoogmoed komt voor de val. FC Barcelona werd voor de tweede keer in drie jaar door Atlético Madrid uitgeschakeld in de Champions League. Omdat de ploeg bleef volharden in de eigen tactiek, zonder plan B. Terwijl je weet dat er voor ieder elftal ooit een moment van ontmaskering komt. Alleen daarop voorbereid zijn om die ontmaskering zo lang mogelijk uit te stellen, daar zijn trainers en coaches voor.

Hoe Atlético Madrid alles ontregelde wat FC Barcelona graag wilde doen, daar genoot ik echt van. De purist of de ware liefhebber van mooi spel – wat ik ook ben – zal dat nauwelijks kunnen waarderen, maar het moest om deze wedstrijd te winnen. In het topvoetbal draait het in eerste instantie om winnen. Win je de slag niet, dan win je de oorlog ook niet. Strategie is daarom onontbeerlijk en dat vind je in tactieken en benadering van spelers individueel op technisch, tactisch en zeker ook mentaal vlak.

Het valt niet te ontkennen dat voetbal een 'mindgame' is. Als op dat vlak winst valt te boeken, mag je dat niet nalaten als trainer en speler.

Trainers en spelers van iedere ploeg zijn continu bezig met de ontwikkeling van het voetbalspel. Die evolutie is de reden waarom het ploegen niet lukt om twee keer achter elkaar de Champions League te winnen. Zelfs het tijdig verversen van de selectie heeft tot dusver nooit het gewenste resultaat opgeleverd. Die evolutie kan verpakt zitten in een detail binnen de tactiek, met bijvoorbeeld een spits die vijf meter dichter bij het doel van de tegenstander gaat staan of juist vijf meter verder weg. Als analist blijf ik daar iedere wedstrijd naar op zoek. Of ik kijk of spelers een wedstrijd kunnen lezen, of ze weten wanneer ze genoegen moeten nemen met een gelijkspel of dat ze aanvoelen dat een overwinning wacht en wanneer het nodig is om goed voetbal te spelen of winnend voetbal te spelen. Bij een ruime voorsprong moet je het publiek iets bieden, bij een benauwde voorsprong staat de winst voorop.

Zo kijk ik naar voetbal.

Profiel Ruud Gullit

SPELER

SEIZOEN	CLUB	WEDSTRIJDEN (GOALS)
1979-1982	FC Haarlem	91 (32)
1982-1985	Feyenoord	85 (30)
1985-1987	PSV	68 (46)
1987-1993	AC Milan	117 (35)
1993-1994	Sampdoria	31 (15)
1994-1995	AC Milan	8 (3)
1994-1995	Sampdoria	22 (9)
1995-1998	Chelsea	49 (4)
	totaal	471 (174)

INTERLANDS

1981-1994	Nederland	66 (17)

TRAINER

1996-1998	Chelsea (als speler-coach)
1998-1999	Newcastle United
2003-2004	Nederland onder 21
2004-2005	Feyenoord

2007-2008	L.A. Galaxy
2011	Terek Grozny

ERELIJST ALS SPELER

FC Haarlem	Kampioen Eerste Divisie 1981
Feyenoord	Landskampioen 1984
	KNVB-beker 1984
PSV	Landskampioen 1986, 1987
AC Milan	Landskampioen 1988, 1992, 1993
	Supercoppa 1988, 1992, 1994
	Europacup I 1989, 1990
	UEFA Super Cup 1989, 1990
	Wereldbeker/Intercontinental Cup 1989, 1990
Sampdoria	Coppa Italia 1994
Chelsea	FA Cup 1997
Nederlands elftal	Europees kampioen 1988

INDIVIDUEEL

Voetballer van het Jaar uit de Eerste Divisie (1981)

Nederlands Voetballer van het Jaar (1984, 1986)

Gouden Schoen (1986)

Europees voetballer van het jaar (1987)

Ridder in de Orde van Oranje-Nassau (1988)

ERELIJST ALS TRAINER

Chelsea	FA Cup 1997